社会福祉概論
社会福祉の原理と政策
[第5版]

監修———
小田憲三
杉本敏夫

編著———
鴻上圭太

執筆———
杉本敏夫	森久保俊満	松本眞美
中野一茂	中田雅美	中尾竜二
白石大介	真鍋顕久	佐光　健
松井圭三	島田拓巳	尾島　豊
清原　舞	米澤美保子	鴻上圭太
高間　満	吉田輝美	秦　康宏
小田憲三	河野清志	青木　正
濱畑芳和	水島正浩	小柳達也
多田千治	河崎洋充	

keiso shobo

は じ め に

　本書『社会福祉概論』の初版が出版されたのは2006（平成18）年10月のことであった．幸い，本書は多くの大学，短期大学，専門学校などの社会福祉，保育，看護，リハビリテーションなどの教育現場で採用していただいたため，今回，第5版を出版していただけることになったのはありがたいことである．

　さて，わが国の社会福祉は，熱意さえあれば誰でもできると考えられた時代から，1987（昭和62）年の「社会福祉士及び介護福祉士法」の制定によって国家資格の有資格者という専門職者が実践を担っていくという新たな段階に到達した．

　1966（昭和41）年にアメリカの経済学者 K.E. ボールディングは，『来たるべき宇宙船地球号の経済学』において，それまでの人間の世界観に疑問を投げ，宇宙船地球号の乗組員に過ぎない，と警告を発していた．1972（昭和46）年に発足したローマクラブ（A. ペッチェイ会長）においては，その問題意識を受け，『成長の限界』を刊行し，地球の人口が当時は約30億人〜40億人であったが，21世紀中葉には約100億人以上になるとした．また，それ以前に80億人程度に達するが，食糧・資源は十分に追いつかず，あちこちで紛争が絶えず，それは家庭や地域にも波及すること，地球温暖化などの環境破壊の進行，軍備的には宇宙戦争となること，地球人は200階建ての集合住宅に居住するか，それとも地球が新たに5つ必要になること，疫病が流行し，パンデミック（世界的大流行）が発生すること，貧富の格差のさらなる拡大，ハンディキャップを受けた人びとへの思いやりの無い社会の形成，保健・医療・福祉のあり方が問われること，などを指摘していた．

　今や，新型コロナウイルスのパンデミックに宇宙船地球号がおおわれている．そのような時期こそ，これらに社会福祉の立場からしっかりと向き合っ

ていく態度が求められる．近年，国連などの国際組織，各国政府，民間団体，ボランティア団体などにおいて，SDGs（Sustainable Development Goals；持続可能な開発目標），ESG（Enviroment and Social Governance；環境と社会のガバナンス＜統治＞）が必要視されているが，これらは本書が目指すところである．

　社会福祉の考え方や仕組みがおおきく変化したのには，1990年代以降長くつづいている経済の低成長と税収不足，そして予算の不足，さらに少子・高齢・人口減少社会の一層の進展と高齢者の介護問題の拡大などの社会的背景があると思われるが，社会福祉を学ぶ者は，それらの社会的な背景も視野に入れながら，「誰もが安心して，自分らしく生活できる社会とそのための社会福祉の仕組み」を作り上げることを目標として考えることが重要である．ややもすれば，社会的な不利益を受けがちな子ども，障害者や高齢者が社会の繁栄を享受できる社会，すなわち誰もが社会の重要な一員として人格が尊重され，決して社会の片隅においやられることのない社会の実現を目指すことが社会福祉を学ぶことの目標である．

　しかし，現実の社会福祉の政策は必ずしもそのような方向を向いていないかもしれないことを理解しておくのも重要である．社会の構成員の誰もが上記のような考え方を支持しているとは限らないからである．その意味で，社会福祉は，社会の流れに乗ることも大切であるが，流れに抵抗して望ましい社会や仕組みを作り上げることも必要である．かつて，よく言われたが，社会福祉学は「価値実現の科学」でなければならない．

　本書はこのような考え方を基盤にして監修・編集したつもりである．本書で取り上げている内容は，社会福祉を学ぶ上で必要な社会福祉の考え方，歴史，諸理論，福祉ニーズ，援助技術などの基本的な知識を整理したものである．また，今日の社会福祉は制度改革が頻繁におこなわれ，この間におこなわれた制度上の変更もあり，それらは最新のものを取り入れているつもりである．本書は社会福祉の全領域をカバーしているテキストであるために，あまり詳しい内容には触れられていないところもある．それらについては各章

の最後に掲載している文献等も参考にしていただきたい．さらに学習を深め
てほしいと思う．なお，本書の発刊についても，今までと同様，勁草書房編
集部の橋本晶子さんのお世話になった．記して，感謝したい．

　　2020（令和2）年12月

　　　　　　　　　　　監修　小田憲三　　　編集　鴻上圭太
　　　　　　　　　　　　　　杉本敏夫

目　　次

第1章　社会福祉とは何か

は じ め に

　ここではこれから社会福祉を学ぼうとしている人びとに，その全体像を解説することを目的としている．

　社会福祉を学ぶためには，社会福祉を4つの側面に分解して理解することが必要だと思われる．それは，①理念としての社会福祉，②制度・政策としての社会福祉，③実践としての社会福祉，④マネジメントとしての社会福祉，である．

　現実の社会福祉は，これらが総合されたものとして存在しているので，それらがお互いに影響を与え合っている．つまり，①が②や③や④に影響を与え，また①が②や③や④の影響を受けて変化，進歩しているのである．しかし，ここでは便宜的にそれらを別々にして，社会福祉の理解を試みる．

第1節　理念としての社会福祉

1　社会福祉とは何か

　これから社会福祉を分解して理解しようとしているのであるが，それをおこなう前提として，社会福祉とは何かを知っておかなければならない．社会福祉の定義もさまざまであるが，ここでは「社会福祉とは，さまざまな生活上の諸問題に直面して生活をしにくくなっている人びとにたいして，何らかの形で手助けをしようとする社会的な取り組み」としておきたい．

1

　現代社会では，生活の営みは基本的に自己責任である．われわれは自分で仕事をみつけ，働いて収入をえて，それで自分と，生活の基本単位である家族の生活を維持している．多くの人びとはそのような形で生活を営んでいるが，たとえば病気になって働けなくなったり，年をとって仕事がえられなくなると，収入が途絶え，生活の継続ができなくなる．

　近年は，社会の高齢化が進行し，寝たきりや認知症のために介護が必要な人も増加している．家族の介護機能の低下もあり，このような人びとや家族も生活問題に直面することが多くなっている．

　生活は基本的には自己責任ではあるが，このような形で生活がしにくくなった人びとを自己責任だとして放置しておくことは望ましくないと考えられ，そのような人びとの生活援助活動が社会制度化されたものが制度としての社会福祉である．

　しかし，社会福祉活動は必ずしも社会制度化されたものばかりではない．生活の問題はつねに社会の動きを反映するものなので，時代とともにおおきく変化するのが特徴である．たとえば，もともとの生活問題の中心的なものは貧困問題であったが，今日では高齢者の介護の問題がもっともおおきな問題になっている．変化する生活問題に社会が取り組むには，かなりの時間がかかる．そのこともあり，社会福祉活動は，まず民間のボランティア的な取り組みからはじまることも多い．これらの活動は，社会制度化されていないが，社会福祉活動の範囲に入るものであることは間違いがない．したがって，社会福祉とは社会制度化された取り組みと民間の自主的な取り組みも含むものとして理解することが必要である．

2　理念としての社会福祉

　理念としての社会福祉とは，目指すべき目標としての社会福祉という意味である．この場合には社会が省略されて，「福祉」といわれることも多い．この側面をいくつかの段階にわけてみよう．

(1)　劣等処遇

　これは社会福祉の主要な課題が貧困問題で，貧困に苦しむ人びとの救済を目的としていた時代の目標である．つまり，貧困者の救済の水準は自分の力で生活している人びとのなかの最低水準よりもさらに低い水準にすることが必要であるという考え方である．

　このような水準が目標にされる背景には，独特の貧困者観がある．すなわち，貧困はその人が怠け者で，働く気持がないからで，そのような人びとに手厚い保護をすると，余計に働かなくなるという考え方である．したがって，救済の水準は低く抑えるべきだというのである．

　この考え方は，もともとイギリスで1834年に制定された新救貧法で採用された原則の１つであった．この原則にもとづいて，働く力のある貧民は労役場（ワークハウス）に収容され，劣悪な労働条件で強制労働が課せられた．

　しかし，その後，貧困には失業などの社会的な原因があり，個人的な資質だけに責任を帰することはできないと考えられるようになり，劣等処遇という社会福祉の考え方は古い考え方だとされるようになった．

　現代の社会福祉では，このような考え方がとられることはあまりなくなったが，不況が広がり，多くの人びとがリストラ被害にあったり，安定した就職をえにくい社会であるにもかかわらず，自己責任が強調される現代社会では前述のような19世紀的貧困観が復活しかねず，あらためて注意を要する考え方である．

(2)　保護的処遇

　社会福祉にかんするこの考え方は，第２次世界大戦後の社会福祉のなかでもとくに障害者の福祉を中心として出現してきたものである．

　まず，この考え方では社会福祉の対象となる障害者を弱者と規定してしまう．また，かわいそうな人とも考える．これが保護的処遇の対象者観である．

　そして，このような人びとがこの地域社会のなかで健常者の人びとと一緒に生活をしていたのでは，いつも敗北者となってしまうのではないかと考え

る．したがって，このような人びとが安心して暮らせるのは，通常の地域社会とは別の障害者だけが生活する施設であると考える．そこで障害者の保護が望ましい社会福祉のあり方だと考えられたのである．

　このような考え方にもとづいて，わが国では昭和40年代頃にあちこちで障害者の大規模施設が作られた．そのような施設に共通していたのは，多くの施設が人里離れた山のなかに作られたことであった．地域福祉が重視される今日であれば，考えられないことであるが，当時は山のなかに施設を作っても障害者の生活や援助をおこなううえでも何も問題はないと考えられていたのであろう．

　しかし，その後外国から入ってきたノーマライゼーションの考え方に照らしてみると，この考え方にはおおきな問題があることが分かった．たとえば，障害者を施設に収容することは，障害者を家族や地域から切り離してしまうことであり，障害者と健常者が別に生活するような社会にしてしまうという問題が指摘された．また，障害者自身もできれば地域社会で生活を継続することを望んでおり，施設で生活することは望んでいないことも分かった．そのため，保護的処遇観は望ましくないと考えられるようになった．

（3）　ノーマライゼーション

　ノーマライゼーション（通常化）の考え方がわが国に紹介されたのは，1970年代後半のことである．この考え方の基本は，健常者も障害者も地域社会のなかで，ともに普通の暮らしを営める社会が望ましい社会であるという考え方である．つまり，健常者だけでなく，障害者，高齢者などのいろいろな人びとがいる社会が望ましい，普通の社会である．この望ましい普通の社会を作り上げようとする活動が，ノーマライゼーションの活動である．

　ノーマライゼーションの考え方が紹介されるまでは，この社会には若くて，健康な人びとだけがおり，そのような人びとが生活していることを前提に社会全体の仕組みや生活環境が作り上げられていた．そのような社会は若くて健康な人には生活しやすい社会かもしれないが，障害をもつ人には生活しに

くい社会である．今日では，高齢社会となり，高齢者で障害をもつ人も増加してきており，健常者も障害者もともに暮らしやすい社会を作ることが必要となっている．

　障害をもつ人びとがこの社会で普通の暮らしを営む上で障壁となるものが，3つある．すなわち，①物理的な障壁，②制度的な障壁，③心理的障壁，である．これらの障壁を取り除くことでノーマライゼーションも実現されるが，社会福祉の分野では，物理的障壁にたいしては，ハートビル法や交通バリアフリー法でバリアフリー化が進められている．制度的な障壁にたいしては，社会福祉サービスの提供によって障害者も参加しやすい社会づくりが進められている．心理的障壁にたいしては，地域福祉対策や地域福祉計画で人びとの福祉意識の向上が図られている．

(4)　自立支援

　最近の社会福祉では高齢者，障害者を問わず，自立支援という見方がさかんに強調されている．この見方はもともと介護保険制度が創設されるときに，介護サービスや新しく導入されたケアマネジメントの目標とされたものである．

　自立は，①経済的自立，②身体的自立，③精神的自立，と3つに区別される．介護保険は身辺的ケアを中心とするサービスなので，身体的自立が強調されるが，一方では自分の生活や生き方を自分で決めるという精神的自立の面を強調しているとも考えられる．

　自立支援の考え方は，その後，障害者福祉を中心として，その他の社会福祉分野にも共通する考え方として拡大されていった．

　これからの社会福祉は，サービス利用者をたんに保護するだけではなく，援助活動をとおして，可能なかぎり自分の力で生活をする力を身につけさせることが目指されているのである．

　同じ頃に海外からはエンパワメントの考え方が紹介されたが，これもパワー（力）を身に着けること，すなわち生活能力を身に着けることなので，自

5

立支援とほぼ同じ意味である．保護を目指す福祉と自立支援を目指す福祉は，同じ福祉という言葉を使っていてもサービス内容がおおきく異なるので，自立支援を目指す福祉の制度や実践のあり方が必要になる．

(5)　ソーシャルインクルージョン

ソーシャルインクルージョンという考え方がわが国に紹介されたのは比較的最近のことであるが，海外，とくにイギリスの社会福祉では基本的な考え方として盛んに使用されている．

この言葉をあえて日本語に翻訳すると，社会的包摂ということになるが，分かりにくいのでソーシャルインクルージョンとそのままで使われることも多い．ソーシャルインクルージョンの反対は，ソーシャルイクスクルージョン，つまり社会的排除である．これは障害者や高齢者，その他の弱い立場に置かれがちな人びとを社会の主流の場所から排除することである．

たとえば，そのような人びとが仕事をできにくかったり，教育を受けにくかったり，社会保障を受けにくかったりしていると，それをソーシャルイクスクルージョンと呼ぶのである．

そのように，特定の人びとを排除するような仕組みをなくし，誰もが同じように社会のなかで生活できるようにすることがソーシャルインクルージョンで，今日の社会福祉でとくに重視されている理念である．

第2節　制度・政策としての社会福祉

ここでは，社会福祉が国家や地方自治体の社会政策として制度化される側面に着目し，社会福祉の理解には制度・政策的視点が重要であることを示す．

1　社会政策としての社会福祉

社会福祉は生活問題をかかえている人びとを援助して，より安定した生活ができるようにする対策である．どの時代においても，この社会福祉の本質

は変化しないが，それをどのようにしておこなうのか，そのような対策の目標をどこに置くのか，どこまで援助をおこなうのか，といった具体的な方針は，時代によって，また政府の方針によって異なってくるものである．

　たとえば，2006（平成18）年 4 月から障害者自立支援法が施行され，2012（平成24）年に障害者総合支援法となったが，この法律の中心は，それまでの保護を中心とした福祉対策を，障害者の自立を支援することに重点を移すところにある．自立支援の流れは，今にはじまったことではなく，介護保険制度の基本理念であり，社会福祉法の理念の 1 つとしても規定されている．

　しかし，これらの法律の制定と実施にあたっては，必ずしも障害者やその家族，福祉従事者すべてが賛成をしたのではないことを考えても，国家は社会福祉政策の展開にあたっては当事者の意向をすべて汲み取っておこなうのではなく，国家の財政や社会保障制度の持続性などといった点も勘案しながらおこなうものであることが分かるであろう．

　法律が制定されて実施される現代の社会福祉のあり方には政治的な要素もおおきく影響するが，今日ではかつてのように政党によって福祉にたいする考え方に極端な違いがあるわけではない．どの政党も基本的には福祉を重視する政策をとっているのであるが，それでも福祉に熱心な政党が政権をとれば，福祉が重視される，福祉を軽視する政党が政権をとれば福祉は後退する，という側面もみられるであろう．つまり，社会福祉の水準や内容は国民が社会福祉のあり方をどのように考えるのかにもかかっている．

2　福祉国家を目指す政策から地域福祉を重視する政策への転換

　第 2 次世界大戦後の社会福祉の発展過程を，大雑把ではあるが，①終戦後から1980年代まで，②1990年代，③2000年以後，に分けることができるのではないだろうか．

　1980年代までの時期は，基本的に福祉国家づくりが目指された時期である．福祉国家とは，可能なかぎり国民の生活を守る，福祉は国家が公的な政策としておこなうことが望ましいし，その水準もできるだけ高い方が望ましいと

いう考え方である．紆余曲折はあったというものの，少なくとも1980年代までではこのような方針にもとづいて社会福祉対策の拡充がおこなわれた．近年では想像もできないが，この時期には年金制度も「生活ができる年金」をスローガンに充実が図られた．

1990年代は転換期である．この時期はいわゆるバブル経済が崩壊して，不況がつづき，社会全体の構造改革が目指された時期であった．構造改革のキーワードは規制緩和と自己責任であった．社会福祉もこの影響を強く受けて，伝統的な社会福祉の体制の改革が進められた．たとえば，規制緩和の側面ではこの分野への民間営利企業の参入が認められたし，自己責任の側面からは自立支援の対策が導入された．このように，1990年代は旧体制の社会福祉が21世紀の新しい社会福祉へと衣替えをする時期であった．

2000（平成12）年以降の時期は，21世紀の新しい社会福祉の方向性が明確に定められた時期である．それは国家丸抱えの福祉国家政策から，地域福祉政策への転換が図られたととらえられる．

地域福祉の考え方は1970年代後半から使用されている見方であり，その後も盛んに使用されてきたが，研究者によってさまざまに定義され，理解が困難な見方であった．

それが2000（平成12）年に制定された社会福祉法のなかで，地域福祉という用語が使われるとともに，地域福祉の推進がこれからの社会福祉の基本的な方向となったのである．また，この法律は地域福祉の見方を明確に示したことも重要である．すなわち，地域福祉とは，地域住民，社会福祉の経営者，そして社会福祉の活動者が主体となり，福祉サービスを必要とする人びとが地域で日常生活を営み，また社会参加ができるようにする活動である．つまり，国家や地方自治体という公的部門がもっぱら取り組む社会福祉ではなく，地域を基盤にして，民間人である地域の住民やボランティアなどと協力して取り組む社会福祉が地域福祉であると規定された．これがこれからの社会福祉の展開方向であることを，社会福祉法は示している．

3 制度としての社会福祉

現代の社会福祉の特徴は，すべてではないが，その中心的な部分が法律にもとづいた社会制度として確立していることである．

歴史を振り返ってみると，社会福祉は，①相互扶助の段階，②慈善・博愛事業の段階，③社会事業の段階，④社会福祉の段階，というように発展をしてきた．

相互扶助の段階は，地域に生活がしにくい人びとが発生したら，その地域の人びとが自然発生的にお互いに助け合っていた段階である．このような活動の動機は，個人の他者への思いやりや同情であった．

慈善・博愛事業の段階は，そのような助け合いが組織的におこなわれるようになった段階である．主として宗教団体や人道主義的な団体がこのような活動に取り組んだが，この活動の動機も①と同様のものであった．

社会事業の段階は，国家が組織的に救済活動に乗り出す段階である．生活に困っている人びとの範囲が拡大し，それを放置しておくと社会の秩序が乱れ，崩壊しかねないとの思いが中心的な活動動機である．この段階になると，救済活動も国家的な規模でおこなわれるようになったが，それは国家の恩恵にもとづいておこなわれたものであった．

社会福祉の段階は，特別の段階である．それまでの段階は社会福祉の前史的段階である．つまり，社会福祉の段階の福祉活動は国民の権利を基盤にしておこなわれるものだからである．権利であるか，権利でない（恩恵）かは社会福祉とその前史を区別する重要なキーワードである．

以上のように，現代の社会福祉は権利としての社会福祉であるが，社会福祉の制度を考える場合，2つの立場がある．すなわち，社会福祉を広義に理解する立場と狭義に理解する立場である．広義の社会福祉とは，社会福祉をできるだけ広く理解しようとする立場である．たとえば，イギリスでは社会サービスという用語を用いて，教育サービス，公営住宅制度，所得保障，医

療保障，対人福祉サービスを包括的に取り入れようとしている．これらはすべて国民の生活をさまざまな側面で支援しようとする公的サービスであるので，社会福祉，あるいは福祉サービスとして理解しても間違いではないだろうが，あまりに広すぎるとも思われる．

わが国では，広義の社会福祉という場合は経済的な保障や医療，介護の保障をする制度である社会保障制度との関係で理解されることが多い．

一般に，社会保障制度とは社会保険制度と公的扶助制度を組み合わせて，生活困難におちいりやすい問題を回避する制度として創設されている．具体的には，①医療保障制度，②年金制度，③失業保険制度，④介護保険制度，⑤社会福祉制度，から構成されている．

これらの制度の内容にかんしては，具体的にはのちに詳しく学ぶことになるが，①から④については，それぞれについて社会保険で予防し，それができない場合には公的扶助で救済する形が整備されている．⑤の社会福祉制度については，高齢者福祉，児童福祉，障害者福祉というように，社会のなかで弱い立場におかれがちな人びとを対象にして，主としてケアサービスを提供する法律が制定されている．社会福祉を広義に理解することは，これらの社会保障制度の全体を社会福祉として理解する立場である．つまり，社会福祉を社会保障と同じものとして理解する立場である．

一方，狭義の社会福祉とは，先の社会保障制度のなかの公的扶助の部分と社会福祉の制度に限定して，それを社会福祉として理解する立場である．このような視点で社会保障の制度全体をみると，公的扶助は国民全体を対象とする普遍的な社会制度である社会保険の制度を補完しており，社会福祉の各制度は普遍的な社会制度では生活がしにくい人びとを補完的に援助する制度であることが分かるであろう．

このように，制度の補完性に着目してそれを社会福祉の固有の役割と考えるのが社会福祉の狭義の理解の仕方である．具体的な法律制度でみると，いわゆる社会福祉六法，すなわち生活保護法，児童福祉法，身体障害者福祉法，

知的障害者福祉法，老人福祉法，母子及び父子並びに寡婦福祉法を中心として提供される各種サービスが社会福祉ということになる．

　このように考えると，介護保険法は社会福祉の法律なのであろうかということも疑問として生じてくる．介護保険法で構成されている制度は国民にたいして普遍的に適用される制度なので，広義に考えると，それは社会福祉の法律ということになるが，狭義に考えると社会福祉の制度ではないということになる．

　このように，近年の社会福祉は貧困者対策もおこなわれているが，ケアニーズへの対策が中心となっており，普遍的な形で，サービス利用でも所得は考慮せずに，応益負担（受益者負担）の仕組みが一部に取り入れられているので，その性格が不明瞭になってきている．

　つまり，社会福祉の本質とはケアなのか，それとも一般的な社会制度の補完なのか，が問題の焦点になってきている．

第3節　実践としての社会福祉

1　社会福祉の制度と実践

　社会福祉サービスは制度として創設されるだけでは利用者のもとには届かないし，問題の解決にはつながらない．人びとがかかえる生活問題を解決するためには，社会福祉の制度と利用者の間を媒介する人物がいて，彼（彼女）がそれを利用者に届けるための働きをしてはじめて利用者のもとに届くのである．しかも，それを届ける仕事はたんなる事務的な手続きをするだけのものではなく，専門的な知識を基盤にして利用者の問題やニーズをしっかりと把握，分析して，利用者の問題を解決したり，ニーズを充足するのに必要な社会福祉サービスに結びつける専門的な作業が必要なのが特徴である．社会福祉の仕事あるいは実践とは，このような専門的な仕事のことをいうのである．

　社会福祉を学ぶということの柱の1つは，このような実践方法を学ぶことに他ならない．このような実践方法はソーシャルワークと呼ばれ，社会福祉援助活動の中心的な方法になっている．

　しかしながら，一般に社会福祉と呼ばれている実践活動を詳しくみると，たとえば居住施設では入居者がそこで生活するのを手助けするために多くの専門職者が働いていることが分かる．たとえば，日常生活を送るうえで身辺的ケアの必要な人が生活している施設では介護職が働いているし，毎日の食事をまかなうために栄養士や調理師が働いている．健康面の管理のためには看護師が働いている．また，生活相談員や生活支援員といった職名で，利用者のさまざまな相談にのったり，地域との連携の仕事をしている人びともいる．介護職と相談援助職，つまり介護福祉士（ケアワーカー）と社会福祉士（ソーシャルワーカー）は福祉専門職であるのにたいして，その他の職種は医療や栄養といった領域の専門職である．このように，現代の社会福祉の実践は福祉専門職だけで担われているのではなく，福祉以外の専門職の人びとの力も借りながら運営されている．このような人びとの社会福祉実践も，その多くは法律によって制度化された社会サービスとして実践されているのであり，社会福祉の制度はこのような福祉実践者の働きによって実際に利用者を支える取り組みとなっている．

2　実践としての社会福祉

　社会福祉の専門職実践の形としては，①相談援助を中心とするソーシャルワーク，②利用者の直接的な介護やケアをおこなうケアワーク（介護職），とに区別できる．現在の資格制度では両者は別資格として整備されているが，実際の仕事上では重なり合って実践されている部分も多い．

　前者のソーシャルワーク（社会福祉援助技術，相談援助，社会福祉実践）は海外から紹介された理論や技術をわが国に適用しようとする傾向が強いが，介護にかんしては海外よりもわが国の取り組みのなかから理論化，技術化されている部分が多い．

　前者のソーシャルワークは社会福祉施設も実践の場となっているが，福祉事務所や在宅介護支援センター，また地域包括支援センターといったように地域を基盤にした各種相談機関で実践されていることが多い．また，社会福祉協議会のような地域福祉団体も，ソーシャルワークの実践機関である．

　社会福祉の専門的な実践方法であるソーシャルワークは，①価値と倫理，②専門的知識，③専門技術，から構成されているといわれる．価値と倫理とはソーシャルワークの社会と人にたいする見方であり，社会福祉の理念を反映したものである．したがって，現代のソーシャルワークでは，社会福祉の理念を重視している．専門的知識とは，人と社会にかんする科学的な知識のことである．人を援助するソーシャルワーカーには心理学や医学といった専門的な知識が必要であるし，また生活問題は社会の影響をおおきく受けるものなので，社会学や経済学の知識が必要になるとされている．さらに，社会福祉の援助活動には社会福祉サービスと関連するサービスにかんする知識も不可欠である．専門技術とは，援助活動に必要になる各種の技術である．それらの詳細は第7章で説明されるが，さまざまな技術があり，ソーシャルワーカーはそれらを身に着けることが求められる．

　また，このソーシャルワークは，問題をかかえている人びとを直接に援助する直接援助技術，地域の人びとのネットワークを構成して，問題をかかえている人びとを間接的に援助する形になる間接援助技術に整理され，さらに前者は，個人別に援助するケースワーク（個別援助技術）と小集団を利用して援助するグループワーク（集団援助技術）に区分される．

　さらに，間接援助技術にはコミュニティワーク（地域援助技術），社会福祉調査法，社会福祉運営管理，社会活動法，社会福祉計画法といった援助方法が位置づけられている．

　また，この他にもケアマネジメントやネットワーク，スーパービジョン，カウンセリング，コンサルテーションなどの関連援助技術もある．さらに，ソーシャルワークとは区別されているが，介護などのケアワークも社会福祉の重要な援助技術である．

　今日の社会福祉の実践はたんに熱意があればできるものではなく，社会福祉の理念を基盤にして，上記のような専門的知識や技術を活用したものとなっている．そして，このような専門的実践を支えるのが社会福祉士，精神保健福祉士，介護福祉士，保育士といった専門職なのである．

3　マネジメントとしての社会福祉

　社会福祉のマネジメントはアドミニストレーションとも呼ばれ，国や地方自治体が社会福祉の制度を運営管理する局面を指し示す場合と，社会福祉施設の運営管理を指し示して，そう呼ばれる場合がある．

　まず前者の場合は社会福祉サービスを提供するために，「必要な計画を作り，実施の体制を組織し，事業を的確にすすめ，事後評価をおこないつつ，質の良いサービスを提供することによって，人びとのニーズを充足する一連の運営（経営）の働きをいう」[1]．つまり，社会福祉行政を的確にすすめていくプロセスのことである．

　このようなマネジメントには，行政の立場から国や地方自治体の政策形成とその運営に取り組むことが必要になるので，社会福祉実践に必要な知識よりもはるかに広い知識，たとえば政治，経済，社会にかんする知識が必要になる．

　後者の社会福祉施設のマネジメントは具体的な施設の運営にかかわるプロセスである．施設の運営には，「①運営目的・方針の明確化，②事業計画の立案，③実施上の助言指導，④評価が含まれるとともに，……組織機構の整備，人事，財務，建物・設備，事務など」[2]の具体的な業務が含まれる．

　なお，今後，社会福祉のマネジメントはいっそう重要になっていくであろう．行政にしろ，施設にしろ，マネジメントのあり方が提供されるサービスの質におおきな影響を与えるからである．たとえば，あまりに効率や経営に偏ったマネジメントがおこなわれると，サービスの質が低下する恐れがある．したがって，マネジメントには福祉の理念を基盤にしたマネジメントが重要になるであろう．

ま　と　め

　ここでは社会福祉といわれているものを理念，制度・政策，実践，マネジメントという4つの側面に分解して，それぞれの側面をみてきた．現実の社会福祉はこれらの側面がお互いに影響を与え合い，また混ざり合って展開されている．

　ここでの解説はやや抽象的になってしまって，これから社会福祉を学ぼうとする人には，やや難しいのではないかと危惧するが，本書全体を読み終われば理解してもらえるものと思われる．

　現代の社会福祉は変革期が継続しているうえに，制度はますます複雑になってきている．また，格差社会ともいわれているように，これからの社会は実力が重視され，力のないものは置いていかれる社会になっていく予感がする．しかし，このような時代にこそ，弱い立場の人びとの味方になるソーシャルワーカーが必要とされるのである．

注
1)　福祉士養成講座編集委員会編（2003）『社会福祉援助技術論Ⅱ』第2版　中央法規出版，228.
2)　同前書，231.

第2章　現代の社会福祉の歴史と展望

第1節　日本の社会福祉の歩み

1　明治維新期と慈善救済

(1)　現代以前のわが国の社会福祉

　現代以前のわが国の歴史にも触れておかなくてはならないことがある[1]. 聖徳太子（厩戸皇子）らが593年に四天王寺を建立したさいに悲田院, 敬田院, 施薬院, 療病院の四箇院を創設したといわれている. また, 奈良時代の718（養老2）年の「戸令」においては, 公的慈善制度として「鰥, 寡, 孤, 独, 貧窮, 老, 疾, 自存不能者」を, その対象と定めている. 鰥とは61歳以上で妻のない者, 寡とは50歳以上で夫のない者, 孤とは16歳以下で父のない者, 独とは61歳以上で子のない者, 貧窮は財貨に困る者, 老は66歳以上の者, 疾は疾病のある者, 自存不能者とは自分で生活していくことのできない者と定められ, いずれも公的な現物支給を受けることとなっていた.

　奈良時代の仏教慈善家としては, 行基, 光明皇后, 和気広虫が有名である. また, 鎌倉時代には仏教的慈善がおこなわれ, 3大慈善僧として, 重源, 叡尊, 忍性がとくに活躍したと伝えられている. 室町時代末期からはキリシタン宣教師が西洋から渡来し, おおきな影響を与えたが, 江戸幕府のキリシタン禁止令によって, その活動は下火となった.

　江戸時代には, 小石川養生所, 石川島人足寄場などが幕藩体制のもとで創設されたが, 地方では大名などによる名君政治がおこなわれたところもある.

(2)　恤救規則と民間慈善事業

　明治維新によって，鎖国を解いた政府は欧米列強諸国に追いつこうとして，「富国強兵，殖産興業」に力を入れた．一方，近代国家としての救貧事業には注力するゆとりがなく，1874（明治7）年の「恤救規則」が唯一の代表的な法律であった．同規則は非常に制限主義的な内容であり，前文には「済貧恤救ハ，人民相互ノ情誼ニ因テ，其方法ヲ設ベキ筈ニ候」と記している．救貧は政府本来の役割ではないとし，「人民相互の情誼」，つまり国民同士の人情によってお互いに救済すべきだとしている．いわゆる親族相救，隣保相扶といった共同体内部での助け合いを基本とした．したがって，恤救規則の対象をどこにも頼れない「無告ノ救民」に制限したのであった．

　このように政府が救貧事業に消極的であったところに，民間人が宗教的，人道的立場から各種の施設を切り開いていった．石井十次は岡山孤児院を創立し，小舎制による運営，里親委託，さらには無制限主義を打ち出し，一時は1,200人を超える児童の養育をおこなった．留岡幸助は東京と北海道の遠軽に家庭学校を設立し，感化事業につくした．石井亮一は，滝乃川学園という知的障害児施設を発足させた．山室軍平は，キリスト教の救世軍によって救貧事業をおこした．野口幽香は，1900（明治33）年に貧しい家庭の子弟のために二葉幼稚園（のちに保育園）を創立した．また，わが国で最初に「養老院」と名がついたのは，1895（明治28）年のミス・ソートンによる聖ヒルダ養老院である．やや時代は遅れるが，わが国ではじめて「老人ホーム」と名づけられたのは，1920（大正9）年の島根県松江市における愛隣社老人ホームである．

　1900（明治33）年には，慈善事業の実践家である留岡幸助などと，内務省官僚であった井上友一，窪田静太郎などが一緒になって「貧困研究会」が結成され，ようやく慈善の組織化に取り組まれている．1908（明治41）年には，現在の全国社会福祉協議会の前身である中央慈善協会が渋沢栄一会長のもとで組織化された．

　近代的貧困層の実態を描いた著書が，横山源之助の『日本之下層社会』と

して1899（明治32）年に発刊された．また，このように提起されたスラム街の問題にたいして，わが国のセツルメントとして最初のものがアリス・アダムスによって，1891（明治24）年に岡山博愛会の活動として取り組まれた．つづいて，1897（明治30）年には片山潜によるキングスレー館が東京の神田三崎町で開設された．また，時代はやや下るが，1919（大正8）年には長谷川良信らのマハヤナ学園，1921（大正10）年には大阪市立で志賀支那人が館長となる大阪市民館が発足している．1924（大正13）年には東京帝国大学セツルメントが設けられ，大学セツルメントの先駆けとなった．1926（昭和元）年には，大林宗嗣によって『セツルメントの研究』が発刊されている．

2　大正デモクラシーと社会事業

　大正時代（1912年）に入る頃から，わが国は経済的に不安定となり，庶民の失業問題，貧困問題が顕著になってきた．河上肇が『貧乏物語』を1917（大正6）年に刊行し，細井和喜蔵の『女工哀史』が1925（大正14）年に発表されるなど，それらを課題とした問題意識が社会的に共有されるようになる．

　1918（大正7）年に富山県の魚津町からはじまった米騒動や1923（大正12）年の関東大震災などをきっかけとして，人びとは失業，貧困などを社会問題ととらえるようになってきた．こうした大正デモクラシー（民主主義）の文化的背景のなかで，しだいに慈善事業，感化救済事業から社会事業が成立するようになっていった．

　1917（大正6）年には，岡山県知事笠井信一によって，岡山県で済世顧問制度が創設された．その翌年にあたる1918（大正7）年には，大阪府で林市蔵，小河滋次郎などによって，方面委員制度が設けられ，全国的に波及していった．これは現在の民生委員制度に受け継がれている．

　社会事業という用語が広く用いられるようになるのは，1920（大正9）年の内務省社会局で使用されて以後のことであるといわれている．同年には，全国救済大会から名称を全国社会事業大会に変更している．内務省（現・総務省）官僚であった田子一民は，1919（大正8）年に内務省救護課を社会課

に改め，翌年には社会局に昇格させている．こうして，社会事業行政がある程度整備されることになった．

　一方では，社会事業の研究や専門的技術も導入されるようになった．たとえば，マハヤナ学園の創始者である長谷川良信の『社会事業とは何ぞや』（1919年），田子一民の『社会事業』（1922年），生江孝之の『社会事業綱要』（1923年）などがよく知られている．

　また，社会事業における援助技術のひとつとして「ケース・ウォーク」（casework），つまり現在でいうケースワーク（個別援助技術）という用語がわが国で用いられはじめたのは，大正中期頃からである．1924（大正13）年には，三好豊太郎が M. リッチモンドの『社会診断』から引用して，「『ケース・ウォーク』としての人事相談事業」という論文を発表している．また，1932（昭和 7）年には小沢一が，雑誌『社会事業』に M. リッチモンドの名前をあげて「社会事件の取扱方法：ケースウォークの理論と実際」を連載した．こうして，徐々にではあるが，社会福祉援助技術や相談援助がわが国に紹介され，専門職養成の機運も高まってきた．

3　昭和戦前期の厚生事業

　大正末期から昭和初期のわが国は不況にあえいでおり，貧困問題がおおきくなってきた．もはや恤救規則で対処できないのは明白となっており，新しい社会事業立法の制定が求められるようになったのである．こうした社会的背景のなかで，社会事業関係者からの強い要望にたいして，政府は1929（昭和 4）年に「救護法」を制定した．

　しかし，当時の政府の財政状況が非常に悪く，制定したものの施行には至っていなかった．その事態を重く受け止めた全国の方面委員からの救護法施行促進運動を受けて，1932（昭和 7）年に救護法はようやく施行された．

　対外的には，わが国は中国への武力侵略から日中戦争へと突入していった．その影響もあり，国内的には戦時体制となり，すべての施策が戦争遂行のために動員されるようになっていった．

　1938（昭和13）年には「国家総動員法」の公布があり，戦争目的のために
あらゆるものが総動員され，国民生活も耐乏を強いられるようになった．同
年には，内務省から分離・独立して厚生省（現・厚生労働省）が健児健兵育
成などの人的資源の確保のために設けられ，かつ従来の社会事業も厚生事業
と呼ばれるようになった．

4　第2次世界大戦後の社会福祉

　1945（昭和20）年8月の敗戦により，戦時体制に終止符が打たれた．戦後
の経済的，社会的混乱のうえに，戦災者，引揚者，失業者，復員軍人，戦災
孤児，浮浪児などへの対処も急務であった．

　わが国は占領国軍総指令部（GHQ）の配下におかれた．GHQ は1946（昭
和21）年2月に「社会救済に関する覚書」を発表し，いわゆる4原則をわが
国の政府に求めた．すなわち，①無差別平等の原則，②公私分離の原則，③
救済の国家責任の原則，④必要な救済を制限してはならないという原則，が
それである．

　こうした原則を踏まえ，わが国の政府は同年に「（旧）生活保護法」を急
いで制定したが，戦前の慈恵的な色彩が残っていたために，1950（昭和25）
年には「（新）生活保護法」として改めて公布し，その基本原則は現在も変
わっていない．また，ユニセフ（UNICEF，国際児童緊急基金）からのミル
ク・衣料品，国際復興開発銀行（IBRD，現在の世界銀行）から経済的な資金
融資を受けており，生活の復興がおおきな課題であった．

　戦災浮浪児，戦災孤児，貧困児童も多く，これらの児童問題にたいしては，
戦後いちはやく民間児童福祉施設などで対処していたが，本格的な児童にか
んする立法が求められていた．これらの社会的ニーズに応えるため，1947
（昭和22）年12月に「児童福祉法」が制定された．同法によって，わが国の
長い社会福祉の歴史のなかで，はじめて「福祉」という名称が法律用語とし
て用いられ，それ以後の福祉関連諸法の先駆けとなった．

　復員してきた軍人のなかには，いわゆる傷痍軍人も多く，身体障害者問題

も含めて，1949（昭和24）年には「身体障害者福祉法」が成立した．こういったところから，昭和20年代は社会福祉三法の時代ともいわれる．

　こうして徐々にではあるが，第 2 次世界大戦後の社会福祉が根づきはじめた．このような状況において，政府は GHQ の協力をえて社会福祉改革 6 目標を提示した．それは，①厚生行政地区制度の確立，②市厚生行政の再組織，③厚生省（現・厚生労働省）の助言的措置および実施事務，④公私責任分野の明確化，⑤社会福祉協議会の設置，⑥有給専門吏員の現任訓練，であった．これらを基盤として，1951（昭和26）年に制定されたのが社会福祉事業法である．

　同法によって福祉事務所が設置され，有給専門吏員として社会福祉主事が位置づけられ，その養成と訓練の必要性が高まってきた．また，地域住民の参加による社会福祉推進のために，アメリカから導入されたコミュニティオーガニゼーション（地域組織化）の展開の場として，社会福祉協議会が期待され，全国社会福祉協議会，都道府県社会福祉協議会，市区町村社会福祉協議会が設置された．

　こうした動きのなかで，一石を投じたのが「人間裁判」とも呼ばれる朝日訴訟である．1957（昭和32）年，生活保護を受給しながら岡山の結核療養所で療養していた朝日茂は，日用品費が非常に低額だとして，日本国憲法第25条に反するとの立場から裁判をおこした．「健康で文化的な最低限度の生活」とは何かを争ったのであるが，支持者もあり，社会的波紋を広げた．

　1950年代から1960年代にかけては，社会福祉学界においても，いろいろな論争がおこなわれ，社会福祉の本質が問われるようになっていた．たとえば，1952（昭和27）年にはじまる社会福祉本質論争は，主として孝橋正一と竹内愛二とのあいだにおける論争である．孝橋が社会問題と社会的問題を区別し，社会問題は資本家と労働者とのあいだの労働問題であり，社会的問題は派生的問題だとして，それに対応する社会事業は補完的な役割しかはたさないとした．一方，竹内は，ソーシャルワークをわが国に持ち込んだ 1 人として，利用者にたいする援助者の援助技術こそが，その本質であるとした．政策論

の立場に立つ孝橋と，技術論の立場に立つ竹内とは鋭く対立したのである．

　また，1956（昭和31）年からはじまる公的扶助とケースワークをめぐる仲村優一と岸勇との論争も激しく，ケースワークを必要とする立場をとる仲村と，むしろそれは公的扶助を遅らせるだけだとする岸とは，おおきい違いがあった．こういった社会福祉をめぐる論争は，いずれも決着はつかなかったものの，長い目でみて社会福祉の理解には有用であったといえよう．

5　高度経済成長と社会福祉の展開

　1960（昭和35）年頃となると，わが国も経済面では高度成長をとげるようになった．第2次世界大戦後の耐乏生活からは脱したような側面も，たしかにあった．しかし，経済優先，所得倍増というかけ声のもとで，人口が太平洋ベルト地帯や大都市に集中し，都市問題，過密過疎問題，公害問題などが深刻化してきた．

　経済の高度成長のもとで，国民の生活ニーズが変容し，多様な保健・医療・福祉にかかわる問題への対応が迫られるようになった．とくに医療保険についてのニーズが高く，1958（昭和33）年に「国民健康保険法」が成立し，その整備が図られた．また，その翌年である1959（昭和34）年に「国民年金法」が制定され，国民皆保険皆年金の体制がととのった．

　また，知的障害者やその家族の願いを受けて，1960（昭和35）年に「精神薄弱者福祉法（現・知的障害者福祉法）」が成立した．人口高齢化や寝たきり老人の生活課題に対応するべく，1963（昭和38）年に「老人福祉法」が制定された．さらに，1964（昭和39）年には総合的な母子対策の必要性から「母子福祉法（現・母子及び父子並びに寡婦福祉法）」が成立し，昭和30年代にはいわゆる社会福祉六法の体制が整備された．しかし，こうした福祉各法の成立がつぎつぎとなされたものの，低所得者層への対応はつねにおおきな課題であった．

　他方，1965（昭和40）年には，戦後の近江学園，びわこ学園の創設を手がけ，「知的障害児の父」ともいわれた糸賀一雄が『この子らを世の光に』を

出版し，おおきな反響を呼んだ．「この子らに世の光を」ではなく，「この子らを世の光に」という糸賀の福祉思想は，多くの人びとの心をとらえたのである．

　昭和40年代となり，工業化，都市化，核家族化などがますます進行し，国民生活の向上もあった一方で，過疎化も進み，社会福祉の分野においては予防あるいは回復，さらには開発なども課題となってきた．また，従来からの施設サービス中心の社会福祉から，次第に在宅サービスも重視されるようになってきた．

　その延長線上に地域福祉が登場し，1975（昭和50）年前後からは，施設サービスと在宅介護サービスを地域福祉の視点からとらえ直そうという動きがでてきた．1971（昭和46）年には，所得制限は盛り込まれたものの，「児童手当法」が制定され，所得保障の拡充も図られたが，生活保護受給者数がやや増加しており，社会福祉全体の見直しが必要だと指摘されるようになった．また，国民的論議として，高福祉高負担，中福祉中負担，低福祉低負担の選択といった事柄も，次第に広がっていった．

6　低経済成長下における社会福祉：少子高齢社会への対応

　昭和30年代からのわが国の高度経済成長は，順調に推移していくと思われていた．たとえば，わが国の1973（昭和48）年の予算は，積極的に社会福祉予算となったことから，「福祉元年」などともいわれ，社会福祉がそれ以後も伸びると国民は感じていた．

　たしかに，5万円年金の実現，老人医療費無料化もなされ，難病対策の充実などの政策が打ち出されていた．一方では，健康保険料金など各種の公共料金の値上げなどもあり，社会福祉関係者のあいだでは，「福祉元年」への見方は分かれていた．

　しかし，1973年の秋には石油危機が発生し，それを引き金としてインフレ，物不足，企業の倒産や失業者の増加に見舞われた．翌年の1974（昭和49）年度においては，わが国の経済は第2次大戦後はじめてのマイナス成長となり，

その翌年もまた実質成長は2％程度にしかならず，わが国は低経済成長の基調となってしまった．

こうして，「福祉元年」から一転して「福祉見直し」あるいは「福祉抑制」へと変化せざるをえなかった．ただ，こういった低経済成長のもとでの新しい社会福祉のあり方も模索されるようになった．たとえば，1976（昭和51）年には全国社会福祉協議会は「低成長下における社会福祉のあり方」のための懇談会を設けている．この懇談会では施設収容主義の見直し，コミュニティケアの推進，社会福祉の効率的運営，民間社会福祉の財源確保などを論議し，低成長時代においても足腰の強い社会福祉を目指すとしている．

1979（昭和54）年には，わが国政府は「新経済社会7か年計画」を公表し，そこでは「日本型福祉社会」として，個人の自助努力，家族，コミュニティにおける相互扶助的な連帯性を強調している．

このような社会的背景にあって，日本の人口は高齢化が進行し，1984（昭和59）年には女性の平均寿命が80年を超え，世界の長寿国となり，いわゆる「人生80年」時代となった．また，やや後になるが，1989（平成元）年に合計特殊出生率が1.57人となり，1.57ショックとも名づけられ，少子化現象が目立ってきた．そのため，国は関係省庁をあげて少子高齢社会への対応を求められるようになった．

また，1981（昭和56）年は国連の「国際障害者年」に当たり，「完全参加と平等」をテーマにして，国際的にも国内的にも，障害者にたいする「行動計画」が策定され，かつ実行された．翌1982（昭和57）年には，老人医療費を全国民で公平に負担し，かつ予防やリハビリテーションに重点をおいた老人保健法が制定された．また，障害者，要介護高齢者への各種施策や社会福祉サービスの基本理念として，ノーマライゼーションが次第に定着してきた．と同時に，クォリティ・オブ・ライフ（Quality of Life, QOL と略す．日本語では，生活の質，生命の質，人生の質，人格の質などといわれることもある）の考え方にも，おおきな目が向けられるようになってきた．

このような状況において，1983（昭和58）年に日本ソーシャルワーカー協

会が再建され，社会福祉マンパワーのあり方が問われるようになった．とくに福祉関係3審議会合同企画分科会において，1987（昭和62）年3月「福祉関係者の資格制度について」の意見具申がまとめられ，厚生省（現・厚生労働省）が「社会福祉士及び介護福祉士法案」を作成し，同年5月に国会で成立，公布された．諸外国のソーシャルワークやケアワークの専門職に該当する社会福祉士，介護福祉士は「業務独占」ではなく，「名称独占」ではあったが，その後，次第に業務独占への方向性をたどることになる．

　また，時期はやや遅れるが，精神保健福祉士法が1997（平成9）年に成立し，精神障害者の長期入院，社会的入院への対応，退院援助や社会復帰に向けての支援を，診療報酬点数のつく格好で，専門職としておこなうこととなった．こうして本格的な少子高齢社会の到来，障害者への対人福祉サービスの必要性が高まってくるにつれて，国も計画行政としての社会福祉政策を策定し，実行するようになっていった．

　1989（平成元）年12月には「高齢者保健福祉推進十か年戦略」（ゴールドプラン）が策定されたが，在宅福祉の整備，寝たきり老人ゼロ作戦，ホームヘルパー10万人増員計画，特別養護老人ホームのベッド数の大幅増床などを盛り込んだ計画であった．その後，おおきな高齢者保健福祉サービスの基盤整備の必要性があるとして，1994（平成6）年に「新ゴールドプラン」として見直され，ホームヘルパーの17万人への増員計画などとして，より充実した内容となって策定された．さらに，1999（平成11）年には，活力ある高齢者像の構築，高齢者の尊厳の確保と自立支援，支え合う地域社会の形成，利用者から信頼される介護サービスの確立，などを基本的目標として，「ゴールドプラン21」（今後5か年間の高齢者保健福祉施策の方向）が策定された．また，1997（平成9）年成立，2000（平成12）年4月からの実施となった介護保険法を意識して策定された点，また市民による自主参加を基盤とした各種ボランティア活動に注目されている点，などが大切なポイントであろう．

　人口高齢化とともに，次第に出生率の低下もおおきな福祉課題となっていった．1970年代後半から下がりつづけてきている出生率の原因としては，晩

婚化，未婚化，非婚化，出生の少子化などが重なっているといわれている．このような事態に対処するため，1994（平成6）年，「今後の子育て支援のための施策の基本的方向について」（エンゼルプラン）が策定された．とくに緊急に取り組むべき保育対策については，「当面の緊急保育対策等を推進するための基本的考え方」（緊急保育対策等5か年事業）が策定され，子育て支援のための総合施策が打ち出された．エンゼルプランの内容は，仕事と保育を両立させるための雇用環境整備，多様な保育サービスの充実，母子保健医療体制の整備である．

　1999（平成11）年12月，政府は少子化対策推進方針に基づき，「重点的に推進すべき少子化対策の具体的実施計画について」を計画策定した．一般にこれを新エンゼルプランといい，これまでの内容にくわえて地域で子どもを育てる教育環境の整備に力を入れることなどが強調された．新エンゼルプランの最終年度である2004（平成16）年12月には，2005（平成17）年度を初年度とする「少子化社会対策大綱に基づく重点施策の具体的実施計画について」（子ども・子育て応援プラン）が新たに策定された．

　一方，1993（平成5）年3月に策定された「障害者対策に関する新長期計画」を具体的に推進するため，障害者施策全般にわたる「障害者プラン」（ノーマライゼーション7か年戦略）が策定され，1996（平成8）年度から2002（平成14）年度までに達成させる目標を策定した．障害者プランの基本的考え方として，①地域で共に生活するために，②社会的自立を促進するために，③バリアフリー化を促進するために，④生活の質（QOL）の向上を目指して，⑤安全な暮らしを確保するために，⑥心のバリア（壁）を取り除くために，⑦わが国にふさわしい国際協力・国際交流を，の7つが提示されている．

　また，2002（平成14）年度に障害者プランが最終年度となるために，2003（平成15）年度を初年度とする「新障害者基本計画及び重点施策実施5か年計画」（新障害者プラン）が，2014（平成26）年度までの十か年計画として策定された．

7　社会福祉基礎構造改革への歩み

　わが国は人口の少子高齢化が進み，核家族化がさらに進行するのみならず，金融ビッグバン，社会の情報化（デジタル化），国際化や地域における過密過疎化にともなう格差の問題が，さらに明白となってきた．そして，そのような動きはいわゆる福祉需要の増加や多様化をもたらすであろうことが，やはり明らかとなってきた．

　このように，わが国が成熟社会に移行することを踏まえ，1986（昭和61）年1月に設置された福祉関係3審議会合同企画分科会において，新たな時代にふさわしい社会福祉制度改革の方向性について検討がなされ，1989（平成元）年3月に「今後の社会福祉のあり方について」意見具申がなされた．これによって，社会福祉政策の転換がなされ，市町村の役割重視，社会福祉の地方分権化，在宅福祉サービスの重視，民間事業者やボランティア団体による福祉多元化されたサービス提供，福祉情報ネットワークの構築，などが提示された．

　その翌年である1990（平成2）年になされた「老人福祉法等の一部を改正する法律（いわゆる福祉関係八法）」の改正の趣旨は，21世紀に予測される本格的な高齢社会の到来に対応して，住民にもっとも身近な市町村で福祉サービスと保健サービスが一元的かつ計画的に提供されるべきことを示している．市町村主義といわれる地域的なサービス提供を，さらに民営化主義とされるシルバーサービスなども認めており，それまで政府がもっていた権限を地方移譲し，地域活性化にもつなげようとするものであった．

　1994（平成6）年の細川内閣における高齢社会福祉ビジョン懇談会による「21世紀福祉ビジョン」においては，少子高齢社会の到来に備え，国民に関連の深い社会保障，社会福祉を中核として，住宅，雇用，まちづくり，教育政策などを含めた総合的な福祉ビジョンをまとめた報告書である．とくにあるべき福祉社会像として，公的保障中心の高福祉高負担型福祉社会，自助努力にもとづく低福祉低負担型福祉社会，それらの中間型の福祉社会のいずれ

を選択するかが，おおきな問題だとされている．

　わが国としては，公共部門と民間部門との努力の適切な組み合わせによる適正給付・適正負担に根ざした福祉社会を目指すことが，国民的合意をもっともえられる，としている．

　このように社会福祉の基礎構造改革が検討されているなかで，1997（平成9）年12月には高齢社会における介護のあり方も問われるようになり，介護保険法が成立し，2000（平成12）年4月から施行された．その結果，社会福祉基礎構造改革と介護保険法の考え方，方針とがあいまって論議されるようにもなった．

　そのような状況から，社会福祉への市場原理，競争原理の導入，住民参加型福祉サービスの評価，提供される福祉サービスの質についての第三者評価，利用者の権利擁護や代弁（アドボカシー），利用者の不服申立てや苦情解決の仕組みが整えられていき，従来からの応能負担から応益負担（受益者負担）へという流れができた．

　1998（平成10）年6月の中央社会福祉審議会社会福祉構造改革分科会による「社会福祉基礎構造改革について（中間まとめ）」にみられる視点は，①サービスの利用者と提供者との対等な関係の確立，②地域での総合的な支援，③多様なサービス提供主体の参入促進，④サービスの質と効率性の向上，⑤情報公開による事業運営の透明化，⑥公平・公正な受益者負担，⑦住民参加による福祉文化の創造，などである．

　2000（平成12）年6月，「社会福祉の増進のための社会福祉事業法等の一部を改正する等の法律」が制定された．なかでもおおきかったのは，1951（昭和26）年の社会福祉事業法制定以来の社会福祉の基礎構造の改革であり，「社会福祉事業法」が「社会福祉法」となったことである．とくに社会福祉の理念として，地域福祉が正面に据えられ，21世紀の地域福祉の展開が求められることとなった．

8　構造改革後の社会福祉の動向

　社会福祉基礎構造改革がなされて以後，わが国の人口動態，経済社会の状況などは予想を超えて変動していた．人口動態の局面からみると，厚生労働省の2019（令和元）年の簡易生命表に明らかなごとく，平均寿命は女性が87.45歳，男性が81.41歳と男女とも20年連続で延び，過去最高を更新したことが明白となった．世界のトップの水準で長寿化は進行しており，駒村康平の命名した「長寿社会革命」が，社会のハード面，ソフト面でみられるようになってきたのである．一方，合計特殊出生率は全国平均1.29人となり，少子化に歯止めがかからない．総人口も徐々に減少し，わが国は少子高齢社会から超少子超高齢・人口減少社会へと推移していくことが自明のこととなった．

　生産年齢人口，年少人口が減少する一方で，老年人口は急速に増加していく．また，戦後のわが国を支えてきた団塊の世代の人びとが後期高齢者（75歳以上）に到達し，産業面での活力低下や技術伝承が困難となるし，社会保障費の増大にともなって，医療，年金，介護などの現状維持は困難となってくる．

　また，家族機能の縮小化にともなう育児や介護などの問題も，より深刻化してくる．「平成の大合併」によって，約3300の地方自治体が1700台に統廃合されたものの，自治体間格差があり，とくに新しい自治体に統合された旧町村などの疲弊が目立っており，自治体内部での地域間格差が広がっている．

　2006（平成18）年4月に改正された介護保険法においては，介護老人福祉施設（特別養護老人ホーム）などにおいて，居住費，食費の実費支払いをホテルコストとして義務づけるようになった．年金生活者にとっては，おおきな負担となり，介護保険の運営としてやむをえないとしても，社会的におおきな波紋を呼んだ．

　一方，高齢者への虐待を発見した場合に，市町村への通報を義務づける「高齢者虐待防止法」が成立し，2006（平成18）年4月から施行された．また，

団塊の世代の高齢化に備えることや，健康な高齢者に積極的に社会貢献してもらうために，2006（平成18）年 4 月から企業に段階的な定年延長などを義務づける「改正高年齢者雇用安定法」が施行された．

　わが国の総人口が減少に転じ，小泉内閣の2005（平成17）年改造によって，はじめて専任の少子化担当相を任命した．十分とはいえないが少子化対策，男女共同参画型社会の推進，子育て支援などが，積極的に取り組まれる体制はととのった．しかし，少子化に歯止めをかけられるかどうか，疑問もだされている．事実，2019（令和元）年の合計特殊出生率は1.36となっていた．実出生児数は令和 2 年で約82万人台，令和 3 年で約79万人台と推定され，さらに少子化が進む（厚生労働省）．

　のみならず，児童や家庭にみられる問題として，児童の行為障害，アダルトチルドレン，ドメスティックバイオレンス（配偶者などによる暴力行為，DV），児童虐待なども増加しており，1999（平成11）年には児童買春禁止法が成立し，2000（平成12）年 5 月に「児童虐待の防止等に関する法律（略称：児童虐待防止法）」が制定され，同年11月に施行された．2001（平成13）年に「配偶者からの暴力及び被害者の保護に関する法律（略称：DV 防止法）」が成立した．また，2004（平成16）年には，国・地方自治体の義務の見直し，国民による通告義務の拡大などを盛り込んだ改正がおこなわれ，施行された．

　社会福祉法の成立によって，社会福祉制度が基本的には措置制度から利用制度となったのにともない，公的負担は支援費を主とすることになった．2003（平成15）年 4 月には，支援費制度が身体障害者福祉法と知的障害者福祉法の居宅支援・施設支援，児童福祉法の居宅支援などにおいて開始された．これは利用者などが指定事業者の施設と直接契約することにより，障害者の自己決定やサービスの選択を重視した制度構築に向けての切り換えであった．

　2004（平成16）年には発達障害者支援法が制定され，つづいて2005（平成17）年には障害者自立支援法が成立した．2003（平成15）年に障害者の福祉サービス利用の支援費制度を導入したが，利用が多く，かつ収入に応じた負担としたため，財政がゆきづまったことから，原則 1 割の自己負担制度に改

められた．しかし，このような財政の論理では，障害者の自立支援，福祉サービスの一元化といっても納得できないとする関係者も多かった．

　1995（平成 7 ）年には，「高齢者，身体障害者が円滑に利用できる特定建築物の建築の促進に関する法律（略称：ハートビル法）」が建設省（現・国土交通省）の所管として施行された．理念としては，従来のバリアフリーという考え方を，アメリカの R. メイスの提唱するユニバーサルデザインへと拡大しようとするものであった．建築物や町づくり，さまざまな製品は，年齢，性別，能力の相違にかかわらず誰でも利用できるように最大限の努力を払おうという考え方である．

　2000（平成12）年には，「高齢者，身体障害者等の公共交通機関を利用した移動の円滑化の促進に関する法律（略称：交通バリアフリー法）」が運輸省（現・国土交通省）の所管で施行され，整備が義務づけられたため，鉄道駅舎を中心に整備が進められていった．2002（平成14）年にはハートビル法が改正され，公益施設の範囲が拡大され，公益性の高い民間建築物にたいしても整備が義務づけられた．

　さらに，2005（平成17）年 4 月，「個人情報の保護に関する法律（略称：個人情報保護法）」が施行された．それに先立つ2004（平成16）年末には，厚生労働省より福祉・医療・介護の分野の事業者，従事者に高いレベルの個人情報の保護を求めるガイドラインが示されていた．そこで，あらためて個人情報の「保護」と関係者のあいだにおける「情報開示」との矛盾が浮かび上った．利用者の人権の尊重の重要性が，次第に広がっていった．

9　全世代型社会保障への転換

　日本の政治・経済・社会の変化のなかで社会福祉においては，生活保護の母子加算が復活したり，子ども手当の創設，障害者自立支援法の見直しがなされ，2012（平成24）年には障害者総合支援法，障害者差別禁止法が成立していった．また，国から地方への権限移譲として，①保育所の利用者基準，②保育所・児童館の最低基準，③特別養護老人ホームの最低基準，④児童自

立支援施設の職員身分規定，が地方自治体に任されることになった．

　この間，安倍政権の下で，「社会保障と税の一体改革」が進められ，社会保障充実のための施策が実行されたが，不十分なままであった．消費税10％は，2019（令和元）年10月へと延期された．また，社会福祉法等の改正も2016（平成28）年3月になされ，内容は社会福祉法人改革を中心としたものであり，主な内容として①経営組織のガバナンス（一般には企業統治と訳されるが，ここでは社会福祉施設・機関の統治）の強化（議決機関としての評議員会を必置，一定規模以上の法人への会計監査人の導入など），②事業運営の透明性の向上，③財務規律の強化（適正かつ公正な支出管理・いわゆる内部留保の明確化など），④地域における公益的な取り組みを実施する責務などである．その他には福祉人材の確保の促進，などが加えられた．

　2020（令和2）年9月には，「自助・共助・公助」をスローガンとする菅義偉内閣が発足し，全世代型社会保障を打ち出し，高齢者福祉中心からの変革をおこなっていった．

第2節　イギリスの社会福祉の歩み

1　産業革命と救貧法の成立

　中世および近世の農業村落社会における社会福祉は，牧歌的な雰囲気のなかにおいて，イギリスでは修道院社会事業，教区社会事業を中心としながらも，国王，国家，地方諸侯によって設置されていた救貧院が高齢者，障害者，病人，孤児などのさまざまな生活課題を担う人びとを混合収容していた．しかし，このような院内救済のみではすべての要援護者を収容できず，むしろ農業などの補佐をしながら，要援護者が院外救済を受けるといった村落共同体らしい救済形態もみられていた．そこで，16世紀頃から院内救済，院外救済の相互関係が問われはじめていた．

　とくにイギリスにおいては，[2)]農業をいとなんでいるよりも，羊を飼育して，

羊毛工業に転ずる方が地主階級にとっては利益になるという状況への適応が，他のヨーロッパ諸国よりも早かった．田畑を牧草地にして，小作人，農民をそこから追い出す，いわゆる囲い込み運動が，地主階級によって広範になされるようになり，次第に手工業や機械制工業へという産業革命がはじまった．そのため，それまでは小作人であった農民は，いやおうなく向都現象の渦のなかに追いやられ，浮浪者，孤児などとなって，ロンドンをはじめとする大都市の下層階級を形成するようになった．やむなく，近世から近代にかけて，院内救済，院外救済の再編問題や，都市問題となっていった貧困層への対応が迫られるようになった．

　1601年にイギリスで成立したエリザベス救貧法（別名：旧救貧法）は，産業革命がヨーロッパ諸国のなかでもっとも早かったという背景によって成立した．救貧法の成立の根拠としては，中世，近世からの教区慈善，救貧院などにたいして，近代的かつ抜本的な改革をおこない，効率の良い救貧行政を実施するところにあった．労働能力の有無を基準とした分類処遇の原則により，有能貧民はワークハウス（労役場）に収容し，強制労働に従事させた．また，無能力貧民については，救貧院において院内救済するとか，親族のいる出身地へと送り返すことにした．児童については，教区徒弟として富裕階層のもとで，奉公を強制的に義務づけるとともに，親族のいる出身地への送還という手法を用いた．

　エリザベス救貧法は，労働能力の有無や年齢などの属性によって，院内救済と院外救済とを区別したのであるが，現代における施設福祉，在宅福祉との関連性をここにみいだすことができる．

　このような厳しい内容のエリザベス救貧法であったが，1700年代に至ると，「博愛の世紀」といわれるように，貧困者に有利な運用が実施されるようになる．たとえば，1722年に成立したワークハウステスト法においては，ワークハウス（労役場）での有能貧民にたいする処遇の改善がなされた．また，救貧法の改正と貧困者の生活改良に熱心であった下院議員ギルバートの努力の結果，「貧困者のより良い救済と就職のための法令」が1782年に成立した

が，これがいわゆるギルバート法である．

　ギルバート法ほど全国的波紋をおこさず，院外救済に新風を吹き込んだ制度としては，1795年頃のバークシャーのスピーナムランド制度がある．この制度の特色は，パンの価格と家族規模による救済制度であるが，さらにおおきな特色は院外救済，つまり現代でいう在宅福祉を原則としていたことである．また，フランス革命，ナポレオン戦争などによって生まれてきた啓蒙思想を基盤として，慈善学校，慈善病院などの設立活動も，イギリス各地でなされ，地主階級から変容した新興市民階層の自発的な活動として展開された．ただ，貧困は個人の怠惰によるという惰民観（ポーペリズム）は，根強いものがあった．

2　新救貧法，慈善組織協会とセツルメント

　産業革命の発展につれて，イギリスは「世界の工場」ともされるようになり，農村から都市への人口集中が盛んとなる19世紀になると，農村，都市を問わず，共同体の崩壊が激しくなった．農村においては，共同行事や共同作業の衰退，家族や近隣による相互扶助能力の低下などが生じてきた．都市部においては，浮浪者，失業者の大量増加，都市コミュニティの未成熟などが目立っていた．

　このような事態に対応するべく，1834年にイギリスは改正救貧法（別名，新救貧法）へと救貧行政のあり方をおおきく変更し，全国統一の原則，劣等処遇の原則，ワークハウス（労役場）の原則，を打ち出した．第1の全国統一の原則は，救貧法を全国一律とし，効率的運営の実施を目的にしたものである．第2の劣等処遇の原則とは，救貧法の対象となる人びとの生活水準は，自活する人びとの生活水準より劣等でなければならないという処遇水準の考え方である．第3のワークハウス制度は，エリザベス救貧法当時と同じく，有能貧民に適用された．これら改正救貧法の3原則は，あいまって当時の院外救済（現代の在宅福祉サービス）が根本的には否定され，きわめて例外的な場合にのみ適用されるという点を明確にしたことで，その後の在宅福祉の障

壁となった.

　こういったイギリスの改正救貧法の思想的根拠は，T.R. マルサスの1798年の著書『人口の原理』にあったとされ，有効な貧困対策は人口抑制策，つまり貧困者救済は救貧費を増大させるだけでなく，家族の絆や労働者の自助努力を失わせるとして，否定する考え方であった．逆に「適者生存」，すなわち自由放任主義こそが，社会的な規範だとされた．

　政府による救貧政策は，実際にはほとんど無効力であった．失業者や浮浪者は都市に集中し，ときには富裕階層の子女を人質にとって，金銭をとるといった行動もみられ，社会不安をあおるようなこともあった．そこで，富裕階層は自己防衛のために慈善をおこなうようになり，宗教的，人道的な立場からの慈善をくわえると，かなりの数の拠点で慈善がなされるようになった．1869年にロンドンで設立された慈善組織協会（Charity Organization Society,略称：COS）を組織化した H. ソーリーの調査によれば，ロンドンだけで少なくとも650近い慈善組織・団体があったとされるほどである．

　この慈善事業で後の COS 活動におおきな影響を与えたのが，T. チャルマーズの隣友運動である．1819年にチャルマーズは，スコットランドのグラスゴー市のセント・ジョン教区の牧師であったが，同市を25区に分け，それぞれの担当者に教会の執事を教区担当委員として任命した．そして，50世帯の貧困者を受けもたせ，可能なかぎり予防的活動を展開するとともに，援助をおこなった．

　このチャルマーズの運動に触発され，ロンドン COS では，無秩序になりがちな慈善の乱（濫）救，漏救を少なくし，貧困者への公平を保つように，さらには費用の節約のために，ロンドンをいくつかの地区に分け，そこでの慈善団体同士の連絡調整をおこなった．この方法が後にコミュニティワーク（地域援助技術）の基礎となった．また，救済申請者の資力（産）調査（ミーンズテスト，means test）を綿密におこない，救済の重複を避けるために登録制度を導入した．さらに，当初は婦人の役割とされており，ボランティアであったが，友愛訪問を必要な家庭にたいして実施した．これが後のケースワ

ーク（個別援助技術）となったが，当初は「施しではなく友愛を」というモットーのもとに実行された．

　さらに，資力調査などは後の社会福祉調査法（ソーシャルワーク・リサーチ）へと展開される基盤となっており，COSはいろいろな点で相談援助や社会福祉援助技術（ソーシャルワーク）へと継承されていった．

　1884年にロンドンのイーストエンドと呼ばれるスラム地区に，すでにE. デニソンによって指導理念が与えられていたセツルメントが，S. バーネット夫妻によって，トインビーホールと命名されて開拓された．レジデント（セツラーともいう）は現代でいえば住み込みボランティアに該当するが，イーストエンドに定住し，主としてオックスフォード大学の卒業生や学生と，地区の貧困者とが知的，人格的接触をとおして交流しあい，地域の福祉の向上のために力をつくした．セツルメントにおいては，小集団活動が重視され，後のグループワーク（集団援助技術）の発端ともなった．また，地域課題の解決のために，地区担当行政とのあいだでのコミュニティワークのあり方にも一石を投じた．

　1844年にロンドンで宣教していたG. ウィリアムス牧師は，YMCA（Young Men's Christian Association：キリスト教男子青年会）を組織化した．くわえて1855年にYWCA（Young Women's Christian Association：キリスト教女子青年会）も発足し，キリスト教徒の青少年の活動から次第にグループワーク（集団援助技術）がセツルメント活動とあいまって，開発されることになる．キリスト教関係においては，1865年にW. ブースが軍隊的組織を取り入れた救世軍を創設し，COSでさえ放置していた「どん底の人びと」の救済に手を差しのべるようになっていた．

　トインビーホールのレジデントとして活動していたC. ブースは1886年から1903年の17年間にわたって，『ロンドン民衆の生活と労働』全17巻を詳細な調査を基盤として発刊した．そして，ロンドン市民の30.7％がきわめて貧困な生活を送っていること，貧困の原因は個人的習慣にあるのではなく，不安定な雇用条件，失業などの社会的原因にあることを実証した．また，1899

年に S. ラウントリーはイギリスのヨーク市において貧困調査を実施し，1901年に『貧困：都市生活の研究』を発刊した．さらに，1941年には第2回目の調査結果を『貧困と進歩』に，第3回の結果を1951年発刊の『貧困と福祉国家』として発刊している．ラウントリーは，ヨーク調査において所得の総収入が肉体的能率を維持するための最低限の水準を，第1次貧困線あるいは絶対的貧困線と呼んでいる．貧困線を算定する方法は，誰かがバスケット（買い物かご）をもってマーケットに行き，必要最少限の品物を購入することを仮定したマーケットバスケット方式を用いており，これをラウントリー方式とも呼称した．

　ほぼ同じ時期に，E. エンゲルは労働者の家計の分析の結果，所得の上昇につれて家計費にしめる飲食物費の割合が低下するという一般的法則を発見し，これをエンゲルの法則と名づけた．C. ブース，ラウントリー，エンゲルなどの貧困調査は，当時いわれていた惰民観が間違っており，労働者の雇用や就労などの社会的原因にもとづくことを示していた．

　こうしたさまざまな活動や調査結果が明らかになるにつれ，政府も救貧法のあり方を検討せざるをえなくなってきた．そこで，1905年に救貧法のあり方にかんする王立委員会が設置され，1909年には政府への提案としての報告が作成された．しかし，救貧法を手直しして存続させることを主張する多数派報告と，救貧法を解体して，あらたな予防的立案をなすべきだとし．ナショナルミニマム（国民最低限）を保障するべきだとしたウェッブ夫妻（S. ウェッブと B. ウェッブ）などの少数派報告に分裂してしまって，収拾がつかなくなってしまった．

3　ベヴァリッジ報告と福祉国家体制

　第2次世界大戦中のさなかの1942年にイギリスで発表された「ベヴァリッジ報告」は，大戦後の社会保障および社会福祉一般におおきな影響を与えた．『社会保険および関連サービス』という正式の報告においては，均一拠出，均一給付を原則とした総合的社会保険への加入を義務づけていた．

　W. ベヴァリッジは，「ゆりかごから墓場まで」のライフサイクル（人生周期）における「広範な社会政策の一環」として，これらが相互連携的に運用されるべきだとした．また，目下の戦争に終止符が打たれるときには，「窮乏」をはじめとして「疾病」，「無知」，「不潔」，「怠惰」の「5巨人悪」に立ち向かうべきだとした．これらにたいする総合的な社会政策が不可欠であり，所得保障を中心とする社会保障制度によって，福祉国家の機能の有効性が発揮されるとした．

　1936年に発刊されていた経済学者 J.M. ケインズの『雇用・利子および貨幣の一般理論』においては，とくに不況時においては経済市場に国家が積極的に介入を図るべきだという考え方にもとづき，完全雇用政策などが提案されていた．ベヴァリッジの考え方を支持するケインズの考え方を取り入れて，1948年に「国民扶助法」が成立した．これは，1601年のエリザベス救貧法以来，およそ3世紀半にわたってつづいてきた救貧法体制に最終的に終止符を打ったことを意味した．

　医療分野では，かぎられた国民を対象としてかぎられた給付しか実施していなかった第2次大戦前の健康保険制度に変え，1946年には「国民保健サービス法」が制定された．これによって医療の公共サービス化が実現し，国民すべてが予防やリハビリテーションを含め，ほとんどの医療を無料で利用できるようになった．

　対人福祉サービスの分野においては，戦後の孤児や要養護児童の処遇にかんする『児童と家庭』と題したカーティス報告が公刊されている．この報告は要養護児童への対応について，里親による養護，小規模施設における養護の重視などを提言していたが，これを受けて1948年に「児童法」が成立した．また，イギリスの精神医学者 J. ボウルビィが世界保健機関（World Health Organization：略称 WHO）に提出したボウルビィ報告において，児童養護施設における生活の問題，ホスピタリズム（施設癖，施設神経症などをいう）の課題を提起した．これをとおして，児童の入所施設ケアのあり方が問われ，その克服方策が検討されるとともに，里親委託や養子縁組などがより強く採

用されるようになった.

　高齢者ケア, 障害者ケアなどについては, 国民扶助法や国民保健サービス法などによって, 地方自治体の義務として明記され, サービスの拡充と改善がなされた.

4　シーボーム報告とコミュニティケア

　イギリスにおけるコミュニティケア志向は, 第2次世界大戦後のほぼ一貫した社会福祉体制の追求してきたところである. だが, おおきな結節点をあげるとすれば, 1968年の『シーボーム報告』(正式名称は, 地方自治体と対人福祉サービス)の公刊と, それにつづく「地方自治体社会サービス法」(1970年)の施行といえよう. シーボーム報告は, 1965年に政府によって, F.シーボームを委員長とする「イングランドおよびウェールズにおける地方自治体の対人福祉サービスの組織と責任はいかにあるべきかを再検討することであり, 家族サービスの活動を効果的に実施するための保障として, なんらかの望ましい改革案を考慮すること」(1項)[3]にたいする委員会答申である.

　1968年に提出された答申は多岐にわたるが, 中心部分は「コミュニティに立脚した, 健全な家族志向サービスをおこなう部局を地方自治体に新たに設けること, また住民の誰もがそのサービスを受けられるようにすべきであること, を勧告する. この新しい部局は, 社会の病理の発見とその治療に威力を発揮し, 社会全体の福祉のために, あるときはサービスを提供し, またあるときは逆にサービスを受けるといった, いわば相互扶助的な社会活動をおこなわしめるのに能うかぎり最大限の人びとを動員することが望ましい」(2項),「コミュニティは福祉サービスの受給者であると同時に提供者でもある(475項)」というものである.

　ここでは1948年のベヴァリッジ改革以来の対人福祉サービスの分割化傾向の再編成, 地方分権化, コミュニティケアの重視, 対人福祉サービスにおけるソーシャルワークの強調などが根底的には流れている. こうして, シーボーム報告はイギリスの対人福祉サービスをコミュニティケア方式へと向かわ

せるおおきな転換点となった．とくにその拠点として地方自治体に社会サービス部の義務設置を答申し，それを「地方自治体社会サービス法」に結実させたという意味において重要である．

　また，地方自治体社会サービス部に対人福祉サービスがほぼ統合して提供されるようになるが，それにはつぎのようなサービスが含まれている．

①　高齢者福祉サービス：入所施設ケアと在宅ケアをも含めた高齢者のためのフィールドワークサービス

②　障害者福祉サービス：視覚障害，聴覚・言語障害，脳性まひ，てんかん，肢体不自由などの障害者を対象とするサービス

③　ホームレスの人びとにたいするサービス

④　児童福祉サービス：児童のケア，指導，観察，各種入所施設の運営管理や，これらへの児童の入所，通所および里親制度

⑤　精神障害者へのソーシャルワークと家族ケースワーク：精神障害者にたいするソーシャルワークサービス，職業訓練所や宿泊施設の提供

⑥　5歳未満児童のデイケア：保育所の提供や運営管理

⑦　家庭援護

⑧　保護を要する母親へのサービス：入所施設ケアを含む

⑨　病院ソーシャルワーク：入院患者にたいするソーシャルワークサービス

　また，1962年の「病院計画」において，病院への長期入院や退院援助計画などが求められるようになり，ときには批判されるようになり，病院におけるコミュニティケアのあり方も問題視されはじめた．それ以来，コミュニティケアは社会福祉分野とともに，保健医療分野をくわえた対人サービス，対人援助にまたがる政策的，実践的課題としてとらえられるようになった．

　コミュニティケアの目標については，一般的には入所施設や長期滞在病院においてケアを提供するよりも，可能なかぎり，利用者や患者の住んでいるコミュニティにおいて在宅のままでケアする方が望ましいとされていた．そして，医師，看護師，保健師，ソーシャルワーカー，ホームヘルパーなどの

保健・医療・福祉の専門職のみならず，家族，近隣の人びと，ボランティア，住民などが参加して利用者や患者への支援をおこなうことが基本的に大切だとされたのである．

5　コミュニティケアの進展

シーボーム報告のなかにもあるごとく，住民の誰もが受給者になる可能性があり，提供者にもなりえるという「コミュニティによるケア」，あるいは「コミュニティと協働するケア」が，次第に方向性として根づくようになってきた．1978年に公刊された『ウルフェンデン報告』[4]（正式名称は，民間組織の将来）によると，イギリスの救貧法時代から現代にいたる社会福祉は，インフォーマル部門（informal sector），民間営利部門（commercial sector），民間非営利部門（voluntary sector），公的部門（statutory sector）のさまざまな組み合わせによる福祉多元主義，つまり福祉ミックスを経験してきたと指摘している．コミュニティケアにおいても，同様のことがいえるのである．専門職と非専門職，行政と民間，市場競争型とボランティア型，などのさまざまな組み合わせが対人福祉サービスの現実の姿なのである．

コミュニティケアの哲学としては，隔離よりも統合に重きがおかれ，さまざまな生活課題をもつ人びとをコミュニティを基盤としたケアサービスの提供によって支援しなければならないとされるようになった．1970年代には，イギリスにおいてもインテグレーション（統合）とかノーマライゼーション（通常化，常態化）の理念が，対人サービスの原理として重要視されるようになるが，コミュニティケアはその試金石でもあったといえよう．

ただ，シーボーム報告やウルフェンデン報告は，対人福祉サービスをコミュニティケアによって成立させる枠組みや役割分担を提供したのみであって，その実践方法を提示していたのではない．とくにコミュニティケア体制におけるソーシャルワークのあり方については，1982年に公刊された『バークレイ報告』（正式名称は，ソーシャルワーカー：役割と任務）をまたなければならない[5]．

　バークレイ報告は，多数派報告，ハドレイ少数派報告，ピンカー少数派報告という3つの報告によって構成されている．バークレイ委員会は最終的に統一されなかったのである．ここではコミュニティケアとの親和性の高い多数派報告の内容をみておきたい．

　多数派報告はイギリスのソーシャルワークの歴史や方法論を振り返りつつ，あらたなモデルとして「コミュニティソーシャルワーク」という方法を前面にすえている．1980年代においては，イギリスの地方自治体の社会サービス部などにおける公式的ソーシャルワーク（社会福祉援助技術，相談援助）は，一般にケースワーク（個別援助技術），グループワーク（集団援助技術），コミュニティワーク（地域援助技術）の実践方法を基盤として活動していた．だが，個々の利用者や利用者集団にたいして，これらソーシャルワークの伝統的かつ主要な方法を適用する理由がまったくないとはいえないにしろ，これら3方法のあいだに明確な区別を設定する有用性は，もはや次第に失われつつある．というのは，伝統的なソーシャルワークの3方法の明確な区別はワーカーの活動，それらの展開を受ける利用者あるいはそれらが活用される場の実情に必ずしも合致しておらず，むしろ方法にあわせた利用者の選択におちいりがちな傾向をもっている．したがって，ソーシャルワークの非常に専門分化された領域を除いては，ケースワーク，グループワーク，コミュニティワークという区分に固執しないコミュニティケア志向のコミュニティソーシャルワークの考え方や方法が適用されるべきだというのである．

6　コミュニティソーシャルワークの展開

　コミュニティソーシャルワーカーに期待される役割と任務は，社会的ケアプランとカウンセリングとの統合的応答を，1人のワーカーが遂行するところにある．従来の伝統的3方法のワーカー間の分業体制を組み直して，1人の一定地域担当のコミュニティソーシャルワーカーが社会的ケアプラン，カウンセリングを統合させつつ，コミュニティで生活する利用者に対応するというモデルなのである．このようなコミュニティ統合的応答がコミュニティ

内で可能となるためには，コミュニティソーシャルワークという基本的なあり方にのっとっている必要があるし，今後の対人福祉サービスはこのようなコミュニティに焦点をあわせた市民とのパートナーシップ（協働）が大切だとされている．

　コミュニティソーシャルワークという新しい枠組みは，地方自治体社会サービス部や各種の社会福祉機関・施設の責任者から第一線のワーカーにいたるまで，はたして一般市民をパートナーとみなすことができるかどうかという点に，おおいに関連性がある．このようなコミュニティアプローチの考え方は，社会的ケアプランとカウンセリングから構成されるケア供給の重荷を市民とソーシャルワーカー，あるいは市民同士が分担しあうという思想に根ざしている．

　一方，1979年に成立した M. サッチャー保守党政権は，コミュニティケア政策を少しづつ推進していた．1986年にはサッチャー政権のコミュニティケア政策を含めた保健福祉政策のファウラー社会サービス担当大臣は，R. グリフィスにたいして政府の方針の策定を求めた．それから約 1 年数か月後の1988年 2 月に『コミュニティケア：行動のための指針[6]』が報告され，政府にたいして具体的勧告をしている．グリフィス報告の内容としては，コミュニティケア政策における財政責任を国に，マネジメント責任を地方自治体に負ってもらうという勧告が柱である．

　このうち財政責任であるが，長期入所施設ケアのニーズのある人びとが，異なる費用と料金によって，老人病棟，ナーシングホーム，入所施設のいずれを利用するかという機会の問題が明確化されなければならない．そこでは，共通のアプローチが必要なのである．その中心としては，コミュニティケア政策に責任を負う大臣の選任が勧告されている．

　一方，地方自治体社会サービス部の役割は，ケアパッケージを工夫して作成し，ケア同士の諸サービスを適切に連携させなければならないところにある．また，ソーシャルワーカーがケアマネジャーとなって，適切に割り当てられることが求められる．あらゆるケースにおけるマネジメント責任は社会

サービス部にあり，公的部門，民間部門はともに十分に刺激，奨励され，競争的な介護者や民間営利市場についても，よく吟味される必要がある．

1989年11月，コミュニティケアにかんする政府白書『人びとのためのケア：今後10年間およびそれ以降のケア，略称：英国コミュニティケア白書』が公表された[7]．グリフィス報告にたいする政府の反応を示したものであり，これにはコミュニティケアの将来の運営と供給についての政府提案がなされているために，政府が国民に約束していたコミュニティケアの実践指針が具体的に動きだし，かつ政治課題となってきたことを意味していた．

白書では，「コミュニティケアとは高齢，精神障害，知的障害，身体障害，感覚障害などの諸問題によって影響を受けた人びとが，できるかぎり自宅，もしくはコミュニティにおける入所ホーム的な場で独立して生活するための諸サービスおよび支援を意味する[8]」と定義され，政府としてのコミュニティケアの安定的供給を促進するための枠組みを提示している．

また，政府としてのコミュニティケアのサービス提供の目的として，つぎの6点をあげている．①できるかぎり自分の家で生活できるよう，在宅サービス，デイサービス，短期間のレスパイトサービスを充実させること，②サービス提供者が介護者のための実際的な援助を重視するようにすること，③ニーズの適切な調査および良いケアマネジメントの適切な調査を，良質なケアのための基礎とすること，④良質の公的サービスとともに，独立セクターの充実を図ること，⑤諸機関の責務を明確にし，諸機関がみずからの仕事を説明するのを容易にすること，⑥社会的ケアのためのあらたな財政構造を導入することにより，納税者が支払った税金に十分みあうようにすること，である．

こうしてグリフィス報告，コミュニティケア白書の方向性を受けて，サッチャー政権下で1990年6月29日に「国民保健サービス及びコミュニティケア法」が成立し，保健医療と対人福祉サービスの民営化を促進し，従来のサービス供給システムを根底から変える法律が成立した．

7　政権交代と近年の動向

　1997年にT.ブレア労働党政権が発足して以後，従来型のオールド・レイバー（古いタイプの労働党）とは異なるニュー・レイバー（新しいタイプの労働党）としての諸政策を打ち出した．また，「第3の道」をブレア労働党政権の柱とし，サッチャー首相のような新保守主義でもなく，労働組合型のオールド・レイバーでもない新しい政策を打ち出すことを国民に約束した．

　そして，個々の国民は，その家族の世話をおこない，老後のために貯蓄をしようとするならば，それが可能なかぎり，職につく義務があることを受け入れるとしている．国家は援助者としての役割をもち，それを必要とする人びとに直接的な援助を提供することを引き受ける．こうした新しい契約という諸条件のもとに，ニュー・レイバーは広い多元主義的な構造のなかで，普遍主義と選別主義のケアミックスを維持するとしている．

　こうして，保健医療と対人福祉サービスとを一体化した「国民保健サービス及びコミュニティケア法」が続行されている．しかし，ソーシャルワーカーが有能なケアマネジャーとなれるかどうかや，独立セクターといったあいまいな提供主体の存在などは，批判の的となっている．

　その後，2016年には，6月に国民投票によりEU（欧州連合）からの離脱が決まり，2019年7月にはB.ジョンソン首相によって，EUからの離脱の手続きが進められ，2020年12月24日にEUとの自由貿易協定（FTA）が結ばれた．政府の社会福祉政策には，2020年からのコロナ禍における国民保健サービス（NHS）への批判が強まったが，対人福祉サービスにはおおきな変化がない．

第3節　アメリカの社会福祉の歩み

1　建国と救貧事業

(1)　アメリカの救貧事業と慈善事業（17世紀から18世紀にかけて）

　アメリカはかつて長い間イギリスの植民地に置かれており，独立後国家として成立した．アメリカは端的にいうと，移民で構成されている国である．このアメリカの沿革は，17世紀にヨーロッパから多くの移民がアメリカに渡り，さまざまな地域社会を形成し，多民族，異文化を開花させてきた．また，移民たちはアメリカの広大な土地を開拓するコロニー（居住地）を単位に生活しており，多くの地域社会を形成していった．この17世紀頃は開拓時代と呼ばれ，地域社会内の相互扶助が基本であり，疾病や死亡，先住民族の襲撃などの生活問題にたいしては，地域構成員の助け合いで相互扶助がなされた．

　また，この当時の生活規範はヨーロッパ系の移民が多かったこともあり，キリスト教が中心であった．それゆえ，自由，平等の理念を尊び，勤勉，質素，倹約というキリスト教の教えにもとづいて生活規範も厳格であった．この当時はまだイギリスの影響を強く受けていたので，同国の救貧法の価値観がアメリカにおいても貫かれていた．たとえば，労働能力のある貧困者にたいしては住民の目は冷淡であり，労働能力のない貧困者だけを保護した．つまり，救貧法の救済はイギリス同様に選別的に処遇がなされた．この救貧法は1646年にバージニア，1661年にニューヨークなどで制定されており，17世紀に開花している．しかし，先述したとおり，イギリスの惰民観が中心であるため，きわだった社会福祉の展開はみられなかった．

(2)　アメリカの救貧事業と慈善事業（19世紀）

　アメリカの1776年の独立後の時期は，まだ農業主体の社会であった．その後，商業，工業が発展した．とくに工業の発展はめざましいものがあり，19

47

世紀には繊維工業を発端に発展し，鉱工業，機械工業へと産業が拡大した．なお，19世紀の中頃には産業革命がほぼ終了したといわれている．

　このような状況のなか，社会福祉の公的活動については，1821年にクインシー報告，1824年にイェーツ報告などが公表された．この両レポートはマサチューセッツ州，ニューヨーク州の報告であるが，両報告とも救貧法の価値観を踏襲するものであった．この報告は，これまでの居宅保護の問題点を指摘し，救済することは本人にとっては好ましくないこと，飲酒などで貧困になるのは，本人が怠惰であるからであり，貧困者を監獄や救貧院に入所させるべきであることを認める内容であった．しかし，産業革命の進展により，多くの不安定労働者が生み出され，公的救済が急務となった．

　このような公的福祉が皆無の時代にあって慈善事業，民間事業の展開は19世紀になっても継続した．主なものは1817年にニューヨークに「貧窮予防協会」がJ.タッカーマンによって創設され，1837年に「ボストン貧窮予防協会」が創設，同年に「貧民生活状態改善協会」がニューヨークに設置され，これらの団体も民間慈善団体であり，宗教的動機にもとづいて活動が展開されている．活動内容は慈善による援助だけでなく，貧困防止や貧困者の自立，更生を目的とした事業であった．同時に，19世紀にはいると，アメリカの東部を中心に民間慈善事業が展開され，その後の慈善組織活動におおきな影響を与えた．この当時の貧困観も貧困の原因は個人の責任であるとし，貧困の原因が社会の側にあることを認めていない．

(3)　アメリカの慈善組織協会

　キリスト教を基盤とした慈善活動はアメリカ東部を中心に展開された．この活動は，イギリスの慈善活動の影響を受けており，これにより慈善活動の組織化がはかられるようになった．アメリカの慈善組織協会は，イギリスと同じように慈善活動の乱（濫）救，漏救を防止する観点から慈善事業の効率を求めて設立された．

　具体的には，1877年にイギリス人の牧師S.ガーティンがバッファローで

慈善組織協会（略称：COS）を設立したことがアメリカの組織化のはじまりであった．この慈善組織化活動は，友愛訪問を中心に展開され，慈善活動の組織化，調整だけでなく救済申請書を設けて，貧困者がスムーズにサービスを受けられるよう中央登録所を設置した．また，ボランティアによる友愛訪問だけでなく，有給の職員も友愛訪問に参加したといわれている．この活動のもうひとつの特徴は，貧困問題を個別にとらえ，1人ひとりにあった援助を展開したことである．このことにより，個人と環境の調整が貧困者の自立を促したのである．

つぎに，アメリカにおいてもセツルメント運動が展開されている．セツルメントの特徴は，貧困問題を個人の問題としてとらえるのではなく，社会の問題としてとらえる視点をクローズアップさせたことである．つまり，貧困者問題を解決するための立法化や社会制度の改革をめざした活動といえる．

具体的な活動は，1889年にJ.アダムスがシカゴにハルハウスというセツルメントを開設し，貧困者や移民などの社会教育を展開したことにはじまる．これらの活動が先述した貧困問題改善のための社会運動に発展したのである．また，これらの活動の影響は，YMCA（キリスト教男子青年会）などのグループ活動の先駆けになっており，つぎに述べるソーシャルワーク確立におおきな影響を与えている．重要なこととして慈善組織運動は，イギリス，アメリカにおいても展開されたが，ソーシャルワークが専門職として開花したのはアメリカであり，イギリスと異なる展開をしたことを理解する必要がある．

2　セツルメントとケースワークの専門化

(1)　ソーシャルワークの発展

アメリカの福祉専門職化において多大な影響を与えたのは，M.リッチモンドである．彼女はイギリスの慈善組織協会（Charity Organization Society, 略称：COS）に参加後，アメリカに帰り，つづいてCOS活動を展開した．活動としては友愛訪問に参加し，貧困者宅を訪ね，面接をとおして，貧困原因を探りながら問題解決を図ろうとした．彼女の友愛訪問の考え方は，「貧

困者の家庭の喜び，悲しみ，意見，感情，そして人生全体にたいする考え方を共感をもってつねに身近かに知ることである」[9]と述べており，共感という価値観に重きを置いた．また，彼女はこうした友愛訪問の内容を吟味し，分析し，後のケースワーク（個別援助技術）の体系化に成功したのである．

くわえて彼女はその後も1917年に『社会診断』を著し，貧困原因を分析し，客観的に事実を精査することが重要であると主張している．また，1922年に『ソーシャル・ケース・ワークとは何か？』を著し，ケースワークを体系化した．彼女のいうケースワークとは「人びととその社会環境とのあいだに個々別々に意識的にもたらされる調整をとおして，人格（パーソナリティ）の発達をはかる諸過程から成り立っている」[10]と述べており，個人と環境のあいだを調整する手法が特徴である．このようなソーシャルワークにおける科学的視点の導入は，先述したようにアメリカの社会福祉の歴史において画期的な出来事であった．

さらに，20世紀にはいると彼女の貢献などにより福祉専門職団体が各地域で創設された．1916年にアメリカソーシャルワーカー協会，1921年に全米ソーシャルワーカー協会が創設され，福祉専門職団体が活動を展開した．また同時に，福祉専門職を教育・訓練する機関も創設された．それからもう1つのおおきな転換は，これまでの貧困者だけを対象としたCOS活動だけでなく，一般の生活問題をもつ者まで対象者が広がったことである．これらの変化も，M.リッチモンドのケースワークが寄与したことの1つである．

(2)　第1次世界大戦後のソーシャルワーク

1914年にはアメリカ社会は，参戦国として第1次世界大戦の渦中に入っていく．そのため大勢のアメリカの成人男性が兵士として駆り出されることにより，留守をあずかる女性や子どもが増加したことも，この時代の特徴であった．それゆえ戦争の犠牲で母子家庭になるケースや戦争に参加した成人男子の心理的な問題が増大し，それにたいする援助も必要となり，貧困者だけの援助から，先述したようにさまざまな生活問題に対応するケースワークを

中心としたソーシャルワークが発展した.

　そして，M. リッチモンドが唱えた個人と環境の調整という視点から，この時代のニーズに対応するためにケースワークはS. フロイトの精神分析学に傾倒していった. つまり，ケースワークの役割は，医療に従事する専門職としても開花した. このような心理や医療にケースワークの価値を置く人びとを診断主義者と呼んでいる. しかし，このような人びとの価値観はM. リッチモンドの理念に合致するものでなく，「リッチモンドに帰れ」という主張をする人びとも現れた. 彼らを機能主義者と呼んでいる. 彼らの考え方は，O. ランクの意志心理学にもとづき1人ひとりが本来もっている意志を尊重すべきであるとするものである. 診断主義の代表者としてG. ハミルトン，F. ホリス，機能主義の代表者としてJ. タフトをあげることができる.

　また，この両者の論争が激しくなり，その後，この2つの価値観を統合するケースワークが現れた. この統合は1950年代になってからであり，代表者としてH.H. パールマンをあげることができる. それらがCOS活動やセツルメントからケースワークやグループワーク，コミュニティワーク，ソーシャルアクションなどのさまざまな活動が社会福祉の萌芽となり，今日のソーシャルワークの発展におおきく寄与した. 20世紀初期におけるアメリカの社会福祉は，ソーシャルワークの原点の時代だと総括できよう.

3　社会保障法の成立と展開

(1)　ニューディール政策と社会保障法

　アメリカ経済が産業革命をへて工業，商業が急速に発展したのは，19世紀後半から20世紀にかけてであった. しかし資本主義の発展においては，必然的に好況，不況を繰り返す特徴をもっており，アメリカにおいても1920年代に大不況の時代を迎えることになった.

　不況になると資本家，経営者はコストを切り詰めるために労働者のリストラ，解雇，配置転換，所得カットなどをおこなう. それゆえ，多くの失業者が増大するのが資本主義社会の宿命といえる.

　この宿命のとおり，1929年にニューヨークのウォール街で株価が大暴落したことを契機に世界中に不況が拡大し，先進諸国は不況脱却や生活困窮者にたいする社会政策が急務となった．アメリカも1930年代に失業者が増大し，1932年にその人数は1,000万人に膨れ上がった．

　これらの失業者の生活問題にたいして，COS活動などの私的な援助だけではもはや限界であり，公的な援助が急務となった．折しもこの時期，従来の経済や社会の自由放任体制を維持し，国民生活に関与せず，国防や治安の維持が国の仕事であると主張するH.フーバーは大統領選に落選したのである．当選したのは，国民生活に介入するべきであるとするF.ルーズベルト大統領であった．

　ルーズベルト大統領はJ.M.ケインズの有効需要政策をモデルに，数々の政策を打ち出していった．1933年5月に「連邦緊急救済法」を制定し，生活困窮者の救済に着手した．また，公共事業局，民間事業局，事業促進局を創設し，多数の失業者を吸収し，公共事業に参加させたのである．とくにテネシー河の流域における大規模公共事業は有名であり，彼の政策をニューディール政策と呼んでいる．彼の政策は後の先進国が不況対策のために国債で公共事業を興し，失業者を減らす経済政策のモデルになっている．

(2)　社会保障法の成立

　F.ルーズベルト大統領はニューディール政策だけでなく，国民生活を支援する制度も創設した．この制度は「社会保障法」と呼ばれ，1935年8月にルーズベルト大統領が署名し，成立した．同法は同年の1月に国会上程されていたが，保守派の反対論もあり，成立までには時間を要した制度であった．

　同法の概要は2種類の社会保険制度と3種類の特別扶助，若干の社会福祉制度で構成されている．

　つぎに，3つの特別扶助は老人扶助，要扶養児童扶助，視覚障害者扶助として設けられ，一定の要件を満たした者にたいして金銭給付がおこなわれた．州政府が運営にあたったが，財源は連邦政府の補助金を充当した．

　さらにこの扶助にくわえて，州が運営する制度として母子保健サービス，肢体不自由サービス，児童福祉サービスがある．これらのサービスも連邦政府からの補助金でまかなわれ，とくに中南部の農業州を中心にこれらのサービスが提供された．

　このようにルーズベルト大統領は不況打開と失業者や生活困窮者，母子，障害者などの生活問題に焦点をあて，国民生活に介入した．同時に社会保障，社会福祉の確立におおきな影響を与えた．ただ，この「社会保障法」には医療保険制度の創設はなく，完全な社会保障制度には程遠いといわざるをえない．なお，今日のアメリカにおいてもまだ皆保険制度はなく，この制度の創設は今も日の目をみていない．

4　現代アメリカの社会福祉の特質

(1)　戦後の社会福祉の歩み

　第2次世界大戦後のアメリカの社会福祉の変遷としては，まず先述した「社会保障法」が数次にわたり改正された．対象者の範囲を拡大し，1957年には連邦社会保障庁が保健福祉教育省に昇格し，社会保障，社会福祉行政が整えられた．

　また，1960年代にはアメリカ経済の発展により深刻な格差社会となった．とくにアフリカなどからの移民，ヨーロッパ，中国などからの移民の貧困問題や差別問題が顕著になってきた．くわえて公民権運動が1950年代後半から1960年代にかけて活発となり，差別撤廃運動が展開された．

　この福祉権運動は戦後のソーシャルアクションの先駆けとなっており，権利獲得のためのさまざまな福祉団体が創設された時期でもあった．1960年代には全米社会福祉会議，全米ソーシャルワーカー協会，全米ソーシャルワーカー研究者連合などが創設され，福祉権獲得のための活動を展開した．

　同時に公的福祉もこれらの活動に影響され，1960年代はじめにはJ. ケネディ大統領，L. ジョンソン大統領下の「貧困戦争」が開始され，貧困が政治上のおおきなテーマとなった．また，「社会保障法」も改正され，68歳以

上の低所得の高齢者にたいして連邦政府が運営する「老人健康保健制度」（メディケア）が創設され，高齢者の医療保健制度が確立した.

　1970年代には社会的に財政の悪化が目立ち，州，市の財政は逼迫し，連邦政府の財政負担を要望する世論が高かったが，アメリカ経済の不況により実現はしなかった.

(2)　1980年代以降のアメリカの社会福祉

　1970年代以降の石油危機を機に，世界経済はスタグフレーションに直面した. これ以後，アメリカ経済は低迷し，これまでの社会福祉を維持することが困難となった. この時期に登場したR. レーガン大統領は「小さな政府」を志向し，減税と福祉予算の削減を実施した. これは従来の自助に戻るよう国民に迫る政策である. つまり，新保守主義志向の政策が主流となった.

　しかし，1990年には「障害に基づく差別の明確かつ包括的な禁止について定める法律」（略称：障害を持つアメリカ人法）を制定し，障害者への一切の差別を禁止し，障害者の機会均等などをはかる政策が実施されたことは，画期的なことであった.

　また，1990年代はレーガン大統領からG.H.W. ブッシュ大統領をへてB. クリントン大統領へと政権が代わり，福祉の価値観が転換された. 具体的には福祉から就労の方向に福祉政策を転換しており，教育や保育，子育て支援の充実をクリントン大統領はめざした. また，クリントン大統領は皆保険制度を創設しようとしたが，日の目をみなかった. 1980年代から1990年代までのアメリカの社会福祉は，その後21世紀に入ってG. ブッシュ大統領に引きつがれ，基本的には変化はない. しかし，2008年の大統領選挙において，民主党のバラク・オバマ大統領が勝利し，民主党へ政権交代がなされた. オバマ大統領は，アメリカの低所得層が医療において無保険状態になっていることを憂慮し，公的医療保険制度の導入をめざした. 2010（平成22）年には「医療保険改革法案」を議会で可決し，実際に一部で運用がはじまっている. しかし，共和党の反対もあったが，2014年1月1日からオバマケアの保険適用

が始まった．総括すると，アメリカの社会福祉は連邦政府レベルのものは少なく，州中心になっている．わが国の社会福祉もアメリカの社会福祉の理念や権利擁護などについては，学ぶべきことは多い．これからもアメリカの社会福祉は改編され発展していくものと考えられる．

　2016年の大統領選には，共和党のD.トランプ氏が勝利を収め，自国中心の政策を展開し，オバマケアの廃止も一時的検討された．しかし，黒人差別などが社会問題となり，アメリカが分断された．2020年11月に大統領選が行われ，民主党のJ.バイデン氏が選ばれた．オバマケアの復権などの社会福祉の動向について注目したい．

第4節　諸外国の社会福祉の歩み

1　ドイツ

(1)　ドイツにおける社会福祉政策の発展

　ドイツはやや地方的ではあるが，世界ではじめて社会保険制度を導入した国である．ワイマール共和国の宰相O.ビスマルクが中心となり，「アメとムチ」政策として社会保険システムを順次導入していった．1883年，疾病保険法が制定され，不十分な内容ではあったが，最低限度の治療費と薬剤費が給付されるようになった．また，1884年には労働災害保険法が，1889年には所得保障制度である廃疾・老齢年金保険法が成立し，今日のドイツの社会福祉システムの基礎が成立したといえる．その後，これら3つの保険制度を含むビスマルク労働者保険は，共通する概念や法規範を総則として体系的に整理されていった．そして遺族年金が導入され，1912年に職員専門の年金保険として職員保険法が制定された．1918年，ドイツ帝国の崩壊と，新たに成立したワイマール共和国は，社会福祉政策の方針にもおおきな変化をもたらした．戦争の遂行に必要な労働力確保のため，出産扶助の制度化や給付の増額が実施された．また，女性の就業が増加するにつれて社会保険の適用対象者に占

める女性の割合が増加した．さらに，軍人の家族にたいする扶助が制度化されたことも，この時期の社会福祉政策のおおきな変化だった．1920年に援護法が制定され，第1次世界大戦により障害者となった者や戦没者の遺族の生活保障が制度化された．1927年に職業紹介・失業保険法が制定され，社会保険の4本目の柱が完成した．しかし，第1次世界大戦後の賠償金支払いや不況により，ワイマール共和国は衰退しはじめ，ナチス政権が台頭してきた．

　そしてワイマール共和国崩壊後，ナチス政権は中央集権的な社会保険を目指した改革運動を実施したが，それは表面的な改革にとどまり，ワイマール時代の保険者組織の基本構造を変えるには至らなかった．

　第2次世界大戦後，ドイツはドイツ連邦共和国（西ドイツ）とドイツ民主共和国（東ドイツ）に分割された．1990年10月に再統一されたが，戦後の社会政策は主に，第2次世界大戦による犠牲者と被害者への国家補償，経済復興という性格をもっていた．いわゆる戦後処理と戦前回帰的な措置に集中していたといえる．1951年に社会自治復活法が成立し，ナチス政権や占領軍により部分的に廃止されていたワイマール時代の社会保険システムを復活させ，戦前からの伝統を受け継ぎながら，それを修正し，社会保険を中心とした独自性ある社会福祉システムの構築を目指していた．また，いわゆるベルリンの壁が取り払われ，統一ドイツ連邦共和国となってからは，旧東ドイツ側の再建が目標とされた．とくに若年層が東から西へ移る傾向があり，東側と西側の人口比率や貧富の格差の問題を解決する必要があった．そこですべての納税者に，東部再建のため移転給付として[11]，連帯課徴金が徴収されている[12]．

　1970年代後半からドイツも日本と同様に少子高齢化が進み，制度の財政的存続の危機という課題が浮上してきた．将来の財源と高齢化率の上昇による要介護状態に備えるため，介護サービス費用の財源を社会保険方式で確保する介護保険法が社会保険の5本目の柱として，1994年に成立した．

(2)　ドイツの社会福祉政策の現状

　現在，ドイツは医療保険，労災保険，年金保険，失業保険，介護保険とい

う 5 つの社会保険を中心に国民の生活を保障している．ここでは，ドイツの社会保険制度の概要をみておく．

① 医療保障

国民のほとんどが公的または民間の医療保険に加入している．公的医療保険については，一定所得以上の被用者，自営業者，公務員などは強制適用ではないため，実際に公的医療保険でカバーされている者は全国民の約85％である．公的医療保険は治療費，薬剤費，入院費，予防費，在宅看護給付，医学的リハビリテーション給付を原則的に現物給付として提供される．また，現金給付として，傷病手当金がある．保険料率はこれまで疾病金庫ごとに定められていたが，2009年より公的医療保険の財政が医療基金の創設によって統一されたことにともない，保険料率も統一された．保険料率の0.9％分は，労使折半ではなく，被保険者のみが単独で負担することになっている[13]．

② 年金保険

1 階建ての公的年金制度が，一般年金保険と鉱員年金保険とに分立しており，被用者は年金保険への加入義務を負う．また自営業者であっても教師や看護職，介護職などの特定の職業グループに属する場合は，年金保険への加入義務を負うが，他の制度によって老齢時の所得が保障されている者については加入義務を免除されている．公的年金の財源は，原則的に労使折半の保険料と国庫補助で成り立っている．老齢年金は原則65歳以上の者に支給されるが，2012年から2029年までの間に，段階的に67歳まで引き上げられることが法定化されている．近年，公的年金と並行して企業年金や個人による老齢保障の重要性が高まりつつある．私的年金のように，税制面での優遇措置を通じて個人が積立方式で老後に備えることを可能にする制度も存在する[14]．

③ 介護保険

1994年に成立した介護保険制度は，日本も介護保険法制定時に参考にしたものである．被保険者は原則，医療保険の被保険者と同じ範囲であり，年齢による制限はない．つまり，日本の介護保険制度のように主として高齢者にかぎらず，被保険者である若年者が障害などで要介護状態になった場合，介

護保険からの給付を受けることができる．ここでいう要介護者は，病気や障害により日常生活をおこなうさいに長期（最低6か月間）にわたり，援助を必要とする人のことをいう．介護保険の財源はすべて保険料であり，国庫補助はおこなわれていない．要介護度はⅠからⅢに分けられ，要介護度Ⅲのうち，とくに重度と認められるケースについては支給限度額が嵩上げされる．

　また，要介護認定について異議申し立てをすることができ，社会裁判所に告訴をすることも可能である．介護給付には，在宅介護・部分施設介護，介護手当，完全施設介護，代替介護[15)]，ショートステイ，介護用具の支給・貸与[16)]，住宅改造補助がある．認知症などにより日常生活能力が相当制限されている者にたいしては，要介護認定の有無にかかわらず，世話手当が支給されている．これら現物給付と現金給付は組み合わせることができる．ドイツの介護保険制度は，在宅介護サービスに重点を置き，介護する家族の負担軽減を図っていく方向にある．

④　その他の社会福祉政策

　ドイツの社会福祉政策の特徴は，補充制の原則にのっとって，行政の責任範囲が限定され，非営利の民間社会福祉事業が主体となっている．まずは，社会保険で対応し，それでも対応できない場合にはじめて社会福祉の対象になる．公的部門も地方自治体が第一義的な権限と責任を有する．つまり，社会扶助全般については，実施主体は地方自治体であり，財源は地方自治体の一般財源からなる[17)]．

　非営利の民間社会福祉事業が主体となるため，その活動は幅広いものである．たとえば，ドイツの民間6団体のなかの1つであるカリタス・ベルリン支部では，保健医療サービスを提供したり，在宅生活をおくる高齢者や障害者にホームヘルプサービスを提供したり，虐待を受けた子どもや親が何らかの理由で世話できない子どもを保護したり，ホームレスに宿泊場所や食事を提供したり，引きこもりの子どもを支援したり，というように幅広く活動している．

（3）　課題

　前述したように，統一ドイツになってからは，東西の生活状況の同一化を目標として政策が展開されてきた．まだ課題として残されてはいるものの，東側の生活状況も改善されつつある．現在，ドイツが取り組んでいる課題を提示しておこう．

①　難民・移民問題

　ドイツで暮らしている外国人やドイツ国籍をもつ移民の人数は増え続け，1500万人以上になる．とくにトルコやイタリア，ギリシャからの移民が増加している．ドイツは昔から移民を外国人労働者として受け入れてきた経緯があり，ドイツより賃金の低い国からの移民が増加していった．そして，2015年にはシリア紛争から逃れてきた人びとを，難民として受け入れる方針を示した．国連の難民高等弁務官事務所（略称：UNHCR）の報告によると，難民申請認定待ちも含めて，これまでに180万人もの人びとを受け入れている．しかし，難民・移民は単純作業の仕事に就いている場合が多く，景気に左右されやすい．つまり，ドイツ人より失業率が高くなるのである．ホームレスとなる場合も難民や移民の割合が多く，民間社会福祉事業が支援するケースが多い．また，宗教や習慣の違いもあり，なかなかドイツ社会に溶け込むことができないなど，課題は多い．政府は，難民・移民の労働力を重視しているため，ドイツ語講座の受講の義務化や教育支援などのあらゆる方面で包括的に支援し，統合政策をおこなっていく方針である[18]．

②　少子高齢化問題

　ドイツは深刻な少子高齢社会のため，つねに老後の所得保障対策と医療保障対策，子育てしやすい環境づくりが中心課題となっている[19]．

　所得保障として年金制度があるが，公的年金については基本的な仕組みを替えず，給付水準の引き下げや支給開始年齢の引き上げにより，バランスを図っている．また公的年金の補完として，私的年金や企業年金の活用も並行しておこなうなど，個人の積み立ても活用している．

　医療保障については，2010年に医療費資金調達法が成立し，保険料の引き

上げをおこない，将来を見越して医療費の資金を確保する方法をとっている．現在は経済が比較的に好調なため医療費自体に余裕はあるが，とくに旧東ドイツで見られる医師不足など，将来を見据えると安心できないという意見と，被保険者への保険料返金を求める意見とで議論がつづいている．

少子化対策としては，充実した子育て支援政策を目指し，保育所の確保のための取り組みがつづけられている．しかし，保育ニーズの高まりにたいして保育所の整備が遅々として進まず，政府が自治体に補助金を交付して整備を進めようとしている状況である．保育所に預けず，家庭で子どもを養育しようとする両親には，在宅保育手当が2013年8月から支給されている．親の選択の自由を重視し，子育てしやすい環境整備を進めている[20]．

③　介護保険問題

高齢社会への対策とも関連してくるが，介護保険制度における要介護状態の概念の見直しが検討されている．現在の要介護状態について，身体能力の低下という面に偏りすぎてしまい，コミュニケーションや社会参加の能力を反映させていないという意見がある．政府も早急な課題として掲げているが，認知症高齢者の見守り支援や付き添い支援のサービスの充実が求められている．2012年には，介護保険の新構築にかんする法律（介護新構築法）が連邦議会で可決され，認知症患者のために世話給付やグループホームの整備の強化，要介護認定手続きの事務的煩雑性の解消など，柔軟な対応ができるように改善していく方針となった．在宅ケアの強化や介護をおこなう家族にたいする支援の強化，リハビリテーションサービスの充実など今後も在宅支援重視の政策を立てると同時に，介護職員数の確保をおこなっている．

ドイツは，現在，ヨーロッパのなかで経済が上向きな国である．しかし，将来を見据えたとき，深刻化する少子高齢社会のなかで，社会保険制度によってどのように国民の生活を保障していくかが課題となり，政府はつねに年金・医療保障・介護保険・そして子育て支援についての改革を実施している．

2　スウェーデン

(1)　社会福祉政策の誕生と発展

　福祉先進国として知られているスウェーデンであるが，18世紀から19世紀にかけては，非常に貧しい農業国だった．そのため，当時の社会福祉政策の中心課題は貧困対策だった．1847年に救貧法が成立し，公的な援助を受ける権利についての規定がはじめて盛り込まれたが，その内容はまだ十分なものではなかった．

　スウェーデンが福祉国家として歩みはじめ，さまざまな政策に着手しはじめたのは，社会民主党のP.ハンソンが「国民の家」構想を明確に示した1928年であった．「国民の家」とは，国家が「良き父」として人びとのニーズを包括的に規制・統制・調整する「家」の役割を演じる，誰1人として抑圧されることがない社会のことである．そこでは，人びとが助け合って生き，協調の精神がすべての人びとに安全と安心を与えるというものである．こうして，スウェーデンの社会政策の基盤ともいえる，すべての国民にたいして政府が責任をもち，政策を実践するというスウェーデンの普遍的社会政策の基盤ができた．そして「スウェーデン・モデル」といわれる階級格差の解消，社会保障の整備，経済的平等の達成，労働の保障，民主主義の確立がつぎつぎに実現された[21]．

　1960年代は経済成長の影響もあり，「福祉国家の黄金期」とも形容されるように，もっとも充実した社会保障政策がとられた時代であった．1960年に国民年金制度が改正され，すべての国民が「安心して暮らせる」福祉社会形成のための本格的な社会福祉改革が模索されはじめた．

　1970年代に入ると，経済は低迷したが，「国民の家」構想の実現に向けて努力はつづけられた．そして，従来の社会扶助法（1956年制定），禁酒法（1954年制定），児童福祉法（1960年制定）の3法が統一され，1981年に制定し，翌年に施行されることになったのが，社会サービス法である．社会サービス法は，社会サービスをおこなう上での「自己決定の原則」と「プライバシー

の原則」を基本原則として示す枠組み法である[22].

　また，社会サービス法に並ぶ重要な法律として，1982年に制定されたのが保健・医療法であり，翌年に施行された．同法におけるサービスの内容と責務について，ランスティング（スウェーデンの自治単位で，日本の都道府県に相当）は，医療サービスについての責任だけではなく，ハビリテーションとリハビリテーションサービスの提供やプライマリケアの拡充などをおこなうことが義務づけられ，地域における保健・医療と社会福祉の連携も強調されるようになった．

　1990年代は，スウェーデンの社会福祉政策にとって変革の時代だったともいえる．高齢者福祉・障害者福祉分野について改革が実施されたのである．1992年に，エーデル改革と呼ばれる高齢者福祉改革がなされた．エーデル改革の目的は，長期的医療ニーズをもつ高齢者や身体障害者の医療と福祉サービスを統合することであった．これにより，保健・医療法に規定されていたリハビリテーションサービスの提供，補助具の提供などの責任がランスティングからコミューン（スウェーデンの地方自治の単位で，日本の市町村に相当）に移行された．

　また，障害者福祉分野では，1993年に障害者の生活基盤の充実に向け，機能障害者のための援助及びサービスにかんする法律と介護手当にかんする法律[23]，という画期的な 2 つの法律が成立した[24]．

(2)　現在の社会福祉政策

　「スウェーデン・モデル」として発達してきたスウェーデンの現在の社会福祉政策についてみてみよう．現在，政府，ランスティング，コミューンにより実施されているが，政府は，法律などが円滑に実施されているかどうかを監視する役割をもっている．ランスティングは主に医療・保健にかんする責任をもち，コミューンは社会福祉サービスにかんする責任をもっている．「実験国家」と言われるように，たえず国民のより良い生活の保障を目指し，政策を改正していく試みがつづけられている．

その政策の最初の試みが，社会サービス法を改正することであった．すでに1997年に社会サービス法を改正する動きがあり，2001年に改正された．この改正の目的は，社会サービスにおけるコミューンの責任を明確にするためであり，社会サービス法の理念や目的を変更するものではない．また，多様なニーズに適切に対応することや，社会サービスの効率化の要求に応えることを可能にするために，社会福祉専門職の専門性の強化と質の向上を図ったのである．さらに，法改正により援助を受ける権利が明確に規定され，より細かく援助内容が明記されることになった．この改正により，不服申し立ての権利も強くなり，生計援助についての決定と，支援やホームヘルプサービスなどのようなサービス援助についての決定も行政裁判所に訴えることができるようになった[25)]．

2000年にスウェーデン政府は，障害者福祉政策のための行動計画を策定した．これは，2010年までの10年間で，障害者の完全参加，障害者間の男女平等の実現および差別のない社会の構築を目指し，そのために政府が責任をもって公共交通機関，情報，メディア，教育，労働，社会サービス，文化などへの障害者のアクセスを容易にし，社会参加を保障しようとするものであった．

2008年には新差別禁止法が制定され，翌年に施行された．新差別禁止法は，平等法（1991年制定）と民族・宗教・信仰上の雇用差別禁止法（1999年制定），障害者雇用差別禁止法（1999年制定），そして性的指向上の雇用差別禁止法（1999年制定）のすべてを統合し，より強力な差別禁止法として制定されたものである．この法律の施行により，これまでの差別禁止にかかわるすべての法律と平等法は廃止された．2008年に制定された新差別禁止法の施行と同時に，差別オンブズマン法が2009年1月1日に施行された．差別オンブズマンは，以前から設置されている人種や民族差別を受けた人びとの権利擁護のための差別オンブズマン，性別を理由に差別を受けた人びとの権利擁護のための平等オンブズマン，障害者の権利擁護のためのハンディキャップオンブズマン，同性愛者の権利擁護のための性的指向オンブズマンが統一され，再構

築されて設置された．差別オンブズマンは，差別を禁止し，マイノリティの権利擁護のために，①情報提供や研修をおこない，行政機関，企業，当事者，当事者組織と連絡をつねにとること，②国際動向にしたがい，国際組織と連絡をとりあうこと，③調査や開発・研究をおこなうこと，④政府とともに，現状の変化に対応し，差別と闘うこと，⑤その他，必要に応じて適切な措置をとることを活動内容としている．

　このように，スウェーデンの社会福祉はたんなる理念にとどまらず，一層の充実を目指して変化している．中央政府，ランスティング，コミューンには，すべての国民の生活を保障する責務があり，国民は援助を受ける権利があることが示されている．これらの法律の理念を受け，社会福祉の現場では，1人ひとりのニーズに合わせた援助をおこない，個人の生活を重視した援助を実施している．

(3)　スウェーデンにおける社会福祉政策の課題
——社会への完全参加の実現に向けて

　スウェーデンの社会福祉政策は，国民の生活を保障するためにたえず変化してきた．その根底にあるのは，国民の社会への完全参加の実現である．障害者，高齢者，マイノリティなどのすべての人びとが平等で，社会に参加でき，安心して暮らすことを目標とした政策である．そのようなスウェーデンは理想社会として考えられがちであるが，現在，スウェーデンが直面している課題を提示しておこう．

①　難民・移民問題

　スウェーデンはドイツと同様に，シリア紛争から逃れてきた人びとを寛容に受け入れる方針を2015年に示した．移民局の統計によると，2015年には，約16万人以上の難民申請者を受け入れたが，翌年からは，難民受け入れも減少傾向にある（2016年1月〜2016年7月まで17,687人）．それでも毎月2,000人以上の難民申請者を受け入れている現状であり，人口約980万人の国でおおきな課題となっている．また，イラクなど中近東の国，東欧諸国からの移民も

増加傾向にあり，2015年には160万人（全人口の16％）にのぼっている.

　スウェーデン語が話せない難民・移民は，支援を受ける方法も分からず，仕事もえることができない．スウェーデン社会になじめず，差別の対象になるなど，統合化できない現状がある．その結果，ホームレスとして寒い冬も道端に座り続け，「1クローナ（約12円）！」と叫ばなければならない．そのような課題を解決するために，各コミューンでは，早急に対応するべく，正確な情報を提供できるようアラビア語などの多言語で提示し，対応している．また，ホームレスのための住居の設立やEU（欧州連合）諸国からの難民・移民にたいして仕事や住宅を探すための間，一時的に部屋を提供する施設の設立，冬の間，寝る場所や温かい食べ物を提供する施設の設立などの住宅保障と就労支援を最優先とする対策が実施されている[26)].

② 失業者対策

　完全雇用を前提に，政策を展開してきたスウェーデンであるが，2005年頃から徐々に失業者が増加しはじめ，2008年秋以降の経済危機の影響で顕著に数字にあらわれはじめた．2015年の統計ではで7.4％となり，38万6,100人が失業者となっている．失業者の多くは精神疾患などを患っている場合も多く，早急な対策が必要である．政府が提供する失業手当などの経済支援や職業訓練プログラム，就労支援だけでは不十分な状況であり，今後，労働市場庁は，若年層失業者への手厚い支援や職業訓練プログラムの充実など，調査・分析が必要であるとしている.

③ 認知症高齢者対策

　スウェーデンの高齢化率も高く，政府の報告によると，約20％（2015年），2030年には30％になると推計されている．高齢者福祉政策は重要な課題の1つであり，とくに認知症高齢者とその家族にたいする支援が重視されている．現在，スウェーデンでは約16万人が認知症を患っているとされており，今後も増加していくと見込まれている．そのため，政府は認知症研究のための研究機関である認知症センターを設立し，認知症治療薬の研究，認知症についての啓発の普及，専門職や家族を対象とする研修会などを開催し，今後の認

知症対策に役立つように努めている．また，王室が考案・設立した認知症高齢者のためのデイセンターであるシルヴィアホームでは，絵画やダンスなどのさまざまな活動を平日実施している．同時にシルヴィアシスターと呼ばれる専門職員が中心となり，国内外の福祉専門職に認知症にたいするケアやタクティールケアと呼ばれるタッチ療法[27]の研修をおこない，認知症高齢者の家族も視野に入れた支援についても情報提供をおこなっており，認知症高齢者にたいする支援対策が重要課題となっている．今後は，グリーンケアを取り入れた療法やさまざまなアクティビティによる予防対策[28]など認知症になってもより良い生活の質を保障する支援を目指す方針である．

注

1)　伊藤秀樹（2005）「日本の社会福祉援助技術の歴史」小田兼三・宮川数君編『社会福祉援助技術論』80-97，勁草書房.

2)　小田兼三（1993）『現代イギリス社会福祉研究』1-30，川島書店.

3)　Seebohm Committee（1968），HMSO，小田兼三訳（1989）『地方自治体と対人福祉サービス（シーボーム報告）』1-2，相川書房.

4)　Wolfenden Committee（1978），*The Future of Voluntary Organization*, 15-21, Billing & Sons.

5)　Barclay Report（1982），小田兼三訳（1984）『ソーシャルワーカー：役割と任務』全国社会福祉協議会出版部.

6)　R. Griffis（1988），小田兼三訳（1989）『コミュニティケア：行動のための指針』海声社.

7)　HMSO（1989），小田兼三訳（1991）『英国コミュニティケア白書：コミュニティケア政策と日本の保健医療福祉への示唆』中央法規出版.

8)　同前書，223.

9)　福祉士養成講座編集委員会編（2001）『社会福祉援助技術』80，保育出版社.

10)　小林芳郎監修（2004）『社会福祉援助技術』80，保育出版社.

11)　移転給付とは，ドイツのすべての納税者に課せられる制度であり，国民の連帯を示す一例である．1991年から当初は期限付きで，1995年からは無期限で徴収されている．所得税・法人税の5.5％で，年間約120億ユーロになる．東西ドイツのすべての所得と企業利益から徴収され，東ドイツの経済支援や社会的給付に使われている．なお，2016年，1ユーロは約116円．ドイツ連邦共和国外務省文化広報部（2016）参照.

12)　仲村優一ほか編（1998）『世界の社会福祉8：ドイツ・オランダ』旬報社，33-41.

13)　厚生労働省海外情勢報告（2013）180-181.

14)　同前書，179-180.

15)　いわゆるデイサービスやナイトケアなどが部分施設介護にあたる．

16)　在宅介護している人が介護できない場合に（介護している家族が介護から一時的に離れ，休暇をとって気分転換できる機会を与えるために），介護金庫が年に 4 週間を限度に代替介護人を雇う費用を要介護度に関係なく負担する．

17)　ドイツの非営利民間社会福祉事業団体にはキリスト教プロテスタント系のディアコニア事業団やカトリック系のカリタス福祉連盟，ドイツ赤十字社，労働福祉団，ユダヤ中央福祉機関，障害者自助団体などの無党派系のパリテティッシュ福祉事業団という 6 つの大きな非営利団体がある．

18)　ドイツ連邦共和国外務省文化広報部（2016）142-145.

19)　2015年における高齢者率は21.2％，今後，2030年で28％に達すると見込まれている（The 2015 Aging Report〈2015〉のデータによる）．ドイツ政府の統計によると，合計特殊出生率は1.42（2015年）．

20)　ドイツ政府によると，在宅保育手当の給付額は，2014年 7 月までは月額100ユーロ，それ以降は月額150ユーロとしている．

21)　岡沢憲芙（1991）『スウェーデンの挑戦』76-77，岩波新書．

22)　とくにこの法律において，第 6 条の援助を受ける権利が明記されたことがおおきな特徴といえる．これにより，広範な社会サービスを国民の権利として受けることができるようになったのである．またコミューンが決定したサービスに不服がある場合は，不服申し立てをおこなうこともできるようになった．仲村優一ほか編（1998）『世界の社会福祉 1 ：スウェーデン・フィンランド』旬報社参照．

23)　通称として LSS 法といわれる．LSS 法は全29条から成り立っており，対象者を幅広く「機能障害者」とした．①障害当事者と家族にたいする助言と個別援助，②パーソナルアシスタンス（障害者の生活全般にわたるニーズにたいして提供される個別援助のことであり，雇用形態は，障害者本人が面談して雇う（家族であっても良い））人による支援と経済援助（65歳以下の人を対象），③移送サービス，④コンタクトパーソン（専門職ではないが，一般の人〈当事者の家族や友人など〉でこの仕事に関心がある人はコミューンと契約し，当事者の話し相手や相談相手など社会参加の手助けをすることができる）による援助，⑤レスパイトサービス，⑥ショートステイサービス，⑦12歳以上の学童児童への課外活動（学童保育），⑧里親制度または何らかの理由で自宅以外に住む必要性のある児童・青少年のための特別サービスつきの住居，⑨成人用の特別サービス付きの住居（グループホームを含む），⑩職業または学業にもついていない人のための日中活動支援という10項目のサービス内容についても規定している（清原，2012）．

24)　通称として LASS 法といわれる．障害者の自立生活を可能にするため，援助を受ける時間や費用について規定している．LASS 法では，障害者の自己決定を尊重するという視点から，パーソナルアシスタンスを障害当事者が雇用する

　　　ことも可能になった（清原舞，2012「身体障害者福祉政策の歴史的展開」『桃山学院大学社会学論集』第45巻第2号）．

25)　Socialstyrelsen（2001），3参照．

26)　Stockholms Stadmission（2015）参照．

27)　タクティールケアとは，マッサージのように力を入れて体を触るのではなく，力を入れず，ゆっくりとその人の手や背中を触っていく．時間は約10分で，タクティールケアにより，利用者は安心し，気持ちが良くなり，気持ちが落ち着く．そのため，徘徊したり精神的に落ち着きがない利用者も落ち着きを取り戻すことができる．効果は鎮痛，リラクゼーション，コミュニケーション力の向上，問題行動の減少などがある（2013年3月，ストックホルムにあるシルヴィアホームでの清原舞のインタビュー調査による）．

28)　ヨーロッパで19世紀にはじまった1つの療法で，オランダやドイツで盛んにおこなわれていた．スウェーデンは少し遅れて，近年漸くグリーンケアを取り入れた施設などが出てきた．清原舞が2014年2月に行ったスウェーデンのヴェルムランド地方での施設訪問調査によると動物に触れたり，広い農場などで馬の世話をしたり，畑を耕したりなど，アニマルセラピーや園芸療法などを総合的におこなう療法を実施していた．

参考文献

右田紀久恵他編（1987）『社会福祉の歴史』有斐閣．

荻野浩基編（1988）『現代社会の福祉政治論：地域社会から国際社会へ』高文出版社．

吉田宏岳編（1998）『最新社会福祉』みらい．

松本峰雄編（2002）『アクセス社会福祉』建帛社．

小林育子著（2004）『保育者のための社会福祉』萌文書林．

健康保険組合連合会編（2005）『社会保障年鑑：2005年版』東洋経済新報社．

医療経済研究機構監修（2003）「ドイツ医療保障概要」『医療白書』日本医療企画．

宇山勝義編著（2004）『社会福祉概論』光生館．

須田俊孝著（2004）「ドイツ介護保険の動向」『けんぽれん海外情報』第63号．

金子光一著（2005）『社会福祉のあゆみ』有斐閣アニマ．

Fact Sheets（2005）. Ministry of Health and Social Affairs, Sweden.

Facts about Sweden: www. sweden. se/fact-sheets.

仲村優一編（1998）『世界の社会福祉：スウェーデン・フィンランド』旬報社．

牧田満知子著（2005）「スウェーデンの高齢者政策と介護予防」．『Baltic and Scandinavian Studies』Vol. 15.

社会福祉士養成講座編（2009）『現代社会と福祉』中央法規出版．

ラーション．J.　河東田博訳（2000）『スウェーデンにおける施設解体』現代書館．

岡沢憲芙（1991）『スウェーデンの挑戦』岩波新書．

河東田博（2009）『ノーマライゼーション原理とは何か：人権と共生の原理の探

　　究』現代書館.

清原舞（2012）「身体障害者福祉政策の歴史的展開」『桃山学院大学社会学論集』
　　第45号第 2 号，桃山学院大学総合研究所.

厚生労働省（2013）『2011～2012年海外情勢報告』.

ドイツ連邦共和国外務省文化広報部（2010）『ドイツの実情』.

仲村優一ほか編（1998）『世界の社会福祉 8 ：ドイツ・オランダ』旬報社.

Socialstyrelsen（2001）*The Services Act（Socialtjänslagen）-What are your rights after 1 January 2002.*

Stockholm Stadmission.（2015）*Hemlös 2015-Stockholms Stadmission hemlösrapport.*

第3章　現代における社会福祉

第1節　社会福祉の現代的解釈

1　社会福祉とは何か

　「福祉」について漢和辞典（貝塚・藤野・小野編『角川漢和中辞典』）では，「福」とは「さいわい」，「祉」も「さいわい」とある．また，英語では「福祉」のことをウェルフェア（welfare）あるいはウェルビーイング（well-being）とよぶが，英和辞典（竹林・東・諏訪・市川編『新英和中辞典』）では，welfare は「福利」「幸福」「繁栄」であり，well-being は「幸福（な状態）」「健康（な状態）」とある．このように「福祉」とは，物質的，精神的に満たされた状態，すなわち「幸福」をあらわす言葉といえる．

　このことから社会福祉とは，人間の「幸福」を実現するための社会的な手立てといえる．さらにいうならば，人びとが社会生活を営む上で生じるさまざまな生活問題を解決，緩和するための社会的援助の諸活動といえる．

　社会福祉という言葉がはじめて公式に登場したのは，「日本国憲法」（1946〈昭和21〉年）第25条である．そこでは「すべて国民は，健康で文化的な最低限度の生活を営む権利を有する．②国は，すべての生活部面について，社会福祉，社会保障及び公衆衛生の向上及び増進に努めなければならない」と規定している．

　社会福祉の基本精神は，すべて人間は1人ひとり，かけがえのない存在であり，平等であるという人権主義，平等主義である．そして，この憲法第25条の「健康で文化的な最低限度の生活」という生存権保障，さらには憲法第

表3-1　日本の社会保障・社会福祉の範囲──広義と狭義

（A）　狭義の社会福祉＝生活保護法（公的扶助）＋児童福祉法＋身体障害者福祉法 　　　　　　　　　　　＋知的障害者福祉法＋老人福祉法＋母子及び父子並びに寡婦福 　　　　　　　　　　　祉法
（B）　狭義の社会保障＝社会保険＋公的扶助＋公衆衛生＋（A）
（C）　広義の社会保障＝（B）＋恩給＋戦争犠牲者援護
（D）　関連制度＝教育＋住宅＋雇用
（E）　広義の社会福祉＝（C）＋（D）
＊　イギリスの社会サービスは（E）にほぼ同じである．

13条の「すべて国民は個人として尊重される．生命，自由及び幸福追求に対する国民の権利については，公共の福祉に反しない限り，立法その他の国政の上で，最大の尊重を必要とする」という幸福追求権の規定も，最近では社会福祉の基本的考え方として重要となってきている．

　社会福祉の定義について，「社会保障制度に関する勧告」（1950〈昭和25〉）年においては「国家扶助の適用を受けている者，身体障害者，児童，その他援護育成を要する者が，自立してその能力を発揮できるよう，必要な生活指導，更生補導その他の援護育成を行うことをいう」とされた．

　なお，この勧告では，社会保障を社会保険，国家扶助（公的扶助，具体的には生活保護），公衆衛生，社会福祉の4つの部門の上位概念として位置づけた．そこでは社会福祉が狭義にとらえられている．わが国では，公的扶助としての生活保護法，児童福祉法，身体障害者福祉法，知的障害者福祉法，老人福祉法，母子及び父子並びに寡婦福祉法のいわゆる社会福祉六法を狭義の社会福祉としてとらえることが，これまで一般的である．ここで公的扶助については，経済的保障のみならず，社会福祉の一環としての生活保護受給者個々人への具体的，個別的処遇をともなうという意味で，社会福祉の範囲とされている．これにたいして広義の社会福祉とは，イギリスの「社会サービス」（social services）がその典型である．そこでは①教育，②所得保障（年金・公的扶助を含む），③保健医療，④雇用，⑤住宅，⑥対人福祉サービス（狭義の社会福祉に相当する），などの制度が含まれる（表3-1）．

　さて，この勧告をふまえて「社会福祉事業法」（1951〈昭和26〉年）では，

その第3条で「社会福祉事業は，援護，育成又は更生の措置を要する者に対し，その独立心をそこなうことなく，正常な社会人として生活することができるように援助することを趣旨として経営されなければならない」とした．この規定からわかるように，社会福祉とは何らかのハンディキャップ（社会的不利）をもち，援護を必要とする人びとにたいする社会的援助活動の体系としてとらえられたのである．

2　社会福祉のニーズとサービスの変遷

　たしかに戦後しばらくの昭和20年代（1945〜1954年）は，生活困窮者の救済が最重要課題であった．そのために貨幣的ニーズに対応する生活保護が中心であった．その後，昭和30年代（1955〜1964年）に入り，社会福祉三法から社会福祉六法体制へと変わり，国民皆保険皆年金体制の時代になると，徐々に生活保護のウェイトは低下していった．昭和40年代（1965〜1974年）になると高度経済成長により，国民生活も向上し，福祉ニーズも貨幣的ニーズから非貨幣的ニーズへ，とくに施設福祉ニーズの増大へと移行した．保育所や障害者のコロニー建設が盛んにおこなわれたのはこの頃である．

　昭和50年，60年代（1975〜1989年）になると，福祉の見直しと低経済成長の時代に入った．そして「小さな政府」による厳しい財政の下で，少子高齢社会化への対応がおおきな課題となった．この頃になると，たとえば寝たきりや認知症の要介護状態により，低所得世帯のみならず，中・高所得世帯高齢者の特別養護老人ホーム入所の施設福祉ニーズが増大した．それとともに，家庭で生活する要介護高齢者の在宅福祉ニーズも急増した．それはまた，非貨幣的ニーズの高度化，多様化を招き，ホームヘルプサービス，ショートステイ，デイサービスなどの在宅福祉サービスの充実が大きな課題となった．さらにそのことは，いわゆる福祉ミックス主義により，公的部門中心のサービス提供から民間営利（企業），非営利（社会福祉法人，NPO法人など），インフォーマル（家族・親族など）部門にいたる多元的福祉サービスの供給を求めることになった．一方で，これからの福祉社会を担う福祉人材の養成とそ

の専門性の確保のために，介護福祉士や社会福祉士の資格法ができた．

　そして，平成年代以降（1990年〜）になると，バブル崩壊による長期の経済低迷のなかで，少子高齢化の進行が顕著になった．そのために，これまでの社会福祉システムの基本的枠組みを変換する必要に迫られてきた．また，これからの社会福祉の理念として「ある社会からその構成員のいくらかの人びとを締め出す場合，それは弱くもろい社会である」という「ノーマライゼーション」が提唱された．さらにその理念の具現として，自分自身の生活にかんする主観的満足感を意味する「生活の質」（QOL, Quality of Life の略）の向上が提唱された．なお，この頃から地域福祉の充実が強調されるようになった．それまで閉鎖的であった入所施設は，地域福祉の拠点となり，また住民参加型の多様な福祉活動が各地で展開されるようになった．そして社会福祉援助技術ではケアマネジメントやコミュニティワークが重視されるようになった．

　こうした時代の流れのなかで，1990（平成2）年に社会福祉事業法が一部改正となった．その第3条では社会福祉の基本理念が規定され，「福祉サービスを必要とする者」が，「地域において必要な福祉サービスを総合的に提供される」計画的な援助活動の体系が，社会福祉とされた．

　こうして社会福祉のニーズとサービスが選別主義から普遍主義へと移行したのである．すなわち，福祉ニーズの貨幣的ニーズから非貨幣的ニーズへの移行，非貨幣的ニーズの多様化と高度化にともない，社会福祉の援助対象も生活困窮者やハンディキャップを有する者など一部，特定の人びとから国民一般に拡大した．また社会福祉サービスの主たる内容も金銭給付サービスから施設福祉サービスへ，さらに在宅福祉サービスへ，そして地域福祉サービスへと移行し，それも保健・医療・福祉のサービスの総合化を求めてきたのである．他方，社会福祉サービスの供給主体も公的サービス中心から民間営利・非営利・インフォーマルなど多元的サービスに移行した．そして，このことは介護の社会化を目的に1997（平成9）年に成立した介護保険法により，一層顕著になった．そして，社会福祉の理念も「更生」「援護育成」から

「ノーマライゼーション」「生活の質」に移行した．こうして戦後ずっと社会福祉の枠組みを支えてきた「措置」方式が，社会福祉基礎構造改革により「契約」方式に移行する段階に入ったのである．

第2節　社会福祉の現代的理論

社会福祉の理論研究は，社会福祉の歴史・思想・理念をふまえて，現在の社会福祉の構造・機能・役割を解き明かすことに目的がある．わが国の社会福祉の理論研究は，戦後の1950年代から1970年代にかけて，いく人かの研究者によって精力的に展開された．しかし1980年代になると理論研究は停滞・低迷となり，現在に至るまで「グランドセオリー不在」の時代が続いている．ここでは，これまでの代表的な研究者による社会福祉理論を紹介したい．

1　社会福祉の政策論

孝橋正一は戦後まもなく，マルクス経済学を基礎にして社会福祉理論を展開した．孝橋はその著『全訂社会事業の基本問題』(1962〈昭和37〉年)において，社会政策が社会の基礎的本質的課題である社会問題(労働問題)に対応するのにたいし，社会事業は社会の関係的，派生的課題に対応するものであり，社会政策の補充的施策であるとした．そして，社会事業が資本主義社会の構造的必然の所産であるとして，つぎのように述べている．

「社会事業の本質認識を社会科学にもとめなければならないということである．それは社会事業という1つの社会的存在の歴史性・社会性を忘却・脱落せしめないで，資本主義制度の構造的必然の所産とみ，資本の運動法則や賃金労働の再生産機構の論理に即して，現象と本質との統一において，社会事業の生成と発展，存在の目的と理由，その意義や性質，構成とその内容，機能と方法および任務と役割等を体系的に理解するものでなければならない[1]」．

このように孝橋は社会事業の本質を，その歴史的，社会的性格をふまえて

資本主義の生産関係に焦点を当てて分析・解明しようとしたのである．孝橋理論ではマルクス経済学を武器として，資本主義社会における社会福祉の歴史や構造を，論理的に分析したことに特色がある．

2　社会福祉の技術論

　戦前からのケースワークの研究者である竹内愛二は，社会福祉事業と社会事業を区別し，前者をより広義にとらえる一方で，後者を前者の一領域としてとらえた．そして社会事業を人間関係や社会関係の調整に焦点をあてた専門的行動体系としてとらえた．竹内はその著『専門社会事業研究』（1959〈昭和34〉年）において，つぎのように社会事業を定義している．

　「（個別・集団・組織）社会事業とは（個人・集団・地域社会）が有する社会（関係）的要求を，その他の種々なる要求との関連において，自ら発見し，かつ充足するために，能力，方法，社会的施設等あらゆる資源を自ら開発せんとするのを，専門職業者としての（個別・集団・組織）社会事業者が，その属する施設・団体の職員として，側面から援助する，社会福祉事業の一専門領域を成す過程をいう」[2]．

　竹内にはケースワークなどの社会福祉援助技術（ソーシャルワーク）を，わが国に定着させようとする願いが強かった．そこで社会事業を社会学，心理学，さらにはパーソナリティ論や文化論などによる応用科学的専門職業としてとらえた．

3　社会福祉の固有論

　岡村重夫は，孝橋と対極的立場にあって社会福祉の理論を展開した．岡村は社会学の役割理論にもとづきながら，社会制度と個人との間に結ばれる社会関係の主体的側面に焦点を当てることこそが，社会福祉の固有の視点であるとした．岡村はその著『全訂社会福祉学（総論）』（1958〈昭和33〉年）において，つぎのように述べている．

　「すべての個人の社会生活の基本的欲求が充足されるために効果的な社会

関係が不可欠であるならば，社会関係の客体的側面だけに着目する専門分化的な政策だけでは不十分であって，社会関係の主体的側面を問題とする個別化援助の方策がなくてはならない．それはすべての個人が社会制度から要求される役割期待への適応過程を援助する方策であって，同じく社会生活の基本的欲求の充足に関わるものではあるが，一般的な『政策』と立場を異にするものである．これが社会福祉固有の視点である[3]」．

　岡村はまた，社会福祉の援助の原理として社会性・全体性・主体性・現実性の4つの原理を示した．この理路整然とした独自の見解である岡村の社会福祉固有論は，今日にいたるまで社会福祉学におおきな影響を与えつづけている．

4　社会福祉の統合論

　高度経済成長期にあって嶋田啓一郎は，社会福祉における政策論と技術論の統合を試みる理論を展開した．嶋田の主たる関心は，社会的実践の学としての社会福祉学の建設であった．嶋田によれば，制度的アプローチと主体的アプローチが個々別々におこなわれるのではなく，この2つの接近方法の統一により社会福祉の総合的機能が発揮されるとした．嶋田はその著『社会福祉体系論』（1980〈昭和55〉年）において，社会福祉をつぎのように定義している．

　「社会福祉とは，その置かれたる一定の社会体制の下で，社会生活上の基本的欲求をめぐって，社会関係における人間の主体的および客体的諸条件の相互作用より生起する諸々の社会的不充足，あるいは不調整現象に対応して，個別的または集団的に，その充足・再調整，さらに予防的処置を通して諸個人，または集団の社会的機能を強化し，社会的に正常な生活水準を実現しようとする公的並びに民間活動の総体を意味する．これらの諸活動は，損傷された能力の回復，個人的・社会的資源の提供，および社会的機能障害の三機能を包含する[4]」．

　この後，嶋田は政策論と技術論のさらなる統合を図るべく，社会体制論と

諸科学からなる人間行動科学の総合的理解，いわゆる力動的統合理論を展開し，「全人的人間の統一的人格」の確立こそが社会福祉の究極的課題であるとした．嶋田の理論は社会福祉を総合的，かつ国際的にとらえたことでおおきな意味がある．

5　社会福祉の運動論

　社会福祉が拡大していく1960年代後半になると，一番ヶ瀬康子らにより社会福祉運動論が展開された．この運動論は政策論を継承しつつ，社会福祉を国民の生活権保障の施策としてとらえた．そして社会福祉の対象拡大とニーズの変化をふまえた上で，社会福祉政策形成における社会福祉運動と社会福祉実践における社会福祉労働の意義を重視する．一番ヶ瀬はその著『現代社会福祉論』（1971〈昭和46〉年）において，つぎのように述べている．

　「社会福祉の領域を生みだす基盤となった社会福祉の『政策対象』，つまりその基底にある生活問題・社会問題の具現化とそれに応ずる『政策の位置』の追求，また『政策主体』である国家独占資本主義のもとでの権力がどう対応するかということ，その政策主体と対象との媒体となる具体的な状況での『実践者の位置と機能』及びその『具体的展開』の検討，そして『政策の位置』を上・下する『運動』の意味と機能の把握が，全体的に構造的に把握されることが必要なのである．それは，いいかえれば，対象者からの政策批判と，より生活権を実体化するための形成方向と要点を，生みだすためにも，当然のことであるといえよう[5]」．

　このように社会福祉の枠組みを設定した一番ヶ瀬は，資本主義社会の法則にもとづく社会福祉の生成過程，実態の検証，社会福祉のなかに存在する具体的法則性と課題の把握，そしてそれらを社会福祉の実践活動の立場において再構成することの重要性を提唱した[6]．この一番ヶ瀬の主張は，理論と実践の両面においておおきな影響力を与えた．

6　社会福祉の経営論

　1980年代に入り，国の「福祉改革」を推進する立場で，三浦文夫は社会福祉経営論を提唱した．三浦によれば本来，次元の異なる政策論・技術論に関するこれまでの論争は非生産的であるとした．そして社会福祉の政策に焦点を合わせ，その政策の形成・管理・運営をいかに図るかが重要であるとした．三浦はその著『社会福祉政策研究』（1985〈昭和60〉年）において，つぎのように述べている．

　「社会福祉をどう捉えるかについては種々意見があるにしても，それは社会的に援護が必要と考えられる人びと（＝要援護者，またはニードをもつ人びと needy）の自立を図るために，この自立を妨げている問題（ニード）の充足を図るという機能をもつものであろう．そう考えると社会福祉経営論は，その基礎には，社会福祉が目的とする人間の自立と社会的統合が妨げられている社会福祉ニードがどのようなものであり，そしてそのニード充足に必要な方法はどのようなものであるのかということの検討が不可欠であるということになるのである[7]」．

　こうして三浦は，「福祉改革」の時代に即したかたちで，社会福祉のニーズ・サービス論やサービス供給論を展開した．ニーズ・サービス論では貨幣的ニーズから非貨幣的ニーズへの移行にともない，サービスも金銭給付サービスから対人福祉サービスに移行するとした．またサービス供給論では，公共的福祉供給システム（行政型・認可型）と非公共的福祉供給システム（市場型・参加型）の複合的供給システムを提唱した．実務にたずさわる福祉政策の関係者に受容されやすい三浦の理論は，1980年代後半以降の社会福祉の政策展開をリードしていくことになった．

7　社会福祉のL字構造論

　1990年代から現在に至るグローバル化と格差進行期において，2000年前後から古川孝順による精力的な社会福祉の理論構築がすすめられた．

図3-1　社会福祉のL字型構造

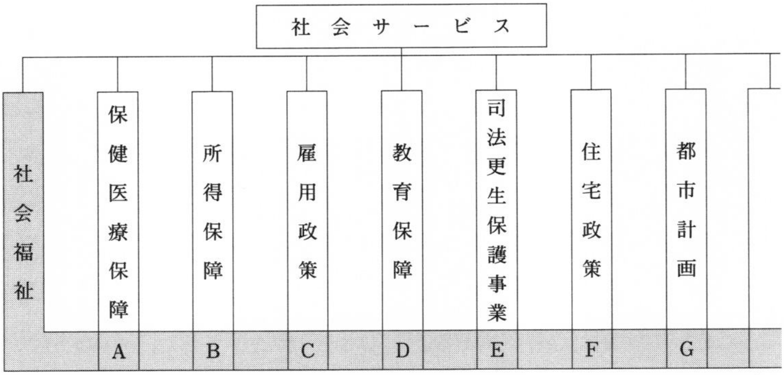

(例示)
A　医療扶助・更生医療・育成医療等
B　生活保護・児童扶養手当・各種の居住型保護施設等
C　授産施設・作業所・福祉雇用等
D　知的障害児通園施設・知的障害児施設・肢体不自由児施設等
E　自立援助ホーム・援産施設等
F　低所得者住宅・高齢者住宅・母子生活支援施設等
G　福祉のまちづくり事業等

出典：古川孝順（2005）『社会福祉原論［第2版］』75，誠信書房．

　古川はその著『社会福祉原論［第2版］』（2005年）で，「こんにちの社会福祉は，一般社会サービスを代替補完するという側面を持ちつつも，多様な領域において固有の視点，対象，課題，主体，そして援助の方法をもって展開されており，それらの特徴の総体において，社会福祉は社会サービスというそれらを含むより包括的な施策群の中で独自固有の特質を持つ施策として存立するようになってきている」として，L字型の社会福祉状況の概念図を示し，「縦の部分は社会サービスを構成する個々の施策を示している．そうした中で，社会福祉は縦棒の部分に加え，他の施策と重なり合う横棒の部分とを持っている．横棒の部分は社会福祉が一般社会サービスに対して代替したり，補充したりしていることを示している．われわれは，このような社会福祉のみにみられる特有の構造を『社会福祉のL字型構造』とよぶことにしたい[8]」とした．
　このように古川は21世紀の拡大・多様化した社会福祉状況をL字型の図式

化（図3-1）により説明し，社会福祉の固有性と補充性の領域を明示化した．

注
1) 孝橋正一（1962）『全訂社会事業の基本問題』24，ミネルヴァ書房．
2) 竹内愛二（1959）『専門社会事業研究』91，弘文堂．
3) 岡村重夫（1958）『全訂社会福祉学（総論）』139，柴田書店．
4) 嶋田啓一郎（1980）『社会福祉体系論』94，ミネルヴァ書房．
5) 一番ヶ瀬康子（1971）『現代社会福祉論』61，時潮社．
6) 一番ヶ瀬康子（1964）『社会福祉事業概論』はしがき，誠信書房．
7) 三浦文夫（1985）『社会福祉政策研究』45，全国社会福祉協議会．
8) 古川孝順（2005年）『社会福祉原論（第2版）』74-75，誠信書房．

参考文献
阿部志郎・右田紀久恵・宮田和明・松井二郎編（2002）『戦後社会福祉の総括と21世紀への展望Ⅱ　思想と理論』ドメス出版．
岩田正美・武川正吾・永岡正巳・平岡公一編（2003）『社会福祉の原理と思想』有斐閣．
古川孝順（2003）『社会福祉原論』誠信書房．
高間満・相澤譲治・津田耕一編（2014）『第3版　社会福祉論』久美．
吉田久一・岡田英巳子（2000）『社会福祉思想史入門』勁草書房．

第4章 社会福祉政策と福祉ニーズ

第1節 福祉サービス利用者のとらえ方

1 援助対象から利用者へ

　社会福祉政策が対人サービス，ヒューマンサービスだという意識が根づいていなかった頃には，援助対象あるいはたんなる対象ととらえる見方が強固であった．たとえば，イギリスで1942年に公刊された『ベヴァリッジ報告』（正式名称は，『社会保険および関連サービス』）において，W. ベヴァリッジは社会福祉の対象を「5巨人悪」とし，「窮乏」，「疾病」，「無知」，「不潔」，「怠惰」としている[1]．人間にたいしてサービスするというよりも，こういった「5巨人悪」を問題にするという姿勢であった．

　それ以前においても，主としてイギリスなどにおいては，D の頭文字のつく「貧困（Destitution）」，「疾病（Disease）」，「非行（Delinquency）」を3D と呼び，社会福祉の対象とみなすのが一般的であった．つまり，社会福祉政策の対象となる人間にたいする配慮が欠けていて，これらの生活課題をもっている人びとを人間として見下すといった状態なのであった．「救貧法」時代における惰民観（ポーペリズム）に象徴されるように，社会福祉の対象者は怠け者だという考え方が，かなり強かったのである．このようなスティグマ（烙印，汚名，恥辱などと訳す場合が多い）が，当時の社会福祉の対象者にレッテル張りのようになされていた．このような見方は，現在においても一部にみられており，まったく無くなったとはいえないであろう．

　慈善組織協会（Charity Organization Society：略称 COS）が活動をはじめた

19世紀後半においては，友愛訪問や慈善の給付にさいして，「価値ある貧民（Deserving Poor）」，「価値のない貧民（Undeserving Poor）」とに区別し，前者のように友愛訪問員が訪問したときに応対が心地良かった人びとにのみ対象者を限定するといったソーシャルワーク（相談援助，社会福祉援助技術）のあり方も広範にみられたのである．しかし，ケースワーク（個別援助技術）へと友愛訪問が変容していく過程において，次第に対象者をクライエント（顧客，得意先という意味がある）と呼ぶようになっていった．社会福祉政策においては，このようなとらえ方は遅かったのであるが，ソーシャルワーク実践においては，比較的早くからクライエントという用語が定着していった．わが国においても，この用語は現在においても使われることが少なくない．

イギリスで1982年に公刊されたバークレイ報告においては，ソーシャルワーカーが対人福祉サービスにおいて対象とする人びとを，何と呼ぶかについて検討している．「クライエント」，「ユーザー（利用者）」，「レシピエント（受給者）」，「コンシューマー（消費者）」，「プロシューマー（生産的消費者）」などの用語を提示している．「ユーザー」も良いが，なんとなく商品を連想させる．「レシピエント」は，生活保護の「受給者」に限定されるように思われる．「コンシューマー」は良いのであるが，やはり産業界の雰囲気をただよわせている．「プロシューマー」は，積極的なイメージで良いけれども，なじみにくい．結局，種々の用語を検討した結果，「クライエント」とするのが適切であると結論づけている．

また，アメリカでは1970年代の障害者の自立生活（Independent Living：略称IL）運動が展開されはじめた頃から，「チャレンジャー（挑戦者）」という用語が，かなり広汎に使われている．近年のわが国においては，一般的には「利用者」という用語が定着してきている．権利主体，生活者主体，当事者主体，利用者主体などを包含的に意味しているとされるところから，「利用者」が多く活用されるようになっている．臨床場面においては，「クライエント」も用いられるが，一般的には「利用者」という用語が普及しつつある．

2　自立生活運動における当事者

　福祉理念として，近年においてはノーマライゼーションと自立支援の考え方がほぼ定着している．高齢者はいうまでもなく，障害者，児童，病人，妊産婦など，社会的に不利な立場にいる人びとの当事者主体を重視し，対人福祉サービスのあり方として，この思想や見方が共有されつつある．

　従来，社会的に不利な立場にいる人びとにたいしては，地域や一般社会から分離し，処遇する場合が多かったようである．たとえば，障害者や要介護高齢者などは，コミュニティから切り離された施設で処遇を受けるといった具合である．かつてのこのような考え方の背景には，社会は心身に障害を受けていない人びとを中心として成立しているという理解がみられた．この考え方を進めると，障害者や要介護高齢者などが自由に町やコミュニティに出られないのは当然であり，人びとの交流も少なくてあたりまえだということになる．

　そうではなく，社会的に不利な立場にいたり，介護を受ける状態であったとしても，健常者とともに社会的に統合されて生活するのが自然だというのが，ノーマライゼーションである．

　人間社会においては，先天的障害，不慮の事故や疾病，加齢にともなうハンディキャップを受けた人びとが存在するのは，むしろ自然な状態であるし，そのような人びとと一緒に家庭やコミュニティで暮らすことこそが普通の社会といえる．したがって，ノーマライゼーションとは障害者や要介護高齢者などを特別な人間として分離的に処遇するのではなく，できるかぎり家庭やコミュニティで普通の生活を送れるように自立支援することである．

　このうちノーマライゼーションの原理は，1950年代頃から北欧ではじまった．もともとは知的障害者の親の会の運動から問題提起されたという経緯がある．1959（昭和34）年のデンマークの知的障害者法において，「知的障害者の生活を，可能なかぎり普通の生活状態に近づけるようにすること」と定義されたのが最初だとされている．

　その後，ノーマライゼーションの運動は世界的に輪を広げていったが，知的障害者からその他の障害者，要介護高齢者などの社会的に不利な立場におかれている人びとへと，その対象理解も広がっていった．

　スウェーデンのB.ニイリエは，知的障害者のライフスタイル（生活様式）としてのノーマライゼーションを，つぎの8つの領域を含む普通の生活として，1969（昭和44）年に定義づけている[3]．

①　起床し，衣服を着，食事をし，就寝するといったパターンや時間を含む1日のリズム

②　週末をウィークデーとは異なるものとして区別するだけでなく，異なる環境で家庭生活，仕事，余暇活動を楽しむ重要性を含む1週間のリズム

③　休暇への参加を含む1年のリズム

④　幼児期，青年期，成人期，老年期に通常の期待を経験することを含む，ライフサイクル（人生周期）の各段階をとおしての向上

⑤　自己決定と個人としての尊厳

⑥　結婚する権利を含む異性との関係などのさまざまな人間関係の発達

⑦　作業所で請け負った仕事にたいする支払いや公平な賃金を守るための十分な方法を含む経済的基準

⑧　「社会にある普通の市民が利用できる施設をモデルにした学校，作業所，グループホーム，入所施設といった諸施設の基準」にたいするニーズを含む環境基準

　上記のノーマライゼーションの8つの領域あるいは項目は，知的障害者はもちろん，要介護高齢者，病人，妊産婦などのさまざまな社会的に不利な状態で生活している人びとにも，おおいにあてはまる．つまり，ノーマライゼーションの考え方や方向性は，障害者問題，高齢者問題のみならず，すべての対人福祉サービスに共通する普遍的原理だといえる．さらに，保健・医療・福祉にかかわる対人サービス，ヒューマンサービスのあらゆる政策の場面において，できるかぎり生かされるべきである．

　1日，1週間，1か月，1年などの生活リズムやライフサイクル（人生周期）の各段階をとおしての向上，自己決定，幅の広い人間関係の経験，経済的標準と生活環境の良好ななかでの福祉の達成などは，誰にとっても重要な事柄である．また，ノーマライゼーション原理は必然的に社会的統合に向かわせる．障害者，要介護高齢者のように社会的に孤立しがちな人びとを社会全体の主流のなかに取り入れること，家庭，近隣，コミュニティにおいて社会的に統合していくこと，なども大切な側面である．社会的統合のためには，利用者の経済的，社会的生活はいうまでもなく，居住環境などにも配慮し，生活の諸側面における利用者自身の当事者としての自己決定を基本とした自立支援のケアサービスの提供が求められている．

　このように，ノーマライゼーションは，1970年代以後のアメリカの自立生活運動（Independent Living：略称IL運動）によって，さらに具体的，実践的に広げられ，かつ深められていくようになった．わが国においても，積極的にIL運動を受けとめ，かつ広げられていくことになる．

　ところで，IL運動はヒューマンサービスの分野において，伝統的自立観にたいする基本的な疑問を提示していた．有名なILの代表的規定には，「人の助けを借りて15分で衣服を着，仕事に出かけられる障害者は，自分で衣服を着るのに2時間かかるため家にいるほかない障害者より自立している[4]」とある．

　これは，身辺介助を他人に依存することが，必ずしもスティグマとなるのではなく，「依存による積極的な自立」も存在することを明らかにしたものである．したがって，IL運動の展開にいたるまで非常に強調されてきた日常生活動作（Activity of Daily Living：略称ADL）の自立を相対化して，ADL自立から生活の質（Quality of Life：生命の質，人生の質，人格の質と訳されることもある，略称：QOL）を充実させる行為を自立として重視するという自立観の質的転換となったのである．

　また，QOLと関連した新しい自立観の基本となったのが，自己決定権の行使を自立とする考え方である．それは，さまざまなハンディキャップを受

けている人びとが，たとえ日常生活で介護者のケアを必要とするとしても，自らの人生や生活のあり方を自らの責任において決定し，また自らが望む生活目標や生活様式を選択して生きることにより，結果としての責任を自らが担う行為を自立とする考え方である．これは，たとえどんなに重度なハンディキャップを受けていても，１回かぎりの自らの人生を，障害者が生活者主体，当事者主体として生きる行為そのものを自立生活とする理念である．

　このようなIL運動によって転換された新しい自立観は，個人の生活レベルでの自立，社会的レベルでの自立へと展開されていくのである．個人の生活レベルでの自立は，ハンディキャップを受けた人びと自身が生活者主体として，たとえ介護者や周囲の人びとに介護やケアをしてもらっていても，介護者管理能力を自らがもっていることが，自立だという日常生活における自覚と判断をおこなうことに通じる．

　社会的レベルでの自立は，自己決定権の行使を広くおこない，医療モデルとされる専門職優位の意思決定権を批判することになる．障害者自身のセルフヘルプ活動，脱医療化，脱施設化などとの関連を含め，健常者との統合，地域自立生活権の確立などが課題となる．

　近年のわが国においては，1993（平成5）年の障害者基本法の制定，1995（平成7）年の「高齢者，身体障害者が円滑に利用できる特定建築物の建築の促進に関する法律（略称：ハートビル法）」の成立，2000（平成12）年の「高齢者，身体障害者等の公共交通機関を利用した移動の円滑化の促進に関する法律（略称：交通バリアフリー法）」，2002（平成14）年の「新障害者プラン」の策定と実施などを経て，2006（平成18年）に国連で採択された「障害者の権利に関する条約」が採択されて，我が国は2007（平成19年）にこの条約に署名して2011年（平成23年）には「障害者の虐待防止，障害者の養護者に対する支援等に関する法律」，2013（平成25年）に「障害を理由とする差別の解消の推進に関する法律」が成立することにより今まで以上に明確に障害者の権利を保障し，社会生活・地域生活への推進が行われることとなった．

第2節　福祉ニーズと社会福祉問題

1　福祉ニーズと社会福祉問題

　人は誰でも「ニーズ」,「ニード」をもち,それを充足させるために,仕事をしたり,学習したり,さまざまな努力をしている.ニーズ,ニードの訳語としては,欲求,要求,必要性,需要,要件などの用語があるが,一般的にはニーズという言葉がよく使われる.

　また,「ニード」という単数形ではなく,「ニーズ」という複数形が用いられることが多い.これは「ニードがニードを呼ぶ」といわれるように,1つのニードがあれば,それがつぎつぎとその他のニードを引き起こす場合が多いからである.たとえば,「貧困と疾病の悪循環説」に象徴されるように,貧困→栄養悪化→疾病→貧困の悪循環がみられるし,親の世代の貧困→子の世代の貧困のごとく,貧困の世代間継承という時系列的な特性もある.[5]

　ニーズを自分で解決できる人は,それで良いが,自分やときには家族などによって充足できない場合には,社会福祉との関連性がでてくる.あるいは,さまざまな社会制度による対応が求められるようになる.岡村重夫によると,[6]人間の基本的要求はさまざまだが,十分に発達した現代社会においては,人びとの基本的要求を充足させるためにいろいろな制度ができあがっているとし,それらを7つに分類している.

①　経済的安定の要求──→産業・経済・社会保障制度
②　職業的安定の要求──→職業安定,失業保険制度
③　医療の機会の要求──→医療・保健・衛生制度
④　家族的安定の要求──→家庭・住宅制度
⑤　教育の機会の要求──→学校教育・社会教育制度
⑥　社会的協同の要求──→司法,道徳,地域社会制度
⑦　文化・娯楽の機会の要求──→文化・娯楽制度

　これらの7つの要求（ニーズ）と制度との関連性は，社会生活を送るうえで欠かすことのできないものである．社会の諸制度が十分に整備されていれば，人びとの社会生活は円滑に営まれるのであるが，実際は必ずしもそうではない．これらの制度はそれぞれに専門分化しており，かつ制度特有の目的があるために，それらの制度の利用者である生活者主体の側からみると，つぎのような3つの問題が生じてくる．

　第1に，さまざまに専門分化した社会制度は，その利用者にたいして，多かれ少なかれ条件がついてくるから，利用者の側からするとそれらの条件が相互に矛盾する場合が生じる（社会関係の不調和）．

　第2に，人びとの属性によっては，専門的分業制度からはじきだされる場合がある（社会関係の欠損）．

　第3に，専門分化された諸制度が固定化し，専門性に閉じこもって，利用者の主体的立場を軽視し，利用者とのあいだに断絶が生じるような状況が出てくることがある（社会制度の欠陥）．

　社会関係の不調和，社会関係の欠損，社会制度の欠陥があれば，個人が要求（ニーズ）を充足させることができないために，問題として表面化してくる．そこで，ソーシャルワーカーが必要となり，ニーズと社会制度の調整をはかり，人びとのニーズ充足を支援しなければならないことになる．

2　各種の福祉ニーズと対処の仕方

　ニーズの把握については，社会福祉学のみならず，心理学，社会学，教育学などの分野においても試みられてきた．社会福祉学の領域においては，イギリスのソーシャルアドミニストレーション（社会福祉行政運営管理）の研究において，20世紀当初からニーズの検討がなされており，R.M.ティトマスなどによって体系化されている．そこでは，いろいろなニーズの性質が整理されている．

　「潜在的（latent）ニーズ」と「顕在的（manifest）ニーズ」のうち，潜在的ニーズとは，ニーズをもつ人びとがその存在を自覚あるいは感じとってい

ないものである．一方，顕在的ニーズとは，その状態を自己理解し，その解決の必要性を自覚しているものである．

「表明された（expressed）ニーズ」と「表明されない（unexpressed）ニーズ」とは，前者が自覚されたニーズを表明した場合であり，後者は自覚されているものの表明することをしない，あるいはできない状態のことである．

「規範的（normative）ニーズ」と「比較（comparative）ニーズ」であるが，前者はなんらかの価値基準や科学的判断にもとづく絶対的基準によって，ニーズを判定していくものである．一方，比較ニーズとは，他の集団や地域などの状態との比較によって，相対的に判定されるものである．

また，わが国の三浦文夫は「貨幣的（monetary）ニーズ」と「非貨幣的（non-monetary）ニーズ」とを提唱していた．貨幣的ニーズとは，金銭的ニーズともいい，現金給付によって充足可能なニーズである．非貨幣的ニーズとは，介護や保育などに代表されるような広い意味での現物給付や対人福祉サービスによってしか充足されないニーズをいう．

このように，ニーズあるいは福祉ニーズについては，多くの人びとによって説明されてきた．そこで，ニーズの定義であるが，三浦文夫は「人間が社会生活を営むために欠かすことのできない基本的要件を欠く状態」と把握している．

ところで，近年の動きとしては，ニーズを人間の基本的なものとして把握しようとする傾向が強くなってきている．図4-1に示すごとく，A.H. マズローは「ヒューマンニーズの階層」を提示している．第1段階は「生理的なニーズ」であり，息をする，食べる，飲む，眠る，排泄する，運動するなどといったニーズを満たそうとするものである．第2段階は「安全と安定のニーズ」であって，安全，安定，依存，保護，恐怖・不安・混乱からの自由，構造・秩序・法・制限を求めるニーズであり，危険から自分の身を守り，安全に過ごしたり，不確実な状況を回避し，安定をえようとするニーズである．第3段階は，「所属と愛情のニーズ」であって，家族や学校，あるいは職場などの集団に所属し，そこで受容され，愛情や友情をえたいとするニーズで

図 4-1　A.H. マズローのヒューマンニーズの階層

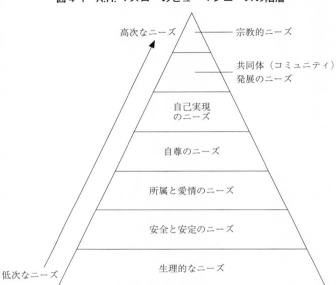

高次なニーズ ──── 宗教的ニーズ

共同体（コミュニティ）
発展のニーズ

自己実現
のニーズ

自尊のニーズ

所属と愛情のニーズ

安全と安定のニーズ

低次なニーズ

生理的なニーズ

出典：東京福祉大学編（2019）『保育児童福祉概説』178，中央法規出版；A.H.Maslow（1995）*Mortivation and Personality*. 35-58, Harper & Row Publishers.

ある．第 4 段階は，「自尊のニーズ」であって，自分がかけがえのない人格をもつ価値ある存在として他者からの尊敬をえたいとするニーズである．

　以上の 4 段階のニーズは，マズローによれば低次なニーズあるいは欠乏のニーズとされたものであって，あらゆる人間に不可欠なニーズである．第 5 段階は，「自己実現のニーズ」であって，成長や発達の機会をえて，自分自身のもつ顕在的および潜在的能力の活用を図り，自己のもつ可能性を最大限に追求し，本来の自己を実現したいとするニーズである．また，A.H. マズローは，第 5 段の上に近年では第 6 段階を付け加えた．それが，「共同体（コミュニティ）発展のニーズ」である．組織や企業，地域社会，国家等，自分が所属するコミュニティ全体の発展を望むニーズである．個々人の私的欲求を超越したおおきく崇高なニーズである．ただし，「共同体（コミュニティ）発展のニーズ」へと到達する前に，「自己実現」という個人の欲求がまず満

図4-2　ヒューマンニーズ・社会サービス・供給組織の３次元構造

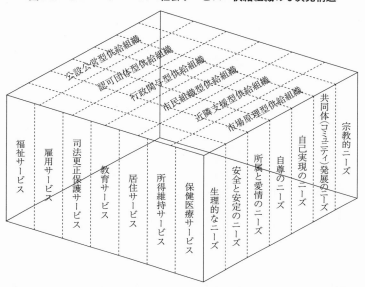

出典：佐藤豊道（2003）「社会福祉供給システムと援助活動」社会福祉士養成講座編集委員会編『新版　第２版社会福祉援助技術論Ⅰ』23，中央法規出版．

たされなければならない，という．現代社会において，地域活動，ボランティア活動を行う人たちが増えている．それを実践できる人は限られるとはいえ，これは人間が第６段階目の「共同体（コミュニティ）発展のニーズ」を持っているが故の当然の行為である．第７段階は，宗教的ニーズである．マズローはこの３段階を高次なニーズとしている．

　このようなさまざまなニーズへの対処をどうするべきであろうか．非常におおきな課題であるが，佐藤豊道は図4-2のごとく，「ヒューマンニーズ・社会サービス・供給組織の３次元構造」を提示している．[8]　３次元構造の枠が各次元とも実線ではなく点線で記されているのは，３次元の各項目とも相互に浸透可能な立方体の状態であることを示している．

　ヒューマンニーズとしては，A.H.マズローの７段階のニーズが提示されている．そして，たとえば生理的なニーズを充足させるためには，福祉サー

ビス，雇用サービス，司法更生保護サービス，教育サービス，居住サービス，所得維持サービス，保健医療サービスのいずれのサービスとも相関するし，公設公営型供給組織，認可団体型供給組織，行政関与型供給組織，市民組織型供給組織，近隣支援型活動組織および市場原理型供給組織などの供給組織のいずれとも交互作用する．同様に，安全と安定のニーズ，所属と愛情のニーズ，自尊のニーズ，自己実現のニーズ，共同体（コミュニティ）発展のニーズ，宗教的ニーズを充足させるためには，それぞれの供給組織との交互作用をおこない，3次元構造の立方体のなかで展開されていくのである．

　ここで提示されているモデルは，狭い意味での福祉ニーズと福祉サービスの間の関連性を超えて，ヒューマンニーズと対人サービス，種々の供給組織の3次元構造であり，広く社会福祉を把握しているところに特色がある．まさに，現代におけるニーズ，サービス，供給組織を交互作用のなかでとらえたものである．

注

1）　Beveridge Report（1942），山田雄三訳（1969）『社会保険および関連サービス』5-6，至誠堂．

2）　Barclay Report（1982），小田兼三訳（1984）『ソーシャルワーカー：役割と任務』13-14，全国社会福祉協議会出版部．

3）　H. スミス，H. ブラウン編（1992），中園康夫・小田兼三監訳（1994）『ノーマライゼーションの展開』35-36，学苑社．

4）　定藤丈弘（1997）「障害者の自立と社会参加」日本地域福祉学会編『地域福祉事典』338-339，中央法規出版．

5）　宇都栄子（1988）「貧困の悪循環説」仲村優一他編『現代社会福祉事典』398，ミネルヴァ書房．

6）　岡村重夫（1983）『社会福祉原論』71-85，全国福祉協議会出版部．

7）　三浦文夫（1982）「ソーシャルニーズ」仲村優一他編『現代社会福祉事典』317，全国社会福祉協議会出版部．

8）　佐藤豊道（2003）「ヒューマンニーズ・社会サービス・供給組織の3次元構造」社会福祉士養成講座編集委員会編『新版第2版　社会福祉援助技術論Ⅰ』23，中央法規出版．

第5章 社会福祉関係法制と運営

第1節 法源としての憲法

1 社会福祉と基本的人権

わたしたちはみんな，しあわせに，よりよく生きたいと思っている．人々が自分らしく，人間らしく生きるために保障されなければならないのが，基本的人権である．そして，社会福祉が人々に保障されることは，基本的人権の一内容を占めるものである．

基本的人権は，日本国憲法では第三章「国民の権利及び義務」に列挙されている．まず第13条では，「すべて国民は，個人として尊重される．生命，自由及び幸福追求に対する国民の権利については，公共の福祉に反しない限り，立法その他の国政の上で，最大の尊重を必要とする．」と述べ，個人の尊重と幸福追求権を保障する．また幸福追求権は包括的基本権として，憲法に明文はないが人権として保障するにふさわしい具体的な権利を「新しい人権」として導き出すことができると解されている．

第25条第1項には「すべて国民は，健康で文化的な最低限度の生活を営む権利を有する．」と記され，国民の生存権を規定する．同条第2項では「国は，すべての生活部面について，社会福祉，社会保障及び公衆衛生の向上及び増進に努めなければならない．」と規定している．国民の生存権を保障するために，国家の責任において社会福祉を実施し，その内容も向上・増進されなければならないことが，憲法上要請されているのである．

2　基本的人権と社会福祉の展開

(1)　基本的人権の展開

　では，社会福祉が基本的人権として承認されるまでの過程をたどりたい．

　基本的人権，すなわち国民の権利および自由は，国家権力を法により制限することによって保障されるものである．王権を制限した法としては，古くはマグナ・カルタ（1215年，イギリス）に始まるとされる．封建社会を打倒したフランス人権宣言（1789年）では，「権利の保障が規定されず，権力の分立が確保されないすべての社会は，憲法をもつものでない」と述べ，憲法により国家権力を制限し，国民の権利および自由を保障するという立憲主義が確立する．憲法には，人権規定と権力分立がいずれも不可欠な構成要素として掲げられているのである（立憲的意味の憲法）．

　こうして保障されるようになった基本的人権は，当初は職業選択の自由や居住・移転の自由，財産権の保障など，自由権（国家からの自由）さえ保障されていれば，人々はしあわせになれると考えられていた．しかし，資本主義の拡大，産業革命による工業化が進展する中で，農村から都市への大規模な人口の流入，これに伴う労働条件の悪化や失業者の増大などが生じた．生産手段を有し，これらを稼働して際限なく富を得る資本家と，働いて賃金を得ることでしか生活できない労働者との階級分化は著しく，多くの労働者は「橋の下で寝る自由」しか与えられず放置され，やがてそれは社会不安の要因ともなっていった．

　このように，自由権を保障するのみでは人々は幸福になることはできず，国家が教育や社会保障，労働権の保障などの一定の関与を行うことが求められてきた．こうして，社会権（国家による自由）が誕生することとなる．

　世界の憲法で初めて社会権を明記したドイツのワイマール憲法（1919年）は，労働者の団結権と生存権を規定した．第151条には，「経済生活の秩序は，すべての者に人たるに値する生存を保障することを目的とする正義の原則に適合しなければならない」と規定し，「人たるに値する生存」，すなわち生存

権を保障することを明らかにした.

(2)　憲法に書き込まれた生存権・社会福祉

日本では，日本国憲法の制定（1946年）により生存権が憲法に規定された.

日本で初めて制定された憲法は大日本帝国憲法（明治憲法）であったが，自由の保障も不十分であり，権力は形式的に分立するものの，主権者である天皇に権力が集中する構造であった（外見的立憲主義）.

1945年，ポツダム宣言の受諾により第2次世界大戦に敗戦した日本は，直ちに GHQ（連合国軍総司令部）の占領下に置かれることとなった.

ポツダム宣言が述べる民主主義，思想・言論・宗教の自由，基本的人権の尊重を保障するため，明治憲法の改正は不可避であったが，日本政府は終始，改正そのものに消極的であった.

毎日新聞は1946年2月1日，憲法問題調査委員会（松本烝治委員長）が作成したとされる，明治憲法を基本的に踏襲し，微修正にとどめる憲法改正試案をスクープした．これにより日本政府の憲法改正に後ろ向きな姿勢がGHQ に知られるところとなった．2月3日，D. マッカーサー元帥は GHQ民政局にマッカーサー3原則を示して憲法草案の起草を指示し，ホイットニー民政局長は同日，民政局行政部25名に憲法草案作成を指示した．民政局は12日には憲法改正草案，いわゆる「マッカーサー草案」をわずか9日間で完成させた.

2月8日，日本政府が GHQ に「憲法改正要綱」を提出すると，13日にこれに返答する形で GHQ は日本政府に対し「マッカーサー草案」を交付した．2月22日，幣原喜重郎内閣は閣議でマッカーサー草案に沿って憲法改正する方針を確認，3月6日に「憲法改正草案要綱」を発表した.

その後実施された，初の男女普通選挙制に基づく衆議院議員総選挙で選出された国会議員らにより憲法改正草案が審議され，修正を加えられ可決された草案は10月11日に閣議決定され，枢密院に諮詢手続きを行い，10月29日に枢密院も可決した.

　こうして，国民主権，基本的人権の尊重，恒久平和主義の三大原則を盛り込んだ日本国憲法は，明治憲法を改正する形式をとりつつ，1946年11月3日公布され，1947年5月3日に施行されるに至った．

　生存権規定は当初マッカーサー草案にも，政府の憲法改正草案にも記載がなかった．GHQ民政局がその作成した草案を参照したともいわれる「憲法研究会」のメンバーであり，その後社会党から衆議院議員に当選した森戸辰男は，ワイマール憲法や社会主義国家の憲法を参照し，生存権をはじめとした社会権規定を盛り込むよう主張した．この主張は審議の中で受け入れられ，生存権規定（第25条）が追加されたのである．

（3）　生存権の具体化としての社会福祉の展開

　戦後，引揚者の増加や食糧不足など国民生活が困窮する中，日本国憲法の施行に前後して，（旧）生活保護法（1946年），児童福祉法（1947年），身体障害者福祉法（1949年）の「福祉三法」が制定され，迅速な対応を行ってきた．

　1950年，社会保障制度審議会が行った「社会保障制度に関する勧告」（50年勧告）は，「社会保障制度とは，（中略）国家扶助によって最低限度の生活を保障するとともに，公衆衛生及び社会福祉の向上を図り，もってすべての国民が文化的社会の成員たるに値する生活を営むことができるようにすることをいうのである．」と述べ，「生活保障の責任は国家にある」「健康と文化的な生活水準を維持する程度のものたらしめなければならない」と明言している．憲法25条に基づき，社会保障における国家責任を明確にし，国民の生存権を保障するとともに，その後の社会福祉の向上を誓った報告であった．

　この後，（現行）生活保護法（1960年），精神薄弱者福祉法（1960年，1998年に知的障害者福祉法に改称），老人福祉法（1963年），母子福祉法（1964年，2014年に母子及び父子並びに寡婦福祉法へ改正）の制定をもって「社会福祉六法」体制が確立していった．

　このように戦後から1960年代頃までは，給付内容が不十分であるとのそしりは受けつつも，生存権を遵守し，また50年勧告に沿って，国家責任の下で

社会福祉の法制度の整備に取り組んできた時代であったといえるだろう.

3　生存権の法的性格と国家責任のあり方

(1)　生存権の法的性格

　憲法第25条に生存権が規定されたことにより, 社会福祉の法制度を新たに設けるための指針が明確になった意義は大きいものがあった.

　しかし, 生存権の法的性格について, 他の人権規定と同じように, 憲法の規定により直ちに国民になんらかの請求権が発生するものであると解することができるのか, という点について争われてきた.

　生存権の法的性格に関するリーディング・ケースである食糧管理法違反事件最高裁判決 (最大判昭和23年9月29日) では, 憲法第25条第1項について, 「個々の国民に対して具体的, 現実的にかかる (すべての国民が健康で文化的な最低限度の生活を営み得るよう国政を運営すべきこと, 筆者注) 義務を有するのではない.」「この規定により直接に個々の国民は, 国家に対して具体的, 現実的にかかる権利を有するものではない.」と示した.

　その後争われた朝日訴訟最高裁判決 (最大判昭和42年5月24日), 堀木訴訟最高裁判決 (最大判昭和57年7月7日) においても, 食糧管理法事件最高裁判決を引用しており, 判断を変えることなく今に至る.

　裁判所は, 生存権の法的性格についてプログラム規定説的な見地に立つものと解されている. プログラム規定説は, 憲法第25条の解釈について, 「国民の生存を確保すべき政治的・道義的義務を国に課したにとどまり, 個々の国民に対して具体的権利を保障したものではない」と説くものである.

　しかし, これに対して学界からは生存権の権利性を没却するものであるとする強い批判があり, 法的権利説を構成してきた. このうち, 通説は抽象的権利説, すなわち生存権の内容は抽象的で不明確であるから, 憲法第25条を直接の根拠にして生活扶助を請求する権利を導き出すのは困難であるが, 生存権を具体化する法律によってはじめて具体的な権利になる, とする考え方を採る. なお, 法律に規定がなくても, 憲法第25条を直接の根拠として国民

に給付請求権を有することを認める，具体的権利説も主張されている．

(2)　社会福祉の国家責任

次に，第2項の国の社会保障・社会福祉に関する国家責任について，法的義務なのか努力義務にとどまるのか，憲法制定当初から論争となってきた．

政府見解は，社会保障・社会福祉の国家責任について当初から法的義務とはとらえておらず，「努力規定」との立場で一貫している．1946年9月19日の貴族院の帝国憲法改正草案特別委員会において，牧野英一が社会保障における国家責任について質したところ，国務大臣河合良成は「修正の25条でございますが，（中略）権利の意味とは，矢張り国家が維持させることに付て，法律上の義務を持つて居るものだと云ふ所迄は，どうしても行かないと云う風に私は思つて居ます」との答弁を行っている（原文の送り仮名はカタカナ）．

しかし，政府が社会保障・社会福祉の国家責任に関して「努力規定」との解釈をとることにつき国民の側の異論は大きい．

4　現代における「人権としての社会福祉」の課題

さて，現代においては社会福祉の市場化が進み，福祉サービスの種類と供給体制は民間事業者も含めて拡充されてきている半面，人々が生存権を保障されるといえる程度に享受できているのだろうか．本来，社会保障は，不測の事態として発生する生活問題を，公的責任において緩和・解決するための施策であるはずであるし，戦争の爪痕がまだ消えない1950年に発表された50年勧告でも「生活保障の責任は国家にある」と高らかに宣言している．

ところが1980年代以降，社会保障における国家責任の縮小化が進行してきた．1995年に社会保障制度審議会が報告した「社会保障体制の再構築（勧告）」（以下「95年勧告」）では，社会保障制度の新しい基本理念として，「みんなのためにみんなでつくり，みんなで支えていくものとして，21世紀の社会連帯のあかしとしなければならない」と，社会保障を国家が責任をもって実施するもの（公助）から，国民同士の助け合い（共助）に格下げするかの

ような宣言を行った.

　その後制定された介護保険法（1997年，2000年施行）をさきがけに，多くの福祉サービスが，国が社会福祉を実施する責任を負う措置制度から，「利用者とサービス提供事業者の対等な関係の確保」を大義名分に，利用者と事業者間の利用契約に基づいて福祉サービスを提供する利用契約制度に変更していった（「措置から契約へ」）. その後の社会福祉基礎構造改革の進展を経て，今となってはすっかり定着してしまった感がある.

　だが，利用契約制度には数々の欠陥があることも知られている. まず，認知症や知的障害などの判断能力の不十分な人が契約するには，本来は成年後見制度を利用すべきところ，この扱いは今なおあいまいにされている. また，利用者の判断でサービスを利用するかしないかを決定することが「自己決定の尊重」ともてはやされる一方，本人にとって必要な福祉サービスであっても利用しようとしないセルフネグレクトがなくならない. また，本人が福祉サービスの必要性は認めていても，経済的に苦しい人は，利用料を負担できない分の福祉サービスは利用を諦めてしまうため，貧富の差により社会福祉の給付を受けられない事態が放置されている.

　また近年，福祉領域では「自助・共助・公助」論が席巻しており，国政運営全般にも拡大してきている. 自助の強調は社会福祉を利用しないことを意味し，共助の強調は，その人の属するコミュニティの支える力に依存することになるため，過疎化や高齢化などの課題を抱え，支える力に乏しいコミュニティでは共助すらあてにできず，結局自助しか頼れないことになってしまう. これでは，憲法制定時の論争を経て，生存権を明文で規定し，その後の福祉制度を拡充してきた歴史そのものが無意味になりかねない.

　「人権としての社会福祉」を追求するならば，生存権が憲法に規定されたことに思いをいたし，国家が社会福祉を向上・増進する義務を履行しているのか監視し，履行されない場合はその履行を求める行動を起こすことが必要であるし，それこそが憲法的要請でもある. 日本国憲法には，参政権（第15条）や請願権（第16条）という「国家への自由」も規定しており，国民の国

政への参画が予定されてもいる．また，第12条には「この憲法が国民に保障する自由及び権利は，国民の不断の努力によつて，これを保持しなければならない．」と規定する．「権利の上にあぐらをかく者は保護されない」という法格言もある．社会福祉の拡充は国家の義務であるとともに，これを「不断の努力」により求めることは国民の責務でもあることに思いをいたすべきであろう．

第2節　国際的条約と社会福祉

1　基本的人権の獲得の歩み

人間が人間らしく生きる権利を獲得するためには，長い歴史の積み重ねが行われているのである．基本的人権の獲得の歴史の中には，市民全体に広がりを見せた活動および運動や当時の社会的権力との闘争もあり，ときには，尊い血が流されたのである．実際，基本的人権としての発想が生まれた後でも，人間の存在に価値があるという概念は，社会福祉の人間観の基礎であると言えるのである．言い換えるならば，人間の存在を，その行為や所有物（財産）や業績ではなく，存在自体で認めていこうとする人間尊重の思想であり，誰も侵すことのできない永久の価値でもある．

人間の存在の尊さの理由については，今日に至るまで議論が続いているのである．特に，ペルシャ地域の諸宗教の価値観によれば，「神の似姿」ゆえにそれ自体で他の生物とは異なり，特別に価値があり，尊ばれる存在であるという位置づけが行われているのである．それは，当時のペルシャ地域の諸宗教の文献においても，先駆的に見いだされていたのであり，それらの教義を離れ，長い年月を経て，権利として社会に対して明らかにされたと言えるのである．

（1）　近代における人権宣言の内容

　人権という考え方自体は，古くは，古代ギリシャやローマ帝国でも存在していたのである．しかし，この時代の人権には，侵すことのできない永久の権利という考え方は，成立していなかったのである．近代の人権宣言に関する歴史については，以下のようである．

　近代の人権の発端については，イギリスのマグナ・カルタに求められるのである．これは全文で63条から構成されており，貴族の権利を当時のジョン国王に認めさせ，不当な逮捕や不当な課税を許させないことに対する権利主張となったのである．しかし，それは，市民すべてのための包括的な権利ではなく，あくまでも貴族に限った国王に対する限定的な権利となったのである．実際，国王に対する市民全体の権利を認めさせた権利が誕生するのは，400年以上の歳月が流れた後である．

　その当時は，宗教改革により誕生したピューリタン（清教徒）らに代表される近代市民の台頭が大きな影響を与えたのである．彼らが起こした歴史的な 2 つの市民革命である1649年のピューリタン（清教徒）革命と1688年の名

表 5-1　人権思想の根拠となる主な法律の変遷

年代	法律名
1215年	マグナ・カルタ（イギリスで成立）
1689年	権利の章典（イギリスで成立）
1776年	アメリカ独立宣言
1789年	フランス人権宣言
1919年	ワイマール憲法（ドイツで成立）
1946年	日本国憲法
1948年	世界人権宣言
1966年	国際人権規約
1989年	児童の権利に関する条約
1993年	ウィーン宣言及び行動計画
2006年	障害者の権利に関する条約

出典：筆者による作成．

誉革命の結果として，1689年にイギリスの権利章典が成立したのである．これが，先述したマグナ・カルタと異なる点は，これらの権利が，社会的属性や国家を超えて，無条件に認められるものであるとしたことである．その意味からすると，イギリスの市民革命によって生み出された市民の権利意識は，基本的人権の歴史の上では，革命的であり，画期的なものである．

1)　自由権の誕生

　　この市民的権利をさらに発展させたものが，1776年のアメリカ独立宣言（The Unianimous Declaration of the thirteen United States of America）である．その中で，「すべての人間は，生来，あるいは等しく自由かつ独立で，一定の天賦の権利を有し」と規定したことは，人権を考える上では，世界史的な意義が見いだせるのであり，「天賦の権利」という思想は，絶対主としての神の存在を自明のものとするものであり，日本人にとっては，理解しにくい考えとも言えるのである．この背景としては，当時，活躍したロック（John Locke）やルソー（Jeans-Jacques Rousseau）などの思想家による理論や考えが大きな影響を与えているのである．

　　独立宣言を起草したのは，アメリカの第三代大統領ジェファーソン（Thomas Jefferson）であり，その文言は，以下のようである．

　　「すべての人間は平等に作られている．創造主によって，生存，自由そして幸福の追求を含むある侵すべからざる権利を与えられている．これらの権利を確実なものとするために，人は政府という機関をもつ．その正当な権力は被統治者の同意に基づいている．いかなる形態であれ政府がこれらの目的にとって破壊的となるときには，それを改めまたは廃止し，新たな政府を設立し，人民にとってその安全と幸福をもたらすのに最もふさわしいと思える仕方でその政府の基礎を据え，その権力を組織することは，人民の権利である．」

　　これらの思想は，さらに，1789年のフランス人権宣言（Declaration des Droits de l'homme et du Citoyen「人および市民の権利宣言」）へと展開されたのである．これは，17条からなり，自由・平等・博愛の精神を明

白にして，国民主権・基本的人権の尊重・所有権の確立などが含まれた近代市民社会の基本原理を確立させたことで，その後の近代国家の思想形成に大きな影響を与えたと言えるのである．ただし，信仰の自由や労働権については，最初から焦点が示されてはいなかった等の課題も見られたのである．実際，旧体制の象徴であった王制度だけではなく，カトリック教会（宗教）への弾圧も行われており，血なまぐさい抗争も行われていたのである．その点からすると，アメリカ独立宣言とは異なるものであり，アメリカ独立宣言から延長された考えであることに疑問を持つ意見も存在しているのである．

　現在の人々を守っている近代的意味での人権は，最初に近代市民革命を契機として形成され，国家の介入から国民の自由を守る自由権（経済的自由・精神的自由・人身の自由）である．このような歴史の流れから，自由権は，18世紀的基本権と呼ばれるのである．社会福祉の分野においては，利用者の人権保障の基礎は，自由権の保障と実現にあることを忘れてはならないのである．

2)　社会権の誕生

　18世紀以降，自由権は，資本主義の発展を導いたのである．先述した近代の権利宣言は，結果として，封建的身分制度からの解放を実現し，個人主義と平等主義に基づいた言論の自由・財産所有の自由・人民の国家への抵抗権などを定め，個人（市民）の国家からの自由権を獲得させることになったのである．これによって，現代につながる個人の自由の権利が明確にされたのである．

　しかし，国家の介入のない自由な経済活動は，貧富の格差や失業を生み出し，結果として，社会的に弱い立場の労働者は，生存の危機に直面することになったのである．このような状況を背景として，国家の介入によって，人間に値する生活を保障する社会権が20世紀に登場したのである．この社会権の中心にあったのは，健康で文化的な最低限度の生活の保障を求める生存権である．

　　この生存権については，世界で最初に，ドイツにおいて，1919年に成立したワイマール憲法（Weimarer Verfassung）の中で示されたのである．その内容は，「経済生活の秩序は，すべての人に，人に値する生存を保障することをめざす，正義の諸原則に適合するものでなければならない」と規定されたのである．このような歴史から，社会権は，20世紀的基本権と呼ばれるのである．

3）　平等権の誕生

　　私たちは，社会の中で生活しているのであり，社会のなかで誰もが同じ価値を持つ人権が保障されなければ，個人の尊厳を実現することができないのである．そこから，すべての人権の前提として，同じ立場である人の間で不利益な扱いをしないことを保障する平等権が登場するわが国の日本国憲法では，法の下の平等（第14条）などが例である．

4）　世界人権宣言の概要

　　戦争の悲惨さを通じて，自由権・社会権・平等権については，1つの国家だけで議論するには限界があり，国際的な舞台で共有すべきであるという考え方が求められたのである．第2次世界大戦後は，国際連合（国連）が，その推進に重要な役割を持つようになったのである．

　　世界的視座に立った人権の重要性を認識する必要性を成立の背景として，1948年12月10日に第3回国連総会において，「世界人権宣言（Universal Declaration of Human Rights）」として採択されることになるのである．この宣言こそが，人権のグローバル化の本格的な取り組みの始まりであり，それは，世界共通の人権の憲法とも言えるものである．現代社会において，世界人権宣言が果たす役割は大きいのであり，特に，社会福祉の領域における人権を説明する上では，その根幹をなす重要なモデルとして理解されているのである．

　　この世界人権宣言は，「すべての人間は，生まれながらにして自由であり，かつ，尊厳と権利について平等である」という条文から始まり，第2条の1では，「すべて人は，人種，皮膚の色，性，言語，宗教，政

治上その他の意見，国家的もしくは社会的出身，財産，門地その他の地位又はこれに類するいかなる事由による差別も受けることなく，この宣言に掲げるすべての権利と自由とを享有することができる」という普遍的原理を明記しているのである．それは，まさしく，社会福祉の意味するところの基本理念と考えられるのである．

5)　法的拘束力を持った国際人権規約

　世界人権宣言は，人権に関する世界共通の憲法のようなものと説明したが，世界人権宣言は，あくまでも「宣言」であり，それに違反した場合でも，法的拘束力がなかったのであり，そのことを指摘する専門家の声も生じたのである．そのため，1966年，国連総会は，この世界人権宣言の理念を基礎にして，より具体的かつ包括的な法的拘束力を持たせた「国際人権規約（International Covenants on Human Rights）を成立させたのである．この規約が正式に発行したのは，10年後の1976年である．

　国際人権規約とは，人権に関する多国間の条約である経済的・社会的及び文化的権利に関する国際規約（社会権規約と呼ばれる A 規約），市民的及び政治的権利に関する国際規約（自由権規約と呼ばれる B 規約），そして，その選択議定書の総称を示すのである．

　この規約の特徴は，自由権（B 規約）と社会権（A 規約）の 2 つの規約を併存させたことであり，国連が，それぞれの国家が国民に対して守るべき人権について拘束力をもって規定しているのである．わが国は，1979年，社会権規約と自由権規約に関し，留保つきで批准している．留保した理由は，労働者への休日の報酬支払や公務員のストライキ権の保障，自由権規約の個人通報制度は，当時の日本の制度とは整合性が示せないと判断されたからである．

6)　ウィーン宣言及び行動計画

　1993年には，国際的人権の集大成として，「ウィーン宣言及び行動計画（Vienna Declaration and Programme of Action）」が，世界人権会議により宣言されたのである．この宣言では，多様な宗教や文化の違いを認

めつつも，全地球的に扱うことを強調しているのである．このことは，国家は，人権について，国際社会に対して言い訳ができない状態にあるということを意味し，20世紀における人権の到達点である．

7)　児童の権利に関する条約

　児童の人権に関して，国際的にみると，先述した世界人権宣言および国際人権規約の理念を受けて，「児童の権利に関する条約（Convention on the Rights of the Child）」を成立させ，日本もこれに批准しているのである．そこでは，児童の定義を18歳未満の者とし，全体としては，54条からなる条文で詳細に定めているのである．名称としては，「子どもの権利条約」とも呼ばれているのである．

　この条約は，1959年に採択された「児童の権利に関する宣言」の30周年に合わせて，1989年に，国連総会で採択された国際条約であり，法的拘束力も持っているのである．それは，1990年に発効し，日本においても，1994年から実際の効力が発生して今日まで至っているのである．つまり，日本においても，この宣言は，単なる理念ではなく，法的拘束力を持った機能が求められ続けられているのである．

　この条約の大きな特徴は，従来の受け身の保護される子ども観を廃して，「子どもの最善の利益」を最重要視し，「保護の対象」ではなく，「権利の主体」として，子どもを位置づけている点である．さらに，子ども自身の自らの意見表明権や遊びや余暇の権利などの権利が，この条文には示されており，児童の人権尊重や権利の確保に向けた詳細な規定が行われているのである．このことは，先述した国際人権規約で認められている諸権利の対象を児童にまで拡大解釈したものと考えられるのである．

8)　障害者の権利に関する条約

　障害者の人権については，国際的な基準として，「障害者の権利に関する条約（Convention on the Rights of Persons with Disabilities ）」がある．この条約は，身体障害・知的障害および精神障害等のある人の尊厳と権

利を保障するための国際的な人権条約である．この条約は，2006年に国連総会で採択されたのであり，日本は，2014年に批准したのである．

　この条約の特徴は，障害を持つ当事者の主体的な視点を反映させ，障害の社会モデルを社会全体に示したのである．そして，「合理的配慮」を明示している．合理的配慮とは，障害を持つ当事者の基本的人権が守られるように，支援する側が，配慮や調整を行うことを意味する用語である．この言葉には，「我々のことを我々抜きで勝手に決めるな（Nothing about us without us !)」という当時の障害者による当事者運動のスローガンの内容も含まれており，障害者の自己決定権や生活場面における差別禁止やあらゆる状況における社会参加の権利なども含まれている点は，21世紀における人権思想の重要な条約の1つと考えられるのである．

第3節　社会福祉法

1　社会福祉事業法の成立

　1951（昭和26）年に成立した「社会福祉事業法」は，関連分野にまたがる社会福祉事業について「全分野における共通的基本事項を定め（同法第1条)」，社会福祉事業を実施する組織のあり方や運営管理の方法を位置づけた．その主な規定は①「福祉に関する事務所」，②「社会福祉主事」，③職員の「指導監督及び訓練」，④「社会福祉法人」，⑤「社会福祉事業」，⑥「共同募金」並びに「社会福祉協議会」などである．これは，国家の責任によって実施される「社会福祉事業」の範囲を第1種社会福祉事業と第2種社会福祉事業として位置づけ，その事業を実施する組織として全国の地方自治体に設置される「福祉事務所」を規定し，そしてその所員であり有給吏員である「社会福祉主事」の配置およびその「指導監督及び訓練」を規定した．また，公私分離を徹底したさいの「民間」の柱となるべく「共同募金」と「社会福祉

協議会」を創設した.

　これらの規定は，GHQ と厚生省（現・厚生労働省）による提案をほぼ忠実に盛り込んでいるが，「社会福祉法人」だけはその提案中には含まれないものであった.「社会福祉法人」は民間団体であり，公の社会福祉事業の実施体制のなかに組み込むことは GHQ の公私分離の方針に反するからである.しかしながら，当時の厚生事務次官であった葛西嘉資らが社会福祉事業実施には戦前からの民間社会福祉事業団体の活動が欠かせないと判断したことから，GHQ とのねばり強い交渉の末,「社会福祉法人」の規定が実現したようである.

　その際,「社会福祉法人」の社会福祉事業への参入が，公私分離の原則ならびに憲法89条の「公の支配に属さない慈善，教育若しくは博愛の事業」にたいして公金を支出してはならないとする規定に抵触しないために，社会福祉事業法第4条（社会福祉事業の経営主体）で第1種社会福祉事業の経営主体を国，地方公共団体あるいは社会福祉法人に限定し，公私分離の原則の例外中の例外とした. また，同法第5条（事業経営の準則）によって「社会福祉法人」が公的な社会福祉事業を担うのは行政から要援護者の措置委託を受ける場合に限定された. 特に第1種社会福祉事業を公的責任において実施する原則は，2000（平成12）年のいわゆる社会福祉基礎構造改革を経ても，なお社会福祉法第60条（社会福祉事業法第4条）と同法第61条（社会福祉事業法第5条）にその原型を保っている. このように「社会福祉法人」は，行政が決定した援助内容を行政に代わって実施するかぎりにおいて公金が支出されるという強い規制のもとで，第1種社会福祉事業を担える唯一の民間組織として再出発を果たしたのである.

2　福祉サービス供給システムの変化と地域福祉への重点化

　社会福祉事業法は，社会福祉事業実施における公的責任の原則と公私分離の原則を基礎構造として位置づけたが，これらの原則の例外として「社会福祉法人」を公に代わって社会福祉事業を担いうる民間組織として誕生させた.

このことが，のちの多様な組織の社会福祉事業への参入と多様な福祉サービスの展開につながり，やがて法制定当初の基礎構造が大幅に改革されることとなった．

　この改革を促した最もおおきな要因としては，世界一のスピードで進行するわが国の人口高齢化と医療・介護にたいするニーズの急増，並びに1970年代の低経済成長への移行にともなう税収の落ち込みであろう．第2次世界大戦後の社会福祉事業は，「収容施設」としての第1種社会福祉事業をその中心的モデルとして発展させてきたが，高齢者の社会的入院や介護ニーズの急増に対応するため，施設数の増加を図るよりも在宅で対応できる福祉サービスの供給量を拡大させる方向性を模索しはじめた．その具体的な第一歩が，「家庭奉仕員派遣事業」（現・ホームヘルパー）などを地方自治体から受託してきた市町村社会福祉協議会の法制化（1983〈昭和62〉年）である．同時に，社会福祉事業の措置事務の多くが機関委任事務から団体事務に移行し，地方への権限移譲と地方分権化が進んだ．国の事務であった入所措置と地方自治体の単独事業や補助金事業として実施されていた在宅福祉サービスが，地域ニーズにもっとも近い市町村の裁量の幅を拡大しながら実施される条件が整えられていった．しかし，それは国の福祉予算を削減し地方の財政負担を強化することでもあり，社会福祉事業実施における国家責任の原則が薄まり，実施および責任主体は国から地方自治体へと移行することともなった．

　1989（平成元）年には高齢者保健福祉十か年戦略（ゴールドプラン）が打ち出され，高齢者のニーズを満たすために必要な保健福祉サービスを計画的に整備する必要性が強調される時代となった．その内容はそれまでの施設入所を中心とした枠組みではなく，福祉サービス利用者の居宅を中心に地域で展開されるものであり，保健や医療との連携によって効果を高めようとするものであった．この点は，1990（平成2）年の「老人福祉法等の一部を改正する法律」（福祉関係八法の改正）において社会福祉事業法にも反映され，同法第3条（社会福祉事業の趣旨）は，第3条（基本理念）と改正され，必要な福祉サービスが地域において提供されるべきことを規定し，さらに第3条の二

（地域等への配慮）という条文を新設し，医療・保健との連携や地域住民などの理解と協力を得ることの必要性を強調している．さらに急ピッチで進められる計画を実現させるためには社会福祉事業従事者の確保が必要不可欠であり，1992（平成4）年には「社会福祉事業に従事する者の確保の促進」が新たに規定された．

3　社会福祉基礎構造改革による福祉サービスの充実と自己決定の実現

　1990年代は増え続ける高齢者のニーズにたいして，誰もが必要なサービスを受けられるようにすることがおおきな政策課題となった．このため，たとえばこの頃には第2種社会福祉事業と位置づけられていたホームヘルプサービスの経営主体は，社会福祉協議会や特別養護老人ホームなどの社会福祉法人以外にも，病院や医師会，福祉公社や農業協同組合などへと拡大され，さらに1987（昭和62）年に登場した介護福祉士の個人開業の道も介護保険法施行前まで開かれることとなった．サービスの量的拡大を図る手立てとして，社会福祉法人以外でも公共性の高い非営利組織を福祉サービスの経営に参入させる方向性をとった．

　また，これと平行して検討されはじめた介護保険制度は1997（平成9）年に成立し，2000（平成12）年に実施された．同年以降はさらに介護サービスの量的拡大をはかり，社会保険としての介護サービス提供を実現させるための準備が必要であったため，上記の経営主体に加えて営利組織ならびに阪神淡路大震災を契機として創設された特定非営利活動法人（以下，NPO法人）が新たに介護サービスに参入した．また，介護保険制度が保健・医療・福祉の一体的運営をめざす方針をとったことから，医療法人の介護サービス分野への参入がますます促進された．

　介護保険制度実施と同時に成立した社会福祉法においては，サービス量の拡大と経営主体の多様化や福祉ミックスを反映して，あらたに第3条（福祉サービスの基本理念），第4条（地域福祉の推進），第5条（福祉サービスの提供の原則），第6条（福祉サービスの提供体制の確保等に関する国及び地方公共団体

の責務）が新設されて，利用者の意向を十分に尊重し，保健・医療と連携の
とれたサービスを実施すべきこと，国や地方自治体は福祉サービスが計画的
に実施され適切に利用されるようバックアップすべきことを強調している．
また同時に福祉サービスが適切に配置され，地域で総合的にサービスが展開
される基盤をつくるために，地方自治体が地域福祉計画を策定することを義
務づけた．また，第24条に（経営の原則）を新設して社会福祉法人が自主的
に経営基盤を強化し，サービスの質を向上させ，事業の透明性を図るべきで
あるとし，これに関連して事業報告などの書面の備え置きや会計の届出など
の法人の運営にかかわる規定を追加した．

　長く社会福祉事業法が守り続けてきた公的責任の原則と公私分離の原則は，
大半の福祉サービスが民間によって提供される時代となって後退し，かわっ
て多様な民間の経営主体がサービスを提供し，公的機関はこの仕組みをバッ
クアップする役割を果たすこととなった．

　このようにサービス提供組織の経営基盤を整える一方，社会保険方式をと
る新たな介護システム導入の大きな課題となったのが，サービスの適切な選
択と自己決定の問題である．これまでの社会福祉事業では行政の措置権によ
って公的サービスが提供されていたのにたいし，介護保険制度においては要
介護度に応じて利用者が民間サービスを選択し決定する仕組みを取ることと
なった．これによって措置制度の欠点を克服する利用者本位の制度を導入す
ることが可能となったが，意思能力に欠ける利用者への支援が必要不可欠と
なり成年後見制度の整備とともに社会福祉法で新たな制度を位置づけて対応
することとなった．

　具体的には，社会福祉法第8章「福祉サービスの適切な利用」を新設し，
利用者にたいする情報提供の機会を強化し，都道府県社会福祉協議会におけ
る福祉サービス利用援助事業を創設して（1999〈平成11〉年開始の地域福祉権
利擁護事業，現在は日常生活自立支援事業），福祉サービス利用契約等への支援，
日常的金銭管理，苦情解決制度の利用援助などを開始した．また，福祉サー
ビスの質の向上のための措置をとることが規定され（社会福祉法第78条），福

祉サービス第三者評価制度が開始された.

　このように，2000（平成12）年の社会福祉法は，福祉サービスの量的拡大にともなう経営主体の多様化を前提と受け止め，サービスが計画的に供給されるよう公的機関が民間組織をバックアップし，その上で利用者が自己決定にもとづいてサービスを選択できるように整備された. 行政が援助内容を決定し国家の責任において社会福祉事業を実施するという戦後の基礎構造を根底から改革する内容となった.

　2003（平成15）年には，利用者本位の福祉制度を実現しようとする社会福祉法の理念を受けて，身体障害や知的障害のある人びとを対象とした支援費制度がスタートした. 利用者の自己決定にもとづいてサービスが利用できる制度である. しかし同制度は財政面や手続き面，利用できるサービスの範囲などで不備があり見直しが図られた. その結果，サービスの再編と運用の市町村への一元化を行った障害者自立支援法を経て現在では障害者総合支援法として，障害の範囲も身体障害，知的障害，精神障害，発達障害，難病などに拡大し，地域社会における共生の実現に向け，市町村のより一層の支援体制の整備が求められることとなった.

　社会福祉法の理念がもたらした成果はおおきいが，一方では地域で孤立する認知症や知的障害のある人びとをめぐり，福祉事務所の措置権発動の機会の減少による弊害も生じており，福祉サービス利用援助事業や成年後見制度の拡充を図ったが，その後の検討課題を残すこととなった.

4　2016年以降の社会福祉法改正 – 地域共生の実現と社会福祉法人改革

　2016（平成28）年 3 月31日に成立した「社会福祉法等の一部を改正する法律」は，その大部分が社会福祉法人改革にかんするものであり，くわえて福祉人材確保の対象を社会福祉事業に限定せず民間企業などの介護サービスに拡大し，離職した介護職への職業相談による再復帰をはかった.

　社会福祉法人組織のあり方が大幅に見直されることになったきっかけは，

　まず，2011（平成23）年11月に開催された行政刷新会議の「提言型政策仕分け」で，介護職員の処遇改善との関連で特別養護老人ホームの内部留保の活用が検討された．これを受けて財務省と厚生労働省が問題を整理し，2012（平成24）年11月には行政刷新会議のもとに設置された規制・制度改革委員会で，「介護事業における事業主体（社会福祉法人）の在り方」が議論された．内部留保や財務諸表の取り扱い，監査体制の不備，さらに社会福祉法人の税制優遇や福祉サービス第三者評価の効果について問題が指摘された．

　その後，社会保障審議会介護給付費部会が2013（平成25）年に特別養護老人ホーム等の内部留保調査の結果を取りまとめ，その多寡の判定に一定のモデルを提供した．しかしこの判断は難しく，むしろ調査の過程で明らかになった財務諸表の公表の不備や税制優遇を受けている社会福祉法人の社会貢献のあり方が改めて注目された．

　法案の提出理由は，「社会福祉法人が備える公益性や非営利性に見合う経営組織や財務規律を実現し，国民に対する説明責任を果たすとともに，地域社会に貢献するという社会福祉法人本来の役割を果たしていくように法人のあり方を見直す必要がある[2]」と厚生労働大臣より説明された．

　改正以前の社会福祉法に規定されていた社会福祉法人の経営組織の規定は，制度発足当初以来のものであり，今日の公益を担う法人等の運営に求められるガバナンスを十分に果たせないという状況におかれていた．法案に盛り込まれた改正のポイントは，社会福祉法人の評議員会の位置づけを明確にし法人運営のチェック機能を強化すること，評議員会を最高議決機関とし理事会を執行機関とすること，外部監査を導入して財務諸表の正確さや透明性を実現すること，役員等の損害賠償責任を位置づけること，解散や合併手続きを厳密化すること，法人のガバナンス（一般には企業統治と訳されるが，ここでは社会福祉施設の機関の統治）の向上，社会福祉充実計画を立案し，地域にたいして社会福祉法人の公益性を発揮することなどである．特に，評議員会の設置はそれまで法律上は任意とされており，諮問機関として位置づけられていたため，理事等の執行機関にたいする牽制機能が十分働かなかった．この

改正では評議員会を必置とし，役員の選任と解任ならびに定款変更の権限等を担わせることとなった．

　また，介護サービスの核となる特別養護老人ホームはその経営主体は社会福祉法人でなければならないという強い規制が働いているが，この規制の緩和を求める動きが，地域医療連携の必要性の高まりや人材不足等を背景に2011年ころから活発化していた．結局，2017年の介護保険法の改正で，医療機能に加え新たに生活施設としての機能を合わせもつ「介護医療院」が創設され，特別養護老人ホーム経営への規制はそのままとされた．

　2020年6月の社会福祉法改正は，要介護高齢者の増加，児童の貧困問題，障害者の権利擁護など多様な「地域生活課題」への対処や，深刻化する福祉人材不足を改善することをめざして立法化された．改正にあたっての政策理念は，「地域共生社会」の実現であり，それは，地域福祉の推進を規定する同法第4条1項に新設された．

　具体的対策としては，第6条2項において，国と地方自治体が「地域生活課題」の解決に資する支援が包括的に提供される体制の整備を進めるべきとの努力義務を規定し，そのためには，「保健医療」「労働」「教育」「住まい」及び「地域再生」などの施策間の連携をすすめることとしている．また，第106条の4を新設し，市町村が「包括的な支援体制の整備」を行うために，「重層的支援体制整備事業」を行うことができるとした．これは，社会福祉法，介護保険法，障害者総合支援法，子ども・子育て支援法，生活困窮者自立支援法が実施する相談や支援に関する事業を一体的に実施し，虐待や孤立を防ぎ社会参加や地域づくりを促すなど，さまざまな「地域生活課題」にたいし①丸ごと相談（断らない相談）の実現，②地域共生に資する取り組みの促進，③高齢者も障害者も利用できるサービスの推進をめざすものとして立法化された．

　また深刻な人材不足がつづくなかで，法人間連携や合併，事業譲渡を展開する「社会福祉連携推進法人制度」を創設したことがあげられる．これにより社会福祉法人は，事業の協働化や大規模化，資金の柔軟な運用，医療法人

や公益法人，NPO法人との連携が可能となる．

　このように2021年4月に施行される社会福祉法においては，福祉関連法制がその事業展開の土台を市町村に一元化する流れの中で，2000年の社会福祉法改正後の措置から契約への移行によって民間にシフトされていた相談支援機能を，改めて地方自治体において強化しうる可能性を盛り込んだ．また，社会福祉事業経営に対する規制は，当初は入所者の生命を守るためのものであったが，介護サービスが医療法人やNPO法人などさまざまな組織によって提供され，深刻な人材不足をかかえている今日においては，かえって障壁となっていた．この障壁を取り，多様な組織の経営上の連携と経営基盤の安定化を図る方法がこのたびの法改正で位置づけられた．

　今日の日本の多くの地域において社会的弱者の生活課題が増え，社会保障・社会福祉における公的責任の重要性が再び問われ，地域再生にかんし公的部門が関与する必要性が認識される時代に突入したといえよう．

第4節　社会福祉六法と社会福祉関連法

1　社会福祉六法とは何か

　社会福祉六法とは，社会福祉に関連する6つの法律（生活保護法，児童福祉法，身体障害者福祉法，知的障害者福祉法，老人福祉法，母子及び父子並びに寡婦福祉法）のことである．なぜこのような回りくどい説明をするのか．それは，社会福祉に関連する法律は上記の6つだけではないからである．「六法全書」の六法とは本来，日本国憲法，民法，商法，刑法，民事訴訟法，刑事訴訟法の6つの法典とその法典に基づく分野のことを指すが，それが転じて特定の分野における主要な法律をまとめて六法という．社会福祉六法も，位置づけとしては上記の6つの法律を社会福祉六法というが，社会福祉に関連する主要な法律をまとめて社会福祉六法と表現することもある．主要な法律とは，たとえば高齢者を対象とした法律だけでも，老人福祉法，介護保険

法や高齢者の居住の安定確保に関する法律，高齢者の虐待の防止，高齢者の養護者に対する支援等に関する法律などがあげられる．

　ここでは，社会福祉六法といっても社会福祉に関する法令はたくさんあるということを認識したうえで，最初にあげた6つの法律を中心に述べていく．以下，社会福祉三法体制から社会福祉六法体制へと変化してきた日本の社会福祉法制から社会福祉六法をとらえ，最後に少しではあるが，その他の関連する法令についてふれておきたい．

2　社会福祉三法体制から社会福祉六法体制へ

(1)　社会福祉三法体制

　戦後の昭和20年代（1945～1955年）に制定された社会福祉法制は，戦争や戦災により生じた社会問題に対し必要に応じて措置が講じられてきたといえる．まず，戦災者や引揚者をはじめ，国民の大多数がその日の食糧を手に入れることも困難な状況にあったことから，1946（昭和21）年に（旧）生活保護法が制定された．この（旧）生活保護法は，現行の生活保護法と比較すると不十分とはいえ，国家責任の原則，無差別平等の原則および最低生活保障の原則という3原則にもとづき生活扶助，医療扶助，出産扶助，生業扶助，葬祭扶助の5つの扶助を実施していた．仲村優一によると，占領国軍総司令部（GHQ）が戦後の民生安定の最重点目標を，生活に困窮するすべての国民に対し無差別平等に最低生活保障をおこなうことにおいたため，「敗戦直後の極度の貧しさのなかで，理念的にはきわめて水準の高い社会福祉の法」をもつことができた[3]と述べている．その後，生活保護法は4年後の1950（昭和25）年に現行の新・生活保護法に改正されている．改正では，日本国憲法第25条第1項の「すべて国民は，健康で文化的な最低限度の生活を営む権利を有する」，第2項の「国は，すべての生活部面について，社会福祉，社会保障及び公衆衛生の向上及び増進に努めなければならない」（憲法25条）という理念にもとづいた生活保護がおこなわれることになった．現行の生活保護法における基本原理は，①国家責任の原理，②無差別平等の原理，③最低生

活保障の原理，④保護の補足性，である．実務上の基本原則は，①申請保護
の原則，②基準及び程度の原則，③必要即応の原理，④世帯単位の原則，と
規定されている．また制定時は5つであった扶助の種類は，教育扶助，住宅
扶助，介護扶助の3つがくわえられ8つの扶助となり，救護施設，更生施設，
医療保護施設，授産施設，宿所提供施設の5種類の保護施設についても規定
されている．これまでにも国民の生活水準の変化にともない改正がおこなわ
れてきたが，2013（平成25）年には生活困窮者自立支援法の制定により，就
労による自立の促進など新たな方向性をもった改正がなされた．

　つぎに制定されたのは，1947（昭和22）年に制定された児童福祉法である．
児童福祉法も生活保護法同様に，第2次世界大戦後の措置の必要性から生ま
れた法律である．制定当時は戦災で両親を失った孤児，引き上げ孤児等の保
護者への引き渡しや，施設への収容など，浮浪児の保護対策が緊急の課題で
あった．しかしながら児童福祉法では浮浪児対策にとどまらず，すべての児
童について，その健全な成長を助長する方針を児童福祉の基本にとらえるよ
うにしたことが特徴とされている．児童福祉法では，総則で児童福祉の原理
について定められており，第4条で対象を満18歳に満たない者と規定し，そ
の上で乳児・幼児・少年・障害児と区分している．さらに児童福祉にかかわ
る機関として，市町村，都道府県，児童相談所，福祉事務所，保健所を位置
づけ，それぞれの役割を定めるとともに，専門的職種として児童福祉司，児
童委員，主任児童委員，保育士について規定している．また，福祉の保障と
してその内容について，児童福祉に関する事業の種類，手続きなどのほか，
養育里親，児童福祉施設，障害児入所支援についても規定されている．2016
（平成28）年，さらには2019（令和元）年の改正では，児童虐待について発生
予防から自立支援までの一連の対策など児童虐待防止対策の強化が盛り込ま
れた．

　社会福祉三法体制の3つ目は，1949（昭和24）年に制定された身体障害者
福祉法である．身体障害者福祉法は，戦争による傷痍者への対策を契機とし
て制定され，身体障害者の職業能力の回復をはじめとする施策の体系が定め

られた．『福祉小六法　2020』⁴⁾でも，視覚障害，言語障害，運動障害による職業能力の低下を補ってその自力による更生を援護することを基本目的とした身体障害者福祉法が制定され，法にもとづき不十分ながら各種更生施設などが設置されたが，基本的には傷病軍人を救済する狙いがあったと指摘されている．現在の身体障害者福祉法は，総則，更生援護，事業及び施設，費用，雑則の5章立てで，総則には，身体障害者の定義や各種事業についての定義などが定められている．また，時代の変化とともに内部障害をくわえるなど改正を繰り返しており，1970（昭和45）年に成立した「心身障害者対策基本法」（現・障害者基本法）や，2005（平成17）年に成立した障害者自立支援法（現・障害者総合支援法）などが成立するたびに身体障害者福祉法の位置づけも変化している．

　以上，生活保護法，児童福祉法，身体障害者福祉法と，社会福祉三法体制の3つの法律について述べてきたが，やはり社会福祉三法体制は戦中，戦後の混乱の影響を受け，生活困窮者，低所得者に焦点を合わせた社会福祉であったといわざるをえない．そして，つぎに，社会福祉三法体制からいかにして社会福祉六法体制に変化していったのか．そこで制定された3つの法律とともにみていきたい．

（2）　社会福祉六法体制

　1960（昭和35）年7月に発足した池田勇人内閣の国民所得倍増計画のなかに，社会保障の充実と社会福祉の向上が織り込まれたことで，その後の生活保護基準の引き上げ，社会福祉三法から六法への拡大につながったといわれている．社会福祉六法として新たに制定された法律は以下の3つである．

　知的障害者福祉法は，1960（昭和35）年に制定された当時は精神薄弱者福祉法という名称であった．1998（平成10）年に「精神薄弱」という用語を「知的障害」という用語に改めるにあたり，法律名も「知的障害者福祉法」に改められた．さらに，身体障害者福祉法と同様，2005（平成17）年に制定された障害者自立支援法（現・障害者総合支援法）により，知的障害者福祉

法も改正され，位置づけも変化している．現行の知的障害者福祉法は，総則，実施機関及び更生援護，費用並びに雑則罰則の5章から構成されている．第1章の総則には，知的障害者福祉法の目的，対象などが定められ，第2章では援護の実施主体である市町村の役割，福祉事務所，知的障害者更生相談所などについて規定されている．また，知的障害者福祉司や知的障害者相談員に関する規定のほか，障害者支援施設などへの入所などの措置についても定められている．さらに，2005（平成17）年に成立した障害者自立支援法（現・障害者総合支援法）とあわせてとらえていく必要がある．

つぎの老人福祉法は，1963（昭和38）年に制定された．高齢者の増加，私的扶養の減退などを受けて高齢者の福祉対策の強化，拡充が求められたという背景がある．1963（昭和38）年の制定後は，急速な高齢化の進展，核家族化などによる家族形態の変化でさらに家族による介護力が低下し，高齢者の介護問題は普遍的な社会問題としてとらえられるようになり，1997（平成9）年の介護保険法制定へとつながった．老人福祉法は，総則，福祉の措置，事業及び施設，老人保健福祉計画，費用，有料老人ホーム，雑則，罰則の6章から構成されており，第1条には「老人の福祉に関する原理を明らかにするとともに，老人に対し，その心身の健康の保持及び生活の安定のために必要な措置を講じ，もつて老人の福祉を図ることを目的とする」と定めている．また，福祉の措置の内容について，支援体制の整備等，居宅における介護等，老人ホームへの入所等，措置の解除にかかる説明等，老人福祉の増進のための事業，研究開発の推進，などを位置づけ，福祉の措置の実施者としての，地方公共団体などの役割と責務を規定している．事業および施設については，老人デイサービスセンターや老人短期入所施設などと，養護老人ホームや特別養護老人ホームなどの老人福祉施設，そして有料老人ホーム，老人保健福祉計画について定められている．いずれの事業も介護保険法などとの関連をふまえ，老人福祉法の位置づけや役割の変化についても理解しておく必要がある．

社会福祉六法の最後に制定された法律は，1964（昭和39）年に制定された

母子福祉法である．現在の母子及び父子並びに寡婦福祉法という名称は，1981（昭和56）年に法律名が母子及び寡婦福祉法へと改められ，2014（平成26）年に法律名改正で変更された．『福祉小六法　2020』の「母子及び父子並びに寡婦福祉法の概要」[5] によると，母子福祉法の背景としてひとり親家庭の発生要因も戦争犠牲者遺族から病死や離婚などさまざまな事情に変化してきたため，母子福祉対策を総合的に推進することを目的に制定されたとある．例えば，母子福祉法では寡婦についての規定がなく，寡婦の子が成人した後の生活をかんがみて，寡婦を対象に含めた母子及び寡婦福祉法へと改められた．2014（平成26）年には，ひとり親が就業し，仕事と子育てを両立していけるよう，ひとり親家族への支援施策を強化する改正がおこなわれ，法律の名称もあわせて改正された．母子及び父子並びに寡婦福祉法の総則では，法の目的，基本理念，国及び地方公共団体の責務などが規定されており，くわえて「配偶者のない女子・男子」「児童」「寡婦」「母子家庭等」などの定義も定められている．「児童」は児童福祉法の規定とは異なり，20歳未満であり，2002（平成14）年には，「母子家庭等」に父子家庭もくわえられている．その他，母子家庭・父子家庭・寡婦に対する福祉の措置や福祉資金の貸付け，母子・父子福祉施設についても規定されている．

　上記社会福祉六法は社会福祉法を中心に据え，「図5-1　社会福祉法制の構造」のように位置づけられる．河野正輝は利用者別に制定されている各種福祉立法が共通して定めている部分として，つぎの8点で説明している[6]．①福祉サービスを利用できるのは誰か，②要介護認定や自立支援給付などの申請はどこへすればよいか，③福祉サービスの利用に必要な資格条件（要件）は何か，④福祉サービスとして，どのような種類のものを，どの程度まで利用できるか，⑤福祉サービスを提供する社会福祉法人や指定事業者となるには，どのような設備基準・運営基準をクリアしなければならないか，また⑥こうした提供体制を整備するために，国と地方公共団体側はどのような役割と責任を負うか，⑦福祉サービスの提供に必要な費用は，誰がどの程度負担するのか，そして⑧福祉サービスの質や費用負担を巡って，苦情・不服などが生

図5-1　社会福祉法制の構造

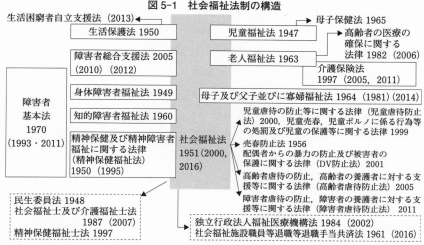

出典：山縣文治・岡田忠克編『よくわかる社会福祉（やわらかアカデミズム・わかるシリーズ）第10版』ミネルヴァ書房，2014年，47頁に筆者加筆.

じたとき，どこに解決・救済を求めることができるのか，そのさい，自己評価制度や第三者評価制度はどのような役割をはたすのか，である.

3　社会福祉六法以外の社会福祉関連法

　社会福祉六法以外の社会福祉に関連する法令のうち，主要なものについて紹介しておきたい.「図5-1　社会福祉法制の構造」で取り上げられているものでいえば，生活保護法が対象とする生活困窮者に対する法律として2013（平成25）年12月に生活困窮者自立支援法が制定された. 施行は2015（平成27）年4月1日であるが，生活困窮者自立相談支援事業の実施，生活困窮者住居確保給付金の支給，その他の生活困窮者に対する自立の支援に関する措置を講ずることを目的に，生活保護に至る前の段階の自立支援策の強化を図るためのものと位置づけられている.

　障害者に対する法制度については，前述した1970（昭和45）年に成立した心身障害者対策基本法（現・障害者基本法）や，2005（平成17）年に制定され

た障害者自立支援法から新たに2012（平成24）年に公布された「障害者の日常生活及び社会生活を総合的に支援するための法律（障害者総合支援法）」がある．これらの法令によって障害者は，身体障害者，知的障害者，精神障害者，難病など障害の種別にかかわらず障害を持つ方に対する事項が規定されることになった．また，1950（昭和25）年制定の精神衛生法が1995（平成7）年に改正された精神保健及び精神障害者福祉に関する法律（略称：精神保健福祉法）も，身体障害者福祉法，知的障害者福祉法とあわせて対象者別の福祉立法として位置づけられる．児童やひとり親家庭などに対しては，1965（昭和40）年の母子保健法や母子及び父子並びに寡婦福祉法があるほか，売春防止法（1956〈昭和31〉），「児童売春，児童ポルノに関わる行為等の処罰及び児童の保護等に関する法律」（1999〈平成11〉），児童虐待の防止等に関する法律（略称：児童虐待防止法，2000〈平成12〉），配偶者からの暴力の防止及び被害者の保護に関する法律（DV防止法，2001〈平成13〉）など，犯罪や暴力，虐待などについて規定する法律がある．高齢者に対する法令についても老人福祉法や介護保険法（1997〈平成9〉）以外にも，高齢者の虐待の防止，高齢者の養護者に対する支援等に関する法律（高齢者虐待防止法，2005〈平成17〉）や高齢者の居住の安定確保に関する法律（2011〈平成23〉）などがある．

　くわえて，民生委員法（1948〈昭和23〉）や社会福祉士及び介護福祉士法（1987〈昭和62〉年）などのように，社会福祉に関連する職種や資格を規定する法律も社会福祉に関連する法制と位置づけられる．

　このように，社会福祉の法制には社会福祉六法以外にも多くの法令が定められている．社会福祉法などの基本的な事項を定める法，福祉・介護・保健のサービスを規定する法，組織や資格を規定する法などさまざまな性格を持つ社会福祉法制は，相互関連なくバラバラに機能しているのではなく，深く関連しながら社会福祉体制を形成している．対象ごとに定められた社会福祉六法の枠を超え，社会福祉に関連する法制全体としてとらえ，理解を深める必要がある．

注

1) 　仲村優一「戦後社会福祉制度体系の原点をさぐる［葛西嘉資氏に聞く］」『月刊福祉』1986年，29-30，全国社会福祉協議会.

2) 　第189回国会　厚生労働委員会　第28号　2015年.

3) 　仲村優一（1987）「〔概説〕占領期から高度成長期の時代」1-2，月刊福祉・増刊号・施策資料シリーズ『社会福祉関係施策資料集１占領期から高度製材成長期まで1945（昭和20）年〜1973（昭和48）年』全国社会福祉協議会.

4) 　大阪ボランティア協会（2019）「身体障害者福祉法の概要」629-630『福祉小六法　2020』中央法規.

5) 　大阪ボランティア協会（2019）「母子及び父子並びに寡婦福祉法の概要」388-389『福祉小六法　2020』中央法規.

6) 　河野正輝（2008）「第１章　社会福祉の法体系と目的」5-6，河野正輝・阿部和光・増田雅暢・倉田聡編『社会福祉法入門　第２版』，有斐閣.

参考文献

芦部信喜著・高橋和之補訂（2011）『憲法　第五版』岩波書店.

佐藤幸治著（1995）『憲法［第三版］』青林書院.

野中俊彦・江橋崇編著（2001）『憲法判例集第８版』有斐閣.

芝田英昭編著（2016）『増補改訂　基礎から学ぶ社会保障』自治体研究社.

福永文夫著（2014）『日本占領史1945-1952』中公新書.

塩田潮著（2017）『日本国憲法をつくった男　宰相幣原喜重郎』朝日文庫.

小関彰一（2015）『平和憲法の深層』ちくま新書.

鈴木昭典（2014）『日本国憲法を生んだ密室の九日間』角川書店.

木原活信著（2014）『社会福祉と人権』ミネルヴァ書房.

山本克司著（2014）『福祉に携わる人のための人権読本』法律文化社.

小田兼三，古瀬徹（1993）『明日の高齢者ケア⑧高齢者ケアの担い手』中央法規.

松本真一，小田兼三（1979）『社会福祉概説』福村出版.

嶋田啓一郎著（1989）『福祉における人権の思想』ミネルヴァ書房.

宮澤俊義著（1955）『日本国憲法』日本評論社.

中村義孝他著（1996）『憲法と人権』晃洋書房.

佐藤進編（1976）『児童問題講座３　児童の権利』ミネルヴァ書房.

国際障害者年推進会議編（1987）『国連障害者の十年』全国社会福祉協議会.

古川孝順著（2001）『社会福祉の運営』有斐閣.

田畑洋一編著（2004）『現代社会福祉概説』中央法規出版.

福祉士養成講座編集委員会（2006）『社会福祉原論』中央法規出版.

佐藤進，河野正輝編（2004）『新現代社会福祉法入門』法律文化社.

宇山勝儀著（2004）『新しい社会福祉の法と行政』（第３版）光生館.

川村匡由，倉田康路著（2003）『社会福祉概論』ミネルヴァ書房.

宇山勝儀，森長秀著（2004）『社会福祉概論』光生館.

社会福祉法人大阪ボランティア協会（2016）『福祉小六法　2016』，中央法規.

野崎和義監修・ミネルヴァ書房編集部編（2016）『ミネルヴァ　社会福祉六法 2016（平成28年版）』ミネルヴァ書房.

福祉小六法編集委員会（2016）「福祉小六法　2016年版」（株）みらい.

増田雅暢「第 2 章　社会福祉法則の展開」（2008）河野正輝・阿部和光・増田雅 暢・倉田聡編『社会福祉法入門　第 2 版』13-31，有斐閣.

小田兼三，杉本敏夫編（2014）『社会福祉概論第 3 版』勁草書房.

中央法規出版編集部（2016）『社会福祉法改正の概要』中央法規出版.

第6章　社会福祉行財政と民間福祉活動

第1節　社会福祉行政

1　国の福祉行政

　社会福祉の実施においては，国と地方自治体が主体となっている．国の福祉行政に関しては，厚生労働省が担当しており，保健・福祉行政の企画・立案，基準設定，調査研究，財政負担などを行っている．厚生労働省の沿革をみてみると，1938（昭和13）年にそれまでの内務省衛生局，社会局などの業務等の統合により，厚生省が発足した．1947（昭和22）年9月には，厚生省の所轄事務であった労働行政の再編により，労働省を発足させた．そして，1999（平成11）年には，省庁再編などを主な内容とする「中央省庁等改革関連法」の成立とともに，国家行政組織法の一部改正及び厚生労働省設置法が制定され，厚生省と労働省が統合されることとなった．2001（平成13）年1月に発足した厚生労働省は，国民生活の保障・向上と経済の発展等を目指すために，社会福祉，社会保障，公衆衛生の向上・増進と，働く環境の整備，職業の安定・人材の育成を総合的・一体的に推進することを理念として，社会福祉，保健，医療，雇用，労働，子育て，年金，介護などに関する業務を司ることとなった．

　現在，厚生労働省の内部部局には，大臣官房，医政局，健康局，医薬・生活衛生局，労働基準局，職業安定局，雇用環境・均等局，子ども家庭，社会・援護局，老健局，保険局，年金局，人材開発統括官，政策統括官が配置されており，外部部局として中央労働委員会が設置されている．これらのな

かで，社会福祉業務に直接かかわる部局は，子ども家庭局，社会・援護局，老健局などである．

　「子ども家庭局」の主な所掌事務は，子どもの心身の育成や発達に関すること，子どもの保育や養護，児童虐待の防止に関すること，子どもの福祉のための文化の向上に関することのほか，子どもや子どものいる家庭，妊産婦その他母性の福祉の増進に関すること，福祉に欠けるひとり親家庭や寡婦の福祉の増進に関することである．さらには，子どもの保健の向上に関すること，妊産婦その他母性の保健の向上に関すること，子どもと妊産婦の栄養の改善に関することや，また，妊産婦の治療方法が確定していない疾病や特殊な疾病の予防と治療に関することも含まれる．

　「社会・援護局」の主な所掌事務は，社会福祉法人制度，福祉に関する事務所，共同募金会，社会福祉事業に従事する人材の確保やボランティア活動の基盤整備など社会福祉の各分野に共通する基盤制度の企画や運営とともに，生活保護制度の企画や運営，ホームレス対策，障害者の保健福祉制度の企画や運営，消費生活協同組合に対する指導など幅広く社会福祉の推進のための施策に関することである．

　「老健局」の主な所掌事務は，前例のない超高齢社会において，高齢者が住み慣れた地域で安心して暮らし続けることができるよう，介護保険制度をはじめとする高齢者介護・福祉施策の推進や，高齢者虐待の防止などである．

　なお，厚生労働省には，諮問機関となる「社会保障審議会」と協力機関となる「民生委員・児童委員」が設置されている．

2　地方自治体の福祉行政

　次に，地方自治体の福祉行政についてみていく．「地方自治体」とは，日本の都道府県や市区町村を統括する行政機関のことであり，「住民の福祉の増進を図ることを基本として，地域における行政を自主的かつ総合的に実施する役割を広く担うもの」（地方自治体法第1条の2）である．「地方公共団体」と呼ばれることもある．地方自治体の役割は，国や他の地方自治体との

役割分担の調整，議会による自治体の運営方針の決定，各種税金の確認や督促，まちづくりの推進，社会福祉の提供など非常に多岐に渡るものである．

　都道府県の福祉行政の主な業務は，健康福祉部や保健福祉部などが担っており，市町村では，福祉部保健福祉課などが主な担当部署となっている．

　地方自治法第1条の2項2号では，「住民に身近な行政はできる限り地方公共団体にゆだねることを基本」とするとともに，「地方公共団体に関する制度の策定及び施策の実施に当たって，地方公共団体の自主性及び自立性が十分に発揮されるようにしなければならない」と規定されていることもあり，近年では，福祉行政に関する地方自治体の役割と責務が強化されている．

　都道府県が処理する事務については，地方自治法第2条第5項にて，地方公共団体が処理する事務のうち，①広域にわたるもの（広域事務），②市町村に関する連絡調整に関するもの（連絡調整事務），③その規模又は性質において一般の市町村が処理することが適当でないと認められるもの（補完事務）と規定されている．

　都道府県（政令指定都市を含む）の福祉行政の主な業務としては，社会福祉法人や社会福祉施設の許可や指導・監督，福祉事務所や各種相談所の設置運営，補助金の配分，関係行政機関及び各市町村間の連絡調整，指導などがある．また，都道府県は，諮問機関として地方社会福祉審議会と，都道府県児童福祉審議会を設置することができる．

　市町村は，基礎的な地方公共団体として，都道府県が処理するものとされているものを除き，一般的に，「地域における事務及び法令で定められたその他の事務」を処理することとされている．市町村の福祉行政は，介護保険制度の管理・運営，在宅および社会福祉施設サービスの提供をはじめとする住民に直接かかわる業務を中心に構成されている．

　なお，地方自治体が処理する事務には，「法定受託事務」と「自治事務」がある．

　「法定受託事務」とは，地方自治法第2条9項に定義されている事務であり，第1号法定受託事務と第2号法定受託事務に区分される．第1号法定受

託事務とは，国が本来果たすべき役割にかかわる事務であるが，利便性や効率性を考えて，法令によって地方自治体に委託され，国の強い関与が認められている事務である．例えば，生活保護の決定・実施に関する事務をはじめ，旅券の交付，国の指定統計，国道の管理，戸籍事務などが第1号法定受託事務になる．第2号法定受託事務とは，都道府県において適正な処理を特に確保する必要があるものであるが，利便性や効率性を考えて，市町村または特別区が処理することとされる事務である．例えば，都道府県の議会の議員または長の選挙に関し，市町村が処理することとされている事務などである．

「自治事務」とは，地方自治法第2条8項に定義されており，自治体の責任において独自に執り行う事務で，法定受託事務以外の事務である．法定受託事務に比べて国からの関与の程度が低い．例えば，介護保険サービス，国民健康保険の給付，児童福祉・老人福祉・障害者福祉サービス，小中学校の設置管理，病院・薬局の開設許可，都市計画の策定，その他にも，各種助成金等（乳幼児医療費補助等）の交付，公共施設（文化ホール，生涯学習センター等）の管理なども自治事務になる．

3　社会福祉基礎構造改革

第2次世界大戦後間もなくして構築された社会福祉制度は，国民の最低生活の維持に追われ，生活保護制度に収斂される救貧的な性格をもつものであった．貧困が広く国民生活を脅かし，他方では厳しい財政事情と社会資源が著しく不足していた状況下の社会福祉制度においては，政府主導による中央集権的な行政主導型で，限られた社会資源を最もニーズの高い者へ福祉サービスが行き届くようにするために措置制度（行政処分：行政が対象者にどの種類のサービスをどれだけ提供するのかを決める）がとられていた．

しかし，その後の国民の生活水準の向上に伴い，福祉ニーズは多様化し，最低生活の維持を超えて生活の質（QOL）の向上を念頭においた福祉サービスが求められるようになった．福祉サービスをめぐる状況は，公的責任で供給するだけでは困難となり，さまざまな民間団体・事業者などの多様な供給

主体の参入が求められ，行政主導の制度は適合的でなくなった．また，措置制度では，基本的には行政権限によりサービスが決定され，利用者の主体的な選択が尊重されるものとは言い難く，利用者の自己決定権を尊重するという観点からみると適切ではないという認識も高まった．

　措置制度からの脱却は，まず保育所利用において，1997年の児童福祉法改正により，措置方式から利用者意向を尊重した利用方式への転換が図られた．次に介護保険制度によって，介護サービスの利用が利用者の選択による契約制度となった．そして，1998（平成10）年に「社会福祉基礎構造改革について（中間まとめ）」がとりまとめられ，個人が尊厳をもってその人らしい自立した生活が送れるよう支えるという社会福祉の理念にもとづく改革が推進された．これにより，それまで行政によってサービス内容が決定されるという措置制度から，利用者が事業者との契約においてサービスを選定することができるサービス利用制度に移行していった．

　2000年には，社会福祉事業法等改正一括法が制定され，社会福祉事業法が社会福祉法となり，福祉サービスの利用にあたっては，利用者の選択を尊重する方式が一般化することとなった．2003年には障害児・者分野でも支援費制度が導入された．

　社会福祉基礎構造改革が目指した社会福祉再編モデルは，「福祉の介護保険化」といえるものである．

　「福祉の介護保険化」とは，①現金給付による利用者補助方式，②利用者と福祉サービス提供事業者との直接契約，③利用者の応益負担，の3点である．

　①　現金給付による利用者補助方式とは，福祉サービス費用の償還給付ということである．福祉サービス費用については，代理受領という形で，福祉サービス提供事業者に支給され，利用者にとっては現物給付と同じ効果となる．これにより，福祉サービスの市場化が可能となる．また，福祉サービス提供の責任は，行政にはなくなる．すなわち，行政責任は福祉サービス費用の給付責任にとどまることとなる．

② 直接契約とは，行政により福祉サービスの給付資格を認定された利用者が，選択した福祉サービス提供事業者と利用契約を直接締結して福祉サービスを利用することである．

③ 応益負担とは，福祉サービスの利用が増えればそれにともなって利用者の自己負担分も増えるという仕組みである．給付される福祉サービス費用は，サービス報酬単価の一定の割合であり，残りの費用を利用者が負担することになる．ただし，福祉サービスの価格は市場での需要と供給の関係から定められるのではなく，行政による福祉サービスの報酬単価表によって定められる公定価格となる．

　社会福祉基礎構造改革は，社会福祉を「提供される福祉」から「利用者が自ら選択する福祉」へと移行させるものであったが，行政責任が縮小され，財政支出の削減が図られるなど，新自由主義的な市場原理に基づく社会保障制度改革ともいえる．

第2節　社会福祉財政と財政構造

1　社会福祉財政の意義

　社会福祉に関する制度の運用やサービスの実施には，ヒト・モノ・カネが必要となる．例え無料で利用できる生活相談窓口であっても，そこに配置されている職員の給料や設備の維持管理費が0円というわけではない．誰かが負担しなければならず，大抵は「利用者」「保険者」「国や地方公共団体」などが支払っている．

　ここで，主要な社会福祉に関する制度の財源を確認すると，生活保護にかかる費用は全額公費で賄われ，国が4分の3，市・都道府県が4分の1を負担している．また，介護保険制度では，デイサービスやホームヘルプなどのサービス提供にかかる費用の一部を利用者が負担し，残りは保険者からの給付で賄われる．その給付の出処は保険料と公費である．

　近年は，地域包括ケアシステム構築のため，住民が自発的に支援活動を実施したり，社会福祉法人改革により法人が自費を投じて地域公益的取組を展開する動きもみられるが，依然として社会福祉制度等の運営財源は公費によるところが多く，その財政構造は多様である．つまり，本節は我が国の社会福祉に関する制度等を広く理解する意義がある．

2　社会福祉財政の状況

(1)　国の財政

　はじめに歳出の現状を確認する．国の予算は一般会計と特別会計に分かれており，社会福祉に関係する社会保障関係費は一般会計に計上されている．2019年度の一般会計歳出当初予算は99兆4,291億円である．そのうち社会保障関係費は33兆9,914億円（一般会計歳出当初予算の34.2％）で，その内訳は，医療11兆9,974億円，年金12兆1,670億円，介護3兆2,301億円，福祉・その他6兆5,968億円となっている．社会保障関係費の70％超を医療と年金で占めていることから，我が国の社会福祉財政の重点は両者にあるといえる．

　次に一般会計歳出における社会保障関係費の推移を確認する．1995年度が13兆9,244億円（一般会計歳出当初予算の19.6％），2000年度が16兆7,666億円（19.7％），2005年度が20兆3,808億円（24.7％），2010年度が27兆2,686億円（29.5％），2015年度が31兆5,297億円（32.7％），2021年度が35兆8,421億円（33.6％）であり，年々金額と一般会計歳出当初予算に占める割合が増加している．なお，年金医療介護保険給付費，生活保護費，社会福祉費（特に障害保健福祉費）で増加が目立つが，高齢者や障害者の増加などに合わせた施策が実行されているためである．

　最後に歳入を確認する．一般会計の歳入は，「租税及び印紙収入（所得税，法人税，消費税等）」「公債金（特例公債，建設公債）」「その他収入」からなる．2019年度一般会計歳入当初予算は101兆4,571億円で，前年より3兆7,443億円増額となっている．なお，2015年度から2019年度までの歳入構成比を見ると，租税及び印紙収入が54.0〜62.9％，公債金が34.2〜37.0％を占めている．特に

公債金が占める割合は1995年度の22.8％から大幅に伸びていることから，公債金への依存度が高まっているといえる．

(2)　地方公共団体の財政

　地方公共団体（都道府県，市町村，特別区，一部事務組合，広域連合）も国と同じく一般会計と特別会計に分かれている．そして，一般行政部門に係る予算を「普通会計」，水道，交通，病院等の企業会計部門を「地方公営事業会計」に区別している．2018年度の歳出純計決算額は98兆206億円で，都道府県が48兆9,573億円，市町村が57兆9,817億円（純計）である．目的別でみると，社会福祉に関係する費用が多く含まれる「民生費」が最多の25兆6,659億円となっており，歳出純計決算額の26.2％を占める．なお，都道府県と市町村では歳出に占める民生費の割合には隔たりがあり，都道府県が15.9％，市町村は36.3％である．

　次に歳出における民生費の推移を確認する．1995年度は8兆2,281億円（歳出純計決算額の10.5％），2000年度は11兆9,799億円（12.1％），2005年度は13兆3,920億円（13.7％），2010年度は15兆6,927億円（17.3％），2015年度は21兆3,163億円（22.5％）となっている．都道府県と市町村を分けて歳出純計決算額における民生費の割合を見ると，1995年度は都道府県6.0％，市町村15.5％であったものが，2005年度は都道府県9.2％，市町村26.1％，2015年度には都道府県15.9％，市町村35.8％まで増加している．

　最後に歳入を確認する．地方公共団体の歳入は「地方税」「地方譲与税」「地方特例交付金」「地方交付税」「国庫支出金」「地方債」などで構成される．2018年度の歳入純計決算額は101兆3,453億円で，前年度よりも220億円増額となっている．なお，2015年度から2018年度までの歳入構成比を見ると，地方税が約40％で最多となっており，地方交付税約17％，国庫支出金約15％と続く．近年は地方税の割合が上昇傾向にあり，逆に地方交付税は減少傾向にある．これは2002年に閣議決定された「経済財政運営と構造改革に関する基本方針2002（骨太の方針2002）」を起点とする三位一体の改革や，2014年に閣

議決定された「社会保障と税一体改革素案」以降の改革により，国と地方の役割分担の見直しと税源の移譲が進んだためである．

3　国及び地方公共団体の負担割合

　社会福祉制度には，全額公費負担のものと，利用者が一定の負担をするものがある．前者の代表例は生活保護制度であり，保護費の4分の3を国が負担し，残りを都道府県と市町村が等分で負担している．このほか，児童福祉法や老人福祉法などに基づいて行われる施設入所やサービス利用の措置が，全額公費負担で行われることがある．一方，利用者負担が生じる制度のひとつに介護保険制度がある．こちらは，あらかじめ第1号及び第2号被保険者が保険料を支払い，保険事故が発生したときに給付を受けられる仕組みとなっている（社会保険方式）．具体的には，体の衰えや病気などにより介護が必要となったときに，一定の手続きを経ればサービス提供にかかる費用の7〜9割に相当する額の給付を受けることができる．そして，この給付の2分の1を保険料でまかない，4分の1が国，残る4分の1を都道府県と市町村が等分で負担している（施設等給付費を除く介護給付費の場合）．また，子ども・子育て支援法に基づき設置されている認定こども園では，市町村が利用者負担額を決定し（上限額あり），国が定めた公定価格との差額分を施設型給付費として支出している．なお，この給付費の負担割合は，私立の場合に国が2分の1，都道府県と市町村が4分の1ずつ，公立（市町村立）の場合は市町村が全額負担である．

　以上のように，日本の社会福祉に関する費用の公費負担は，基本的に国，都道府県，市町村が分担する仕組みになっている．近年の傾向としては，地域福祉の充実や地方分権改革の推進によって，住民に身近な自治体（市町村等）の裁量が増えつつあり，それに応じた負担が求められるようになってきている．

4　日本の社会福祉財政のこれまでと現在

　現在の日本の社会福祉制度の出発点は第2次世界大戦後にさかのぼる．1946年に占領軍は日本政府に対して「SCAPIN775（社会救済）」を示し，「最低生活の維持」「無差別平等の処遇」「政府責任の明確化」等を盛り込んだ体制づくりを求めた．1951年までに社会福祉事業法，生活保護法，児童福祉法，身体障害者福祉法が整備され，その中に国の責任や公費負担の項目などが盛り込まれた．その後も法整備が進み，1960年代に福祉六法の成立をみたが，1970年代後半に経済成長の鈍化と社会保障関係費の増加が発生すると，施策の転換が叫ばれるようになった．老人福祉施設や障害者施設で利用料徴収方式の見直しや（2本立て徴収の導入），各制度における国・都道府県・市町村の公費負担割合の見直しが議論され，続く1990年代に社会福祉基礎構造改革の議論が本格化した．2000年代になると，介護保険料の徴収，医療制度改革による被保険者の費用負担割合の引き上げ，基礎年金保険料の段階的引き上げなどが行われた．いずれも，当事者にとってみれば負担増であるが，行政側から見れば社会保険方式の導入や利用者負担の引き上げによって財源を確保したことになる．

　そして近年，さらに新しい動きが出てきている．高齢者福祉の分野では，2015年の介護保険法改正施行により，「介護予防・日常生活支援総合事業」が創設され，住民主体の介護予防活動等に公費を投入できるようになった．また，2016年の社会福祉法改正で，社会福祉法人が費用等を負担する形で地域における公益的な取り組みを実施することとされた．これらは，積極的な地域福祉の推進策であると同時に，新しい財源確保策を示したものでもあると言えよう．

　以上のように，日本の社会福祉財政のあり方は変化を続けている．今後も，社会福祉ニーズの変化や財政事情の影響を受けながら変化していくと考えられる．

第3節　社会福祉現業機関と民間福祉活動

　社会福祉の実施主体には，大きく公的機関と民間とがある．

　公的機関は公営の施設・機関で，国・都道府県・市町村の行政組織，例え
ば福祉事務所や児童相談所などである．民間は経営主体が民間である私営の
施設・機関・団体や個人で，例えば社会福祉法人や株式会社などである．

　以下では，社会福祉施設の近年の推移と，社会福祉の実施主体の公的現業
機関として福祉事務所，児童相談所，身体障害者更生施設，知的障害者更生
施設，婦人相談所について，そして民間の社会福祉法人，社会福祉協議会，
特定非営利活動法人，営利企業（会社），民生委員・児童委員，ボランティ
アについて示すこととする．

図6-1　社会福祉の実施主体（施設）の経営主体別割合の推移

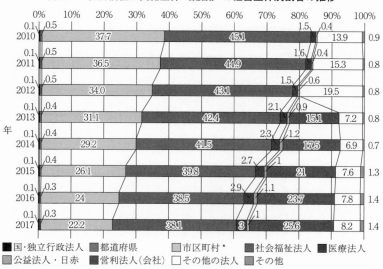

出所：厚生労働省（2011，2012，2014，2015，2016，2017，2018）^{1)〜8)}をもとに作成）＊「市区町村」に
　　　は，一部事務組合・広域連合を含む．

1　社会福祉施設の推移

　社会福祉の実施主体（施設）の経営主体別の割合について，経営主体別の結果が示され始めた2010年から2017年の8年間の推移をみると，公的機関と民間の割合について，年を追うごとに公的機関が減少し，民間が増加している．

　ここでの公的機関は国・独立行政法人，都道府県，市区町村，一部事務組合・広域連合であり，民間は，社会福祉法人，医療法人，公益法人・日赤，営利法人（会社），その他の法人，その他である[9]．それぞれ詳細には，公的機関では市区町村の割合が減少傾向にあり，民間では社会福祉法人が減少傾向，営利法人（会社）が増加傾向，医療法人が微増傾向にある（図6-1）．社会福祉基礎構造改革と，社会情勢の変化にともない，多様な実施主体の参入がうかがえる．

2　福祉事務所

　福祉事務所[10]は，社会福祉法第14条に規定されている「福祉に関する事務所」である．社会福祉六法（生活保護法，児童福祉法，母子及び父子並びに寡婦福祉法，老人福祉法，身体障害者福祉法，知的障害者福祉法）に定める援護，育成または更生の措置に関する事務を，住民と直接関わる第一線で行う社会福祉の行政機関である．

　都道府県と市（特別区を含む）には，設置義務があり，町村は任意で設置できることとなっている．

　1993（平成5）年4月に老人および身体障害者福祉分野で，2003（平成15）年4月に知的障害者福祉分野で，施設入所措置の事務が都道府県から町村へ移譲されたことから，都道府県福祉事務所では，従来の社会福祉六法から社会福祉三法（生活保護法，児童福祉法，母子及び父子並びに寡婦福祉法）に定める事務を行うこととなった．

　職員については，社会福祉法第15条に基づき，所長，指導監督を行う所員

（以下　査察指導員），現業を行う所員（以下　現業員），事務を行う所員が配置
されている．所長は，都道府県知事または市町村長（区長を含む）の指揮監
督を受けて，所務をとりまとめる．査察指導員は，所長の指揮監督を受けて，
現業事務の指導監督を司る．現業員は，所長の指揮監督を受けて，援護，育
成または更生の措置を要する者などの家庭訪問を行うなどして，面接を行い，
本人の資産，環境などを調査し，保護その他の措置の必要性の有無と種類を
判断し，本人に対して生活指導を行うなどの事務を行う．事務を行う所員は，
所長の指揮監督を受けて，福祉事務所の庶務を行う．このほかに，老人福祉
の業務に従事する社会福祉主事，身体障害者福祉司，知的障害者福祉司が配
置されている福祉事務所がある．

　所員の定数は，条例で定めることとされているが，現業員については，各
福祉事務所の被保護世帯の数に応じて定めることとされている．

　査察指導員および現業員は，上述の職務にのみ従事することが原則である
が，その職務の遂行に支障がない場合には他の社会福祉または保健医療に関
する業務を行うことができるとされている．民生委員・児童委員に関する事
務，児童扶養手当に関する事務などを行っている福祉事務所が多くなってい
る．

　福祉事務所の設置状況は2020（令和2）年4月1日現在，都道府県が206
か所，市（特別区含む）が999か所，町村が45か所，あわせて1250か所である．

3　児童相談所

　児童相談所[11]は，児童福祉法第12条に規定されている機関である．児童家庭
相談に関する一義的な相談窓口である市町村と適切な協働・連携・役割分担
を図りつつ，子どもに関する家庭その他からの相談に応じる．子どもが有す
る問題または子どもの真のニーズ，子どもの置かれた環境の状況などを的確
に捉えて，個々の子どもや家庭に適切な援助を行い，子どもの福祉を図ると
ともに権利擁護を行うことを主な目的としている．

　業務として，「市町村相互間の連絡調整，市町村に対する情報提供，市町

村職員の研修，その他必要な援助など」,「子どもに関する相談のうち，専門的な知識と技術を必要とするものに応ずる」,「子どもおよびその家庭の調査，判定，指導など」,「子どもの一時保護」,「里親に関する普及啓発，相談など」,「養子縁組に関する相談など」,「子どもおよび妊産婦の福祉に関し，広域的な対応が必要な業務と家庭その他につき専門的な知識・技術を必要とする支援」を行うこととされている．

　設置は，都道府県（指定都市を含む）に設置義務が課されており，2006（平成18）年4月から個別に政令で指定する市（児童相談所設置市），2017（平成29）年4月からは政令で指定する特別区も設置することができることとなった．

　規模は，人口150万人以上の地方公共団体の中央児童相談所はA級，その他児童相談所はB級を標準とする．組織構成は，総務部門，相談・判定・指導・措置部門，一時保護部門の3部門をもつことを標準とする．

　職員構成は，所長，次長（A級の場合），各部門の長のほか次の職員を置くことを標準とする．B級は，児童福祉司スーパーバイザー，児童福祉司，相談員，精神科医（嘱託可），小児科医（嘱託可）または保健師，児童心理司スーパーバイザー，児童心理司，心理療法担当職員，弁護士（「これに準ずる措置」可），その他必要とする職員．A級は，B級で定める職員のほか理学療法士など，臨床検査技師を置くとされている．

　児童相談所数は，2020（令和2）年7月1日現在で220か所である[12]．

4　身体障害者更生相談所

　身体障害者更生相談所[13]は，身体障害者福祉法第11条の規定により都道府県（身体障害者更生相談所を設置する指定都市を含む）が設置することとされている．

　設置にあたり留意すべき事項として，地域における身体障害者の実情，地理的条件（環境，交通の利便など）を考慮し，管轄区域内の身体障害者の更生援護事業の技術的拠点としての機能が十分発揮できる場所を選ぶこと，身

体障害者更生相談所の専門的機能を維持するため，医学的・心理学的・職能的判定に必要な診断器具などを備えることが挙げられている．

　身体障害者更生相談所の業務は，①身体障害者に関する専門的な知識・技術を必要とする相談，指導業務，②身体障害者の医学的・心理学的・職能的判定，補装具の処方，適合判定業務，③市町村が行う援護の実施に関し，市町村に対する専門的な技術的援助，助言，情報提供，市町村相互間の連絡調整，市町村職員に対する研修，その他必要な援助とこれらに付随する業務，④地域におけるリハビリテーションの推進に関する業務，⑤都道府県本庁の求めに応じ，身体障害の障害等級に関する医学的意見を述べること，⑥就職斡旋に関する公共職業安定所への紹介，である．

　職員は，所長，事務職員，身体障害者福祉司，医師，理学療法士，作業療法士，義肢装具士，言語聴覚士，心理判定員，職能判定員，ケースワーカー，保健師または看護師などの専門的職員が配置されることとなっている．身体障害者福祉司は市町村などに対する専門的技術的援助と助言や情報提供，市町村間の連絡調整，市町村職員に対する研修の企画運営などを担当する．ケースワーカーは相談，生活歴その他の調査を行うことを職務とする．

　身体障害者更生相談所数は，2020（令和2）年4月現在で77か所である[14]．

5　知的障害者更生相談所

　知的障害者更生相談所[15]は，知的障害者福祉法第12条の規定により都道府県（知的障害者更生相談所を設置する指定都市を含む）が設置することとされている．

　設置にあたり留意すべき事項として，地域における知的障害者の実情，地理的条件（環境，交通の利便など）を考慮し，管轄区域内の知的障害者の援護事業の技術的拠点としての機能が十分発揮できる場所を選ぶこと，知的障害者更生相談所の専門的機能を維持するため，医学的・心理学的・職能的判定に必要な診断器具などを備えることが挙げられている．

　知的障害者更生相談所の業務は，①知的障害者に関する専門的な知識・技

術を必要とする相談，指導業務，②知的障害者の医学的・心理学的・職能的判定業務，③市町村が行う援護の実施に関し，市町村に対する専門的な技術的援助，助言，情報提供，市町村相互間の連絡調整，市町村職員に対する研修，その他必要な援助とこれらに付随する業務，④地域生活支援の推進に関する業務，である．

　職員は，所長，事務職員，知的障害者福祉司，医師（精神科の診療に経験が深い者），心理判定員，職能判定員，ケースワーカー，保健師または看護師，理学療法士，作業療法士などの専門的職員を配置することとなっている．知的障害者福祉司は市町村などに対する専門的な技術的援助と助言や情報提供，市町村間の連絡調整，市町村職員に対する研修の企画運営などを担当する．ケースワーカーは相談，生活歴その他の調査を行うことを職務とする．

　知的障害者更生相談所数は，2020（令和2）年4月現在で86か所である[16]．

6　婦人相談所

　婦人相談所は，売春防止法第34条に基づいて都道府県に設置が義務付けられている．また，指定都市は婦人相談を設置することができるとされている．

　婦人相談所は同法同条3項に，性行または環境に照らして売春を行うおそれのある女子（以下　要保護女子）の保護更生に関する事項について，主に次の業務を行うものとされている．①要保護女子に関する各般の問題につき，相談に応ずること，②要保護女子とその家庭につき，必要な調査，医学的・心理学的・職能的判定を行い，これらに付随して必要な指導を行うこと，③要保護女子の一時保護を行うこと，である．

　2001（平成13）年からは，配偶者からの暴力の防止及び被害者の保護等に関する法律に基づく被害者保護・支援の役割が求められている．

　職員は，所長，判定をつかさどる職員，相談および調査をつかさどる職員，その他の業務を行うために必要な職員を置かなければならないとされている．判定をつかさどる職員は，医師または大学において心理学を専修する科目を修めた者，相談・調査をつかさどる職員は，社会福祉主事資格を有する者と

されている[17].

　婦人相談所における基本的な支援の流れは次のとおりである．①相談（本人からの電話・警察・福祉事務所・配偶者暴力相談支援センターなどから），②来所相談，③面接，④ケースの作成・記録・管理，⑤入所調整会議，⑥一時保護（一時保護はせず定期的な相談支援や施設入所の場合もある），⑦一時保護終了後の施設入所など（婦人保護施設，母子生活支援施設など）[18]，である．

　婦人相談所数は，2019（令和元）年11月末日現在，49か所である[19].

7　社会福祉法人

　第 2 次世界大戦後，日本国憲法（以下，憲法）第89条「公私分離の原則」により，民間施設への公的な財政支援が停止されたため民間施設の多くが休止に追い込まれ，公的機関だけでは極めて多くの生活困窮者に対応することが困難となった．そこで，「行政による社会福祉事業を民間社会福祉事業者へ委託し，必要な経費を支払うことは公私分離の原則や公的責任の原則に反しない」という憲法解釈が行われ[20]，「公の支配」のもとで公の関与が強く，高い公共性を持つ民間の法人として社会福祉法人が誕生した．

　社会福祉法人は，1951（昭和26）年に制定された社会福祉事業法（2000〈平成12〉年に社会福祉法に改正）の第22条に「社会福祉事業を行うことを目的として，この法律の定めるところにより設立された法人をいう」と規定されている．この第22条の社会福祉事業は，社会福祉法第 2 条に規定されており，第 1 種社会福祉事業と第 2 種社会福祉事業がある．第 1 種社会福祉事業は，「利用者への影響が大きいため，経営安定を通じた利用者の保護の必要性が高い事業（主として入所施設サービス）」，第 2 種社会福祉事業は，「比較的利用者への影響が小さいため，公的規制の必要性が低い事業（主として在宅サービス）」である．

　第 1 種社会福祉事業は社会福祉法第60条に「国，地方公共団体又は社会福祉法人が経営することを原則とする」と規定されている．第 2 種社会福祉事業は，第 1 種社会福祉事業と異なり制限はなく，すべての法人が届出をする

ことにより事業経営が可能となっている[21]（法人は法的人格の略）.

　社会福祉法人は民間であるが，憲法89条の「公の支配」のもとで運営がなされていることから措置委託事業への依存と行政指導による画一的サービス提供が主となる傾向にあった．社会福祉法人に対して，地域ニーズへの不十分な対応，不透明な財務状況やいわゆる内部留保に関する批判，ガバナンスの欠如，他の経営主体との公平性（イコールフッティング）といった課題が[22]指摘されるようになり，社会福祉法人のあり方の見直しが求められ，2016（平成28）年より厚生労働省において社会福祉法人改革が行われた．改革の主な内容は，①「経営組織のガバナンスの強化」議決機関として評議員会を必置．理事・理事長に対する牽制機能の発揮，②「事業運営の透明性の向上」定款・役員報酬基準などを閲覧対象とするなど，運営の透明性の確保，③「財務規律の強化」役員報酬基準の作成と公表，役員など関係者への特別の利益供与の禁止，いわゆる内部留保の明確化，社会福祉事業などへの計画的な再投資，④「地域における公益的な取組みを実施する責務」日常生活などに支援が必要な者に対して無料・低額の料金で福祉サービスを提供することを責務として規定，⑤「行政の関与の在り方」所轄庁による指導監督の機能強化，国・都道府県・市の連携推進，である[23]．

　社会福祉法人には地域社会に貢献する法人のあり方が求められており，住民の抱える様々な地域生活課題に対応を進められるようにするために，社会福祉連携推進法人（仮称）の創設などが示されている[24]．

8　社会福祉協議会

　社会福祉協議会は民間の「地域福祉の推進を図ることを目的とする団体」であり，社会福祉法に明記されている社会福祉法人である．

　社会福祉協議会の構成は，全国社会福祉協議会－都道府県社会福祉協議会－市区町村社会福祉協議会－地区社会福祉協議会である．全国社会福祉協議会，都道府県社会福祉協議会，市区町村社会福祉協議会は，社会福祉法人であるが，地区社会福祉協議会は，住民組織であって法人格を有していない．

　また，市区町村社会福祉協議会・地区社会福祉協議会，都道府県社会福祉協議会は，それぞれ社会福祉法第109条と第110条に「地域福祉の推進を図ることを目的とする団体」と明記されている．ボランティア活動の振興や権利擁護など，地域福祉の推進を図る事業を多岐にわたって実施している．

　創設は，戦後，日本社会事業協会，全日本民生委員連盟，同胞援護会の3団体が統合されておこなわれ[25]，1951（昭和26）年施行の社会福祉事業法に規定された．社会福祉協議会の財源は，行政からの補助金・委託金，共同募金からの配分金，会費や寄付などである．2000（平成12）年の介護保険法施行後は，多くの社会福祉協議会が介護保険事業を実施している．

9　特定非営利活動（NPO）法人

　「NPO」とは「Non Profit Organization」または「Not for Profit Organization」の略称である．さまざまな社会貢献活動をおこない，得られた収益を団体の構成員に分配することを目的としない団体の総称である．

　特定非営利活動法人（NPO）は，特定非営利活動促進法にもとづき法人格を取得した法人である．活動分野は福祉，教育・文化，まちづくり，環境，国際協力など20分野にわたる．NPO法人の設立には，法律に定められた必要書類を所轄庁に提出し，設立の認証を受ける必要がある．また，一定の基準を満たすものとして，所轄庁の認定を受けた法人は，認定NPO法人となり，税制の優遇措置を受けられる[26]．

　2011（平成23）年の特定非営利活動促進法の改正後，認定数は急速に増加し，今後も着実な増加が期待されている．認証数は2020（令和2）年5月末現在で5万1182件，認定法人数は1163件である．認証数・認定数ともに東京・神奈川といった首都圏や大阪・愛知・福岡などの大都市圏で多い[27]．

　内閣府（2018）「平成29年度特定非営利活動法人に関する実態調査報告書」によると，認定・特例認定法人，認定を受けていない法人ともに「保健，医療または福祉の増進を図る活動」が最も高い割合であった．抱える課題については，全体で最も割合が高かったのが「人材の確保や教育」，次に「収入

源の多様化」,「後継者の不足」の順であった[28].

10　営利法人（会社）

　厚生労働省（2014）によると，2012（平成24）年度の介護付有料老人ホーム，住宅型有料老人ホームの法人種別で，ともに株式会社の割合がもっとも高く，それぞれ79.7％と47.3％であった[29]. また PwC コンサルティング合同会社（2019）によると，2018（平成30）年の介護付有料老人ホーム，住宅型有料老人ホームの法人種別で，ともに株式会社の割合がもっとも高く，それぞれ79.8％と56.1％であった[30]. 社会福祉基礎構造改革によってサービス提供組織の多元化が図られ，営利法人の社会福祉分野への参入が顕著となった.

11　ボランティア

　ボランティアは，自らの意志で活動に参加する人ととらえられ，またボランティア活動の性格は，自発性，社会性，無償性といわれている[31].

　全国社会福祉協議会によると，ボランティア団体数は2014（平成26）年の26万9964団体をピークに減少傾向にあり2018（平成30）年4月現在17万7028団体である. ボランティア総数は2011（平成23）年の867万8790人をピークに減少傾向であるが，2018（平成30）年4月現在は前年より61万290人増加して767万8699人である[32].

　全国ボランティア活動実態調査によると，メンバーの年齢層は「60代」が82.6％ともっとも多く，職業は「主婦・主夫（仕事をもっていない男性）」（79.3％）がもっとも多い. 活動の分野は「高齢者の福祉活動」が36.3％ともっとも多く，他に「障害者の福祉活動」,「地域の美化・環境保全に関する活動」,「まちづくりなどに関する活動」などの分野が多い. ボランティア活動の財政基盤である助成金・補助金・委託金の交付元は,「社会福祉協議会」が多く，その割合は6割を超える. 利用がもっとも多かったボランティア活動支援機関・団体は「社会福祉協議会（ボランティアセンター）」であり，約8割の団体・グループが利用している.

　現在，活動を困難にしている原因として，「メンバーが高齢化している」，「新しいメンバーが集まらない」が挙げられている[33]．

12　民生委員・児童委員

　民生委員制度は，1917（大正6）年に岡山県ではじまった済世顧問制度，1918（大正7）年の大阪府で創設された方面委員制度がはじまりとされている．1948（昭23）年に成立した民生委員法を根拠法とし，児童福祉法における児童委員を兼務する．また，給与を支給されないボランティアであって任期は3年，定数は厚生労働大臣が定める基準による．2019（令和元）年の民生委員・児童委員の定数は23万8349人，委嘱数は23万739人であった[34]．

　民生委員の職務は民生委員法第14条に明示されている．「1　住民の生活状態を必要に応じ適切に把握しておくこと．2　援助を必要とする者がその有する能力に応じ自立した日常生活を営むことができるように生活に関する相談に応じ，助言その他の援助を行うこと．3　援助を必要とする者が福祉サービスを適切に利用するために必要な情報の提供その他の援助を行うこと．4　社会福祉を目的とする事業を経営する者又は社会福祉に関する活動を行う者と密接に連携し，その事業又は活動を支援すること．5　社会福祉法に定める福祉に関する事務所，その他の関係行政機関の業務に協力すること．また，民生委員は，前項の職務を行うほか，必要に応じて，住民の福祉の増進を図るための活動を行う」ことである．

　また，児童委員の職務については，児童福祉法第17条に明示されている．「1　児童及び妊産婦につき，その生活及び取り巻く環境の状況を適切に把握しておくこと．2　児童及び妊産婦につき，その保護，保健その他福祉に関し，サービスを適切に利用するために必要な情報の提供その他の援助及び指導を行うこと．3　児童及び妊産婦に係る社会福祉を目的とする事業を経営する者又は児童の健やかな育成にかんする活動を行う者と密接に連携し，その事業又は活動を支援すること．4　児童福祉司又は福祉事務所の社会福祉主事の行う職務に協力すること．5　児童の健やかな育成に関する気運の醸

成に努めること． 6　前各号に掲げるもののほか，必要に応じて，児童及び妊産婦の福祉の増進を図るための活動を行うこと」である．

13　民間福祉活動の課題

　戦後から社会福祉基礎構造改革までの間，日本の民間の社会福祉の実施主体は，憲法89条「公私分離の原則」のもとで特別な存在として創設された社会福祉法人と，ボランティアといった個人の活動が主であった．少子高齢化の急速な進展，グローバル化などによる社会の変化によって，社会福祉のあり方が変化し，営利法人やNPO法人の参入がみられるようになり，実施主体における公的機関の割合は減少し，民間の割合が増加し続けている．

　営利企業の場合，収益が見込めなければ市場から撤退するという選択をする．このことはサービス提供が途絶えてしまうことになり，サービス利用者にとってはおおきな問題である．一方，非営利の民間福祉活動の場合，たとえばボランティア活動においてメンバーが集まらない，後継者が見つからないといった理由で，NPO法人でも人材確保や後継者不足，収入源の問題などという理由から活動の継続が不可能となり，活動が休止される危うさをはらんでいる．このようなことから，営利，非営利を問わず活動の継続性をいかに担保するかという課題がある．

注
1)　厚生労働省（2011）「平成22年社会福祉施設等調査結果の概況」．
2)　厚生労働省（2012）「平成23年社会福祉施設等調査結果の概況」．
3)　厚生労働省（2014）「平成24年社会福祉施設等調査結果の概況」．
4)　厚生労働省（2015）「平成25年社会福祉施設等調査結果の概況」．
5)　厚生労働省（2015）「平成26年社会福祉施設等調査結果の概況」．
6)　厚生労働省（2016）「平成27年社会福祉施設等調査結果の概況」．
7)　厚生労働省（2017）「平成28年社会福祉施設等調査結果の概況」．
8)　厚生労働省（2018）「平成29年社会福祉施設等調査結果の概況」．
9)　厚生労働省「社会福祉施設等調査　用語の解説」．
10)　厚生労働省（2020）「福祉事務所の設置状況」．
11)　厚生労働省（2020）「児童相談所運営指針について（子発0331第3号 令和2

年 3 月 31 日）」.

12)　厚生労働省（2020）「全国児童相談所一覧（令和 2 年 7 月 1 日現在）」.

13)　厚生労働省（2003）「身体障害者更生相談所の設置及び運営について（障発0325001号　平成15年 3 月25日）」.

14)　厚生労働省（2019）「令和元年版障害者白書（全体版 HTML 形式）付録 7 」.

15)　厚生労働省（2003）「知的障害者更生相談所の設置及び運営について（障発0325002号　平成15年 3 月25日）」.

16)　14）に同じ.

17)　昭和32年政令第56号　婦人相談所に関する政令

18)　厚生労働省（2018）「婦人相談所ガイドライン」.

19)　厚生労働省（2018）「全国の婦人相談所一覧」.

20)　社会福祉法令研究会（2003）『社会福祉法の解説』 9 , 中央法規出版.

21)　厚生労働省「生活保護と福祉一般：第 1 種社会福祉事業と第 2 種社会福祉事業」.

22)　厚生労働省（2014）「社会福祉法人制度の在り方について」.

23)　厚生労働省（2016）「社会福祉法人制度改革の施行に向けた全国担当者説明会資料」.

24)　厚生労働省（2019）「社会福祉法人の事業展開等に関する検討会報告書」.

25)　全国社会福祉協議会「100年のあゆみ〜昭和後期①」.

26)　内閣府（2014）「NPO の基礎情報」.

27)　内閣府「NPO 統計情報　認証・認定数の遷移及び県別認証・認定数【印刷用】」.

28)　内閣府（2018）「平成29年度特定非営利活動法人に関する実態調査報告書」.

29)　厚生労働省（2014）「第 6 回社会福祉法人の在り方等に関する検討会　資料 1 」.

30)　PwC コンサルティング合同会社（2019）「高齢者向け住まいにおける運営実態の多様化に関する実態調査研究報告書」10.

31)　早瀬昇（2004）「ボランティア」大阪ボランティア協会編『ボランティア・NPO 用語辞典』 2 , 中央法規出版.

32)　全国社会福祉協議会（2019）「ボランティア人数の現況及び推移」.

33)　全国ボランティア・市民活動振興センター（2010）「全国ボランティア活動実態調査報告書」全国社会福祉協議会.

34)　厚生労働省（2017）「民生委員・児童委員参考データ _IFC」.

参考文献

伊藤周平（2007）『権利・市場・社会保障―生存権の危機から再構築へ』青木書店.

厚生労働省ホームページ「厚生労働省の組織」
　　https://www.mhlw.go.jp/kouseiroudoushou/shigoto/index.html2020/6

社会福祉士養成講座編集委員会編（2017）『新・社会福祉士養成講座10福祉行財政と福祉計画 第 5 版』中央法規出版.

社会福祉の動向編集委員会（2020）『社会福祉の動向2020』中央法規出版.

成清美治 編著（2020）『社会福祉』学文社.

菊池正治ほか（2003）『日本社会福祉の歴史：付・資料〔改訂版〕』ミネルヴァ書房.

厚生労働省編『厚生労働白書（平成17年版，平成22年版，平成27年版，平成30年版），令和 2 年版』

渋谷博史ほか（2014）『21世紀の福祉国家と地域 4　福祉国家と地方財政』学文社.

総務省（自治省）編『地方財政白書（平成 4 年版，平成 9 年版，平成14年版，平成19年版，平成24年版，平成29年版，令和 2 年版）』

第7章 社会福祉援助の体系と担い手

第1節 ハード福祉とソフト福祉

1 社会福祉の制度・政策と実践・技術

　人間は生きている間に，いろいろな生活問題や社会福祉問題に悩まされることがある．たとえば，経済上の困難，保育や療育上の問題，思わぬ疾病上の問題，心身の障害，寝たきりなどの介護にかんする問題，ひとり親家庭の問題など，じつにさまざまな問題に悩んだり，苦しんだりする場合がある．

　こういったときには，公立・民間を問わず，何らかの社会福祉機関・医療機関・相談機関などを訪ねて，いろいろなケアや援助を求めることになる．こういった保健・医療・福祉の専門機関においては，人びとのさまざまなニーズに応えるケアサービスを提供してくれるであろう．また，人びとがもつさまざまなケアニーズの背後には，家庭，地域社会，社会福祉制度や政策が不足していたり，不十分である場合も考えられる．そのさいには，行政などに働きかけたり，ケアニーズに合致する制度や政策を社会的に作っていこうとする活動が必要かもしれない．

　一般的には社会福祉の分野においては，いわゆる社会福祉六法（生活保護法，児童福祉法，身体障害者福祉法，知的障害者福祉法，老人福祉法，母子及び父子並びに寡婦福祉法）と，その関連法などによって提供される現金給付，現物給付が，生活問題をもつ人びとやその家族によって利用されることになる．これらは社会福祉制度や社会福祉政策として運用されているものである．

　とくに近年においては，保健・医療・福祉にまたがるケアニーズが増加し

てきており，これらが連携を保ちながら，サービス提供につながる局面がおおきくなってきた．いわゆるサービス提供における保健・医療・福祉のネットワークが急務となってきている．

　一方で，社会福祉サービスは，人間主体としての利用者の人間性をしっかりと尊重しながら，そのニーズを的確にとらえ，援助者（ソーシャルワーカー）がもっとも適切かつ有効にサービスを提供することによって，はじめて生かされてくるものである．援助者は，なんらかの生活困難におちいっていたり，利用者のかかえる生活課題について，よく傾聴し，理解を深めると同時に，利用者のもっている内面的世界や人間的感情についても，きちんとした態度で接していくことが求められる．

　援助者は，社会福祉制度や社会福祉政策，さらにはそれらを現実化したサービスメニューである社会福祉事業などの枠組みのなかで，相談援助，社会福祉実践，社会福祉援助技術（いずれも広い意味でのソーシャルワーク）を適切に活用，運用していくことが求められる．英語圏においては，わが国の社会福祉制度や社会福祉事業などを対人福祉サービス（パーソナル・ソーシャル・サービス，Personal Social Service）と呼んでいる．「パーソナル」という用語には，対人的，個別的，個人的，人格的といった意味があるが，要するに利用者と援助者とのあいだの人間的な深いつながりを示している．利用者と援助者の密度の濃いコミュニケーションが，社会福祉実践，社会福祉援助技術，相談援助の本質であり，このあり方によって社会福祉制度，社会福祉政策，社会福祉事業の意義がまったく異なってくる．対人福祉サービスを，ヒューマンサービス，対人援助サービス，ときには対人援助などと簡単にいうこともあるが，利用者と援助者との深い信頼関係（ラポール）を基盤として，社会福祉サービスが援助者（ソーシャルワーカー）という人手を介してなされることについては，よく理解しておくことが求められる．

2　対人福祉サービスと社会福祉援助技術

　対人福祉サービスは，社会福祉制度，社会福祉政策，社会福祉事業などの

現金給付，現物給付などのサービスメニューを，相談援助，社会福祉実践，社会福祉援助技術（ソーシャルワーク）を活用して，利用者の生活課題を解決もしくは軽減する活動である．社会福祉実践と社会福祉援助技術と相談援助とは，いずれもソーシャルワークの日本的用語である．この3つは，一般的にいってほぼ同義語として用いられており，広く保健・医療・福祉を中核とした活動形態や実践活動を総称的にいう場合に用いられ，技術や実践そのものを意味している．

　少子高齢社会，超少子超高齢・人口減少社会，あるいは家族規模の縮小や核家族化などが進行している現代においては，家族の育児力や介護力がいちぢるしく低下してきている．

　そうした状況のなかで援助が必要な人びとは，その生活問題について社会福祉機関・施設，医療機関，教育機関などの専門機関・病院・施設などに相談することになる．それらの機関・施設には福祉専門職（ソーシャルワーカー）をはじめ，各種の専門職がいて，利用者や患者などに積極的にかかわり，問題の解決，軽減のために尽力する．こういった流れを表わすと，図7-1のようになる．

　これをコンピューターの操作にたとえれば，その本体やプリンターであるハードウェア福祉（以下，ハード福祉という）と，プログラミングや処理などであるソフトウェア福祉（以下，ソフト福祉という）の2つの局面がうまく組み合わされて援助されることが必要である．ここでいうハード福祉とは，広い意味での社会福祉制度，社会福祉政策，社会福祉事業であるが，具体的には現金給付，現物給付のいずれかのサービスメニューである．

　それらのサービスメニューは，保健・医療・福祉にかかわる諸制度，諸施策であるから，わが国の場合においても相当数にのぼるであろう．さらに，住宅リフォーム，バリアフリー設計，道路の段差解消，ユニバーサルデザインなどの建築や都市計画上の配慮なども含まれてくる．今後とも，ハード福祉，つまりさまざまな生活問題をかかえる人びとのためのサービスが増加すると予測されるが，ときにはその開発や充実なども必要となってくるであろ

図7-1　ハード福祉とソフト福祉

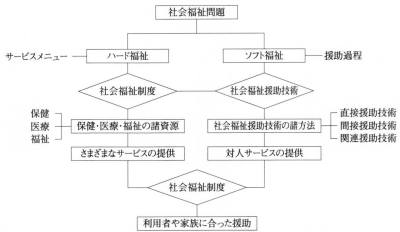

出典：小田兼三（2005）「社会福祉の諸相」小田兼三・宮川数君編著
『社会福祉援助技術論』10, 勁草書房.

う.

　一方，ソフト福祉は利用者の援助過程にかかわる相談援助，社会福祉援助技術（ソーシャルワーク）の諸技術の総称である．具体的には個別援助技術（ケースワーク）などの直接援助技術，地域援助技術（コミュニティワーク）などの間接援助技術，ネットワークなどの関連援助技術に大別されるが，いずれの援助技術も対人的，対面的な人間関係のコミュニケーションによって提供されるという共通点がある.

　すなわち，ソフト福祉はさまざまな利用者へのサービスメニュー（ハード福祉）の提供の仕方や援助過程そのものであり，社会福祉の個別化，対人関係の調整，利用者と援助者の人間関係などのかかわりである．たとえば，アルコール依存症にかかわる援助者は，ただたんに生活保護の支給，専門病院や専門施設利用などのサービスメニューや社会資源の適用にとどまらず，人間としてのアルコール依存症者を対象として，傾聴などの相談援助，社会福祉援助技術を活用しながら，その内面性の諸課題の解消に向けた任務を遂行

するという役割をはたしていく.

　ときには，援助者はアルコール依存症者の心の不安，精神的な痛手や挫折にともなう寂しさ，孤独など，援助対象者である利用者の心の叫びにも似た感情や心の動揺を受け止める役割をはたす. 相談援助，社会福祉援助技術は，ソフト福祉の代名詞として，利用者という生きた人間，感情と知性が混乱した状態にある悩める人間にたいして，これまた生身の人間である援助者が対人福祉サービスを展開するのである.

　このように，援助者としてのソーシャルワーカーは，ハード福祉とソフト福祉を統合・調整しながら，利用者やその家族，ときには地域社会やより広域的な地方自治体などに，いろいろな生活問題，社会福祉問題にアプローチし，サービスを提供していく.

　したがって，直接的に利用者にかかわる援助者も，間接的なサービス提供者も，生活問題や社会福祉問題について多面的に理解する視野の広さとともに，利用者の人間性を十分に尊重するという前向きな態度が求められるのである. また，ソフト福祉となる相談援助，社会福祉援助技術（ソーシャルワーク）が，ハード福祉と緊張関係をもちつつ，統合されるという全体像についての理解が忘れられてはならないであろう.

3　社会福祉援助技術の専門性と倫理

　福祉専門職（ソーシャルワーカー）がおこなうあらゆる活動は，第1に専門職の価値と倫理，第2に専門知識，第3に専門技術，の3層構造によって成り立っている.

　図7-2に示されるごとく，専門職の価値と倫理がもっとも基底となる層である. 専門職の価値とは，利用者の基本的人権を尊重し，利用者自身の自己実現を援助者であるソーシャルワーカーが支援していくものであり，専門職者にとってもっとも根本的な位置を占めている. 福祉専門職の倫理は，価値と密接に結びついており，本来は価値と倫理は一体的なものといえる.

　つまり，福祉専門職の倫理とは，価値から出てくるもので，利用者の人間

図7-2　専門性を構成する3つの要素

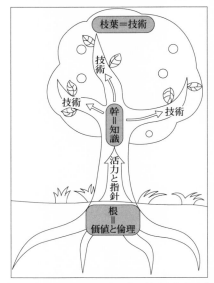

出典：川村隆彦（2003）「ソーシャルワーカーの専門性の構造」福祉士養成講座編集委員会編『新版社会福祉援助技術論 I　第2版』44, 中央法規出版.

性の尊重，利用者の人間としての尊厳，個人情報保護の立場からのプライバシーの尊重や守秘義務といった内容である．いわば福祉専門職の価値から導かれる規範と指針である．

　このような価値と倫理は，1人ひとりが身につけ，深く受け止めて，自己の担当する利用者をみる態度に表わされるものである．しかし，いかに専門職といえども，自分1人でこのような倫理を完全に身につけ，利用者との面接などに反映させることが困難な場合も考えられる．

　そこで，福祉専門職の職能団体が倫理綱領を明文化して，相互のチェックを可能にするための工夫がなされている．日本ソーシャルワーカー協会などの倫理綱領は，その代表的なものである．

　ついで，専門知識とは，福祉専門職として理解しておくべき内容であり，社会福祉の理念，社会福祉にかかわる法律，制度，政策などがある．と同時

に，ときには問題行動をおこなう利用者を理解するため，人間の発達と行動，心理面への理解が必要となる．また，比較的に社会福祉の利用者になりやすい高齢者，障害者，病人，児童，女性，貧困者などの生活についての知識なども必要になってくるであろう．

専門技術とは，個人や家族，集団，地域社会などを対象としたさまざまなソーシャルワークの技術である．そのなかでももっとも大切なのは傾聴の技法などの面接技法であろう．もちろん，その他にもソーシャルワーク独自の技術が多くあるので，それらを使いこなせる専門性の高さということも，大切なポイントである．

このように，福祉専門職は価値と倫理，専門知識，専門技術の 3 層構造となっている．もしこの専門性を構成する 3 つの要素を木にたとえるならば，根の部分にあたるのが専門職の価値と倫理であり，幹の部分が専門知識，そして枝葉の部分が専門技術であるといえよう．

専門職の価値と倫理は，地中に張った根のように，目には見えないが，非常に重要な位置にある．価値と倫理は，援助者（ソーシャルワーカー）が行動するさいの動機づけや活力，また方向性を示唆してくれる．価値と倫理という根がなければ，援助者はさまざまな偏見や差別，不正，虐待，暴力，汚職などの非人間的な状態に追いこまれやすいのである．

第 2 節　社会福祉援助技術の体系

1　社会福祉援助技術

社会福祉は「制度としての社会福祉」と「実践としての社会福祉」の 2 つから成り立っている．「制度としての社会福祉」は日本国憲法第25条の生存権と国の社会的使命の規定のもと，児童福祉法，身体障害者福祉法，生活保護法，知的障害者福祉法，老人福祉法，母子及び父子並びに寡婦福祉法といったいわゆる福祉六法を柱とした諸制度のことを指し，社会福祉活動にあた

っての枠組みとなっている.

　一方,「実践としての社会福祉」は法制度の枠組みの中で, 実際に援助活動を行っていくことである. そして, これらの社会福祉の実践活動のことをソーシャルワーク, その実践者のことをソーシャルワーカーと呼んでいる. わが国において, 初の福祉系国家資格は社会福祉士及び介護福祉士法(1987年)に基づく社会福祉士と介護福祉士であり, このうちソーシャルワークを担うのは社会福祉士である. そして, 当時の社会福祉士の教育養成カリキュラムにおいてソーシャルワークに対応する言葉として「社会福祉援助技術」という用語が用いられた.

　ソーシャルワークには問題の対象や内容, 状況に応じた体系と種類がある. 大別すると, 個人や集団に直接働きかけることによって援助していく直接援助技術, 人々を取り巻く環境へ働きかけ, 側面から間接的な援助をしていく間接援助技術, ソーシャルワークに隣接した領域の援助技術を活用していく関連援助技術の3つからなる. さらに, 各援助技術は例えば, 直接援助技術はケースワークとグループワーク, 間接援助技術はコミュニティワークというようにさらに分類される(表7-1参照). 以下にこれらの概要について説明する.

2　直接援助技術

(1)　ケースワーク

　個人やその家族を対象とし, 面接や協働を通して生活課題の解決や緩和を目指し, 個別的に支援していく技術のことである. 対象者と支援者が専門的な援助関係をつくり, 環境調整を図り, 対象者の問題解決能力を引き出し高めることがケースワークの目的となる.

(2)　グループワーク

　グループのもつ力をソーシャルワークとして利用したものがグループワークである. グループワークとはグループダイナミクス(集団力学)とかプロ

表7-1　社会福祉援助技術の体系と内容の構成

	援助技術レパートリー	主要技法	対象	目標	特性
直接援助技術	個別援助技術 （ケースワーク）	面接	個人・家族・関係者	ニーズの充足・社会生活の維持と向上への支援	社会福祉サービスの提供と活用・環境調整
	集団援助技術 （グループワーク）	グループ討議・利用者相互の話し合い	小グループ・関係者	小グループとメンバーの共通課題達成への支援	グループ活動とプログラムの展開
間接援助技術	地域援助技術 （コミュティワーク）	協議会活動・地域福祉活動構成メンバーによる話し合い	地域住民と地域組織の関係者	地域福祉課題の解決と住民組織化への支援	地域福祉サービスの提供と地域福祉活動の展開
	社会福祉調査法 （ソーシャルワーク・リサーチ）	統計調査技法・事例調査技法・テストなど	個人・家族・住民・社会福祉従事者・関係者	ニーズ把握とサービス評価・施策改善への情報提供	ニーズとサービスの適合性の整備・フィードバック
	社会福祉運営管理 （ソーシャル・ウェルフェア・アドミニストレーション）	運営協議会・各種委員会活動	運営管理者・社会福祉従事者・利用者・関係者	サービスの計画・運営改善とニーズのフィードバック	運営管理者・社会福祉従事者・利用者の参加と協働
	社会活動法 （ソーシャルアクション）	集会・署名・請願・陳情・交渉・デモ・裁判など	当事者グループ・ボランティア・一般市民・関係者・社会福祉従事者	社会福祉サービス改善向上・施策策定・社会改善	世論の喚起・参加と協働・立法や行政的対応の促進
	社会福祉計画法 （ソーシャル・ウェルフェア・プランニング）	地域福祉推進計画・会議活動	施設機関・行政・住民・社会福祉従事者・関係専門家	地域福祉ビジョンの策定・課題・実施計画の立案	ノーマライゼーション・統合化・参加と連帯
関連援助技術	ネットワーク	社会福祉サービス調整会議活動	個人・家族・社会福祉従事者・ボランティア・関係者	支援組織の育成と地域福祉の展開	ミクロからマクロの支援組織網の整備と推進
	ケアマネジメント	支援サービス担当者会議	個人・家族・社会福祉従事者・関係者	利用者中心のサービス提供計画と運営の推進	ニーズとサービスの適合化・サービスシステムの整備
	スーパービジョン	面接・グループ討議	社会福祉従事者・社会福祉訓練受講生	従事者支援・支援方法の検討と評価・業務遂行訓練	社会福祉従事者訓練と教育・専門性の維持と向上
	カウンセリング	面接・グループ面接	個人・家族・小グループ	心理的・内面的・個人的問題の解決	対人援助と社会的適応
	コンサルテーション	相談・協議	社会福祉従事者	隣接関連領域の専門家と助言と協議	学際的支援知識の活用と協働体制の構築

出典：太田義弘（2003）「社会福祉援助技術の体系と内容の構成」社会福祉士養成講座編集委員会，『新版 第2版 社会福祉援助技術論Ⅰ』133，中央法規出版．

グラム活動によるメンバー間の相互作用を通して，問題解決や自己の成長と発達を図る専門的援助技術のことである．

3　間接援助技術

（1）　コミュニティワーク

地域で起きている共通した生活問題や課題，ニーズを明らかにし，それらの解決，改善のために住民が主体となって取り組むことができるように，側面的な援助を行っていくための技法のことである．実施にあたっては，必要に応じて個別での相談援助やグループ支援などを行うこともあるので，ケースワーク，グループワークなどの援助技術も必要である．

（2）　社会福祉調査法（ソーシャルワーク・リサーチ）

社会調査の応用分野の1つで，統計調査技法，事例調査技法，テスト法などを用いて社会福祉問題に関するデータを収集，整理，分析し潜在するニーズや新たな課題などを把握するための援助技術である．事実や統計的データといった科学的・客観的な根拠を得ることで実践活動の改善を図っていく．

（3）　社会福祉運営管理（ソーシャル・ウェルフェア・アドミニストレーション）

社会福祉運営管理は，広義では国や地方自治体での社会福祉政策を含む社会福祉全体の運営管理を指し，狭義では社会福祉サービスを提供する機関や社会福祉施設の運営管理を指す．例えば，社会福祉施設を利用する利用者に提供するサービスの向上を図ったり，「ヒト，モノ，カネ，トキ（時間），シラセ（情報）」などの経営資源を活用し，人員体制の見直しや労働条件の改善，職員の専門性の向上を図るといった取り組みがある．

（4）　社会活動法（ソーシャルアクション）

世の中で発生するさまざまな社会福祉問題に対し，社会福祉関係者や当事

者などが組織化を図り，世論の喚起，陳述活動，署名活動，住民投票の要求などを展開し，社会福祉制度やサービスの新設，改善をしていこうとする運動，活動法のことである．

(5)　社会福祉計画法（ソーシャル・ウェルフェア・プランニング）

社会福祉調査法などにより得られた結果をもとに，社会福祉問題の解決やニーズの充足のための目標設定を行い，達成するための具体的方策を示した計画の策定を行うための技術，方法のことである．

4　関連援助技術

(1)　ネットワーク

福祉事務所，児童相談所，保健センター，病院，保育所などの保健・医療・福祉関係機関や施設などのフォーマルなつながりと，家族，友人，地域住民などのインフォーマルなつながりを活用して社会的支援ネットワークを築いていく技術である．特に，インフォーマルな人々のもつ力を引き出し，それが発揮できるようなつながりを支援することが重要となる．

(2)　ケアマネジメント

クライエントの多様なニーズを把握し，社会資源から適切なものを組み合わせながら一体的なサービス提供を行うなど，効果的なサービスのマネジメントを行う技術である．わが国では2000年4月から始まった介護保険制度により，介護支援専門員（ケアマネジャー）が制度化され，介護サービス計画（ケアプラン）の立案などを担っている．

(3)　スーパービジョン

社会福祉施設や機関などにおいて，熟練の専門職者が経験の浅い職員に対し，助言，指導を行う援助方法のことである．その分野の知識，経験，技術をもってスーパーバイスをする者をスーパーバイザー，それを受けるもの

をスーパーバイジーという．

(4)　カウンセリング

　心理的な問題を抱えるクライエントに対し，面接などを通して援助していく援助方法である．ケースワークが面接などで社会資源を活用しながら環境調整を図る援助であるのに対し，カウンセリングはクライエントの内面にアプローチし社会生活への適応を図っていく．

(5)　コンサルテーション

　ソーシャルワークを用いても解決が難しい問題に対し，保健・医療・教育など他分野の専門職者などから助言，指導を受けることをいう．スーパービジョンと似ているが，コンサルテーションには教育や管理的機能を持たない点で異なる．

　以上，ソーシャルワークの体系と種類について概観した．これらの援助技術は個々に独立したものではなく，互いに関連しながら援助が展開されるものである．また，近年は方法論の統合化が重視されてきており，ケースワーク，グループワーク，コミィニティワークなど個別にとらえるのではなく，これらの共通基盤を明らかにし，一体的にとらえる試みがなされてきている．

第3節　直接援助技術

　本節においては，直接援助技術にあたる個人や家族への支援（ケースワーク）や集団を活用した支援（グループワーク）をおこなう上で必要な技術の歴史的発展や展開過程，主な原則ついて整理する．

1　個人や家族への支援（ケースワーク）

(1)　歴史的発展

個人や家族への支援をおこなう上で必要な技術は，1910年代から20年代に

かけてリッチモンド（Richmond, M.）によって「ケースワーク」として体系化され，これまで様々な学問や実践理論などによる影響を受けながら発展してきた．

　1920年代には，精神医学や精神分析学に影響を受けて発展した方法論が「診断主義アプローチ」として展開され，1930年代から40年代にかけてはそれらへの批判から意志心理学に影響を受けて登場した「機能主義アプローチ」も展開された．その後それら両者の間で論争が続くが，より社会問題に対応できるようそれぞれの観点から両者の理論を統合化しようとする動きが見られ，1960年代には折衷理論としてパールマン（Perlman, H.）の提唱した問題解決アプローチ等が登場した．

　そして1970年代から近年にかけては，人と環境が相互に影響し合っているとする人と環境の交互作用を重視していくという「生活モデル」が主流となった．近年では，そうした考え方を基盤としながら，従来から体系化されてきた方法論を統合化した「ジェネラリスト・ソーシャルワーク」が主流となっている．

　ここではシステム理論の考え方が大きく影響を及ぼし，個人や家族への支援（ミクロレベル）や，集団を活用した支援（メゾレベル），地域への支援（マクロレベル）など，それぞれへの働きかけを総合的かつ包括的におこなっていくことが重視されている．

（2）　展開過程

　個人や家族への支援（ケースワーク）における展開過程は，主に次の1）〜8）のような段階を経て行われる．

　1）　インテーク

　　　初期段階での相談場面が，インテーク（受理面接）となる．この過程では，クライエントの主訴を傾聴し，クライエントの求めるディマンドや解決すべき問題について明らかにする．この際，背後にあるニーズや感情をも理解するように心がけ，類別化（スクリーニング）しながら当

面取り組んでいく方向性を見出していくことになる.

2）　アセスメント

　　アセスメントとは，クライエントが抱える問題の解決に際し，事前に情報を収集して総合的に分析し，問題解決のための目標やその方法などについて判断していく「事前評価」の過程となる．クライエントやその家族の解決すべき課題や要求を明らかにし，支援目標の設定，ニーズ確定などが行えるよう，幅広い情報収集や客観的な分析などが求められる.

3）　プランニング

　　プランニングとは，アセスメントを踏まえて問題解決へ向けての目標や援助方法を具体的に設定し，効果的な支援につなげていく過程となる．解決すべき問題や目標，支援方法等に優先順位をつけ，目標の達成や問題解決のために必要な最も効果的かつ適切であると思われる支援方法や実施機関・専門職，社会資源等も考慮して計画を立てていくことが求められる.

4）　インターベンション

　　インターベンションとは，プランニングにおいて設定した目標に向けて具体的な支援方法を実行に移していく段階となる．この過程では，クライエントに対して様々な介入が行われることになる．この際ソーシャルワーカーには，様々な技術を活用しながら，クライエント自身やその家族といった当事者の理解や参加を得ながら進めることはもちろんのこと，その他クライエントを取り巻く様々な社会資源との連携と協働を維持しながら，支援を進めていくことが求められる.

5）　モニタリング

　　モニタリングとは，クライエントに対する支援を開始した後，援助を展開している間に目標通りに計画が進行しているかどうかを把握する過程となる．その中でクライエントの状況を観察したり評価したりしながら，継続的に支援方法や計画等の見直し（再アセスメント）をおこなっていくことになる.

6)　エバリュエーション

　　エバリュエーションとは，支援の終了時において，効果測定や今後の改善点を検討するなど，ソーシャルワーカーとクライエントの間で支援後の評価をおこなう段階となる．

　　この段階を経てクライエントの問題の解決や解決の見通しが立つといった状況が見られた場合には，支援を終結に導くことになる．問題解決や目標達成が一部のみであった場合などは，その部分についてのみの終結となり，継続した支援が実施されることとなる．

7)　ターミネーション

　　ターミネーションとは，支援の目標が達成され，クライエントの抱えていた問題の解決（あるいは軽減された）やニーズの充足が図られた状態や残された問題もあるがその部分についてはクライエント自身が対応可能である状況に至ったことなどを意味するが，そうした状況をソーシャルワーカーとクライエント双方によって確認し，残された問題も検討したところで支援を終結する段階を迎えることになる．

8)　アフターケア

　　支援が終結した後においても，解決に至った問題の状況や生活状況，環境などは変化することも多い．そうしたことに対して，利用した機関や施設を再利用したり，支援を再開したりすることが可能であることをクライエントに伝えた上でフォローアップできる体制を整えておくことが必要となる．

　　また，自ら支援を申し出たり，その後の経過を連絡したりすることが困難なクライエントについても十分に配慮を行い，周囲のフォローアップ体制を整えておくといった必要がある．

(3)　主な原則

個人や家族への支援をおこなう際，援助関係の構築や面接場面，介入の際などに用いられる援助原則の一つとして，「バイステック（Biestek,F.）の7

原則」が挙げられる.

「バイステックの 7 原則」

① 個別化の原則（利用者を個人として捉える）

　クライエント自身や抱えている課題は類似したものであっても, 各々異なるため, それらを同じものとして決めつけたり判断したりせずに個別のケースとして捉え, 対応するという原則である.

② 意図的な感情表出の原則（利用者の感情表現を大切にする）

　課題を抱えているクライエントは, 独善的な考えや否定的な感情などをもちやすいが, そうした感情も含めてありのままを表出してもらうことが大切であるとする原則である.

③ 統制された情緒的関与の原則（援助者は自分の感情を自覚して吟味する）

　クライエントの感情や抱える課題などによってワーカー自身が影響を受けて偏った判断や感情とならないよう, 自らの感情を統制して接していくという原則である.

④ 受容の原則（受け止める）

　クライエントの考えや個性などについて, 決して初めから否定したり判断したりせずに, ありのままを受け入れ, 理解するという原則である.

⑤ 非審判的態度の原則（利用者を一方的に非難しない）

　クライエントの行動や思考に対して, ワーカーが善悪の判断を一方的に行わないとする原則である. 問題解決の方法についての判断も, クライエント自身がおこなっていけるようにすることが大切である.

⑥ 利用者の自己決定の原則（利用者の自己決定を促して尊重する）

　問題を解決していくための行動を決定する主体はあくまでもクライエント自身であるため, ワーカーはその行動を尊重するという原則である.

⑦ 秘密保持の原則（秘密を保持して信頼感を作り上げる）

　クライエントについて知り得た個人的な情報やプライバシーについて漏らしてはならないという原則である.

2　集団を活用した支援（グループワーク）

(1)　歴史的発展

　集団を活用した支援（グループワーク）において用いられる「グループワーク」は，グループのメンバー間における相互作用やプログラム活動を通して，各メンバーの成長や発達を促しながら，ニーズの充足や課題解決を図っていく技術をいう．

　この技術は，産業革命後の社会改良運動の中で発展した青少年に対するYMCAの運動やセツルメント運動におけるグループ活動などがその源流となっており，その後普及した北米においてコイル（Coyle,G.）らによってグループワークとして理論化され，多くの実践者や研究者によって体系化されてきた．

　1930年代から1940年代にかけては，全米グループワーク研究会やアメリカグループワーカー協会が発足し，全米社会事業会議に部門が設置されるなど，専門的な技術としての確立がなされた．その後，社会問題に取り組む社会活動を中心とした「社会目標モデル」や他者との相互関係を重視した「相互作用モデル」，グループが持つ治療的機能を重視した「治療モデル」といった様々な目的に応じたモデルが提唱されるなど，多くの場面で活用がなされている．

(2)　展開過程

　集団を活用した支援（グループワーク）における支援の展開過程は，主に次の1）〜4）のような段階を経て行われる．

1)　準備期

　　　メンバーとの予備的な接触を図り，援助計画を立てていく段階であり，グループの形成や問題の明確化，波長合わせなどをおこなう．波長合わせとは，クライエントの感情や状況，ニーズなどをあらかじめ理解し，参加への緊張や不安などを取り除くように対処していくことで，グル

ープワークの準備期に援助者自身がおこなう準備のことである.

2)　開始期

　　活動目的や活動方法等を説明し，メンバーの理解や参加を促しながら
グループ活動を始めていく段階であり，契約や関係の構築などをおこな
う．契約においては，グループの課題や開催の日時や回数，期間の予定,
費用といった条件など，グループワークを進めるための共通基盤をもつ
ことを意味する.

　　関係の構築においては，まずアイスブレーキングなどによってメンバ
ーの緊張をほぐし，メンバー間の関係を深めていくような働きかけをお
こなうことが大切である.

3)　作業期

　　メンバーがプログラムの中で自分たちの課題や役割を達成していける
よう媒介していく段階であり，グループダイナミクスやそれらを生じさ
せる集団の力動なども活用してメンバーの関係の強化や参加促進，相互
援助システムの構築などをおこなう.

　　作業においては，参加するメンバーが主体となってグループの課題に
取り組むことが大切であり，ワーカーはその取り組みを側面から援助す
ることが求められる．またこの作業期には，メンバー間の関係が深まる
とともに，対立や葛藤，争いなどの問題が起こりやすくなる．ワーカー
はそのような事態を予測し，対応策を準備しておくことが必要であるが,
問題が起きた場合には，メンバーとともにグループ内で解決できるよう
に対処することが求められる.

4)　終結期

　　グループ活動や各々のプログラムを終える段階であり，活動の意義の
理解や評価，次の方向性への移行準備や確認などをおこなう．この際,
メンバー自身の目的達成の程度や活動の評価をおこなうとともに，ワー
カー側の援助内容の評価も行いながら，次への移行をしていくこととな
る.

(3)　主な原則

　集団を活用した支援をおこなう際，グループメンバーとの関係構築や作業場面，メンバー間との媒介の際などに用いられる原則の一つとして，「コノプカ（Konopka,G.）の14原則」が挙げられる．

「コノプカの14原則」

① 「グループ内における個別化の原則」：各メンバー個々人の個性や特性，相違点などを把握し，個々に対応する．

② 「グループに対する個別化の原則」：多様なグループ個々が持っているそれぞれの特性を把握して対応する．

③ 「メンバーに対する受容の原則」：各メンバー個々人の長所・短所，価値観，考え方などをありのままに受け入れる．

④ 「ワーカー・メンバー間の援助関係構築の原則」：ワーカーとメンバーとの間に意図的に援助における関係を樹立する．

⑤ 「メンバー間の協力関係促進の原則」：メンバーの間により良い協力関係ができるように奨励し，その実現に向けて手助けをしていく．

⑥ 「グループ過程における変更・修正の原則」：グループ過程について，メンバーや活動の状況を踏まえて必要に応じて変更や修正を加える．

⑦ 「メンバーに対する参加奨励の原則」：メンバー個々人の能力の段階に応じて参加するように励まし，またその能力をさらに高めることができるように援助する．

⑧ 「問題解決過程へのメンバーによる関与の原則」：メンバーが各自の課題の状況等に応じて，自ら問題解決の過程に参加していくことができるように援助する．

⑨ 「メンバー間の葛藤解決の原則」：メンバー間の相互作用で生じる葛藤やメンバー個人の内的葛藤に対して，その解決のためのよりよい方法を経験するように援助する．

⑩ 「メンバーへの経験の機会提供の原則」：メンバーに対して人間関係を

持っていくことや，ものごとを成就していくことなどといった，多くの新しい経験を与えていく．

⑪　「グループ及びメンバーへの制限の原則」：メンバー個人およびグループ全体の状況に対する診断的評価に基づいて，制限を巧みに用いる．

⑫　「プログラムの意図的活用の原則」：メンバーやグループの目的，および社会的目標の診断的評価に基づいて，それぞれの状況にふさわしいプログラムを意図的に用いる．

⑬　「継続的評価の原則」：メンバー個人およびグループ活動の状態，グループ過程等について，継続して評価をおこなう．

⑭　「ワーカーによる自己活用の原則」：ワーカーは暖かく，人間的に，しかも訓練によって得た方法にしたがって，自己を援助の道具として有効に活用する．

第 4 節　間接援助技術

　間接援助技術とは，利用者や小集団（グループ）と接して援助していく直接援助技術（顔の見える関係ともいえる）とは違い，地域社会の住民の組織化，福祉施設・団体の運営，行政施策への関与・提言など，地域社会の福祉課題，生活課題などの社会環境の諸条件の整備や改善，あるいは新たに社会資源を創出するなど，間接的に地域や住民に関わっていく援助技術である．

　間接援助技術には，地域援助技術（コミュニティワーク），社会福祉調査法（ソーシャルワーク・リサーチ），社会福祉運営管理（ソーシャル・ウェルフェア・アドミニストレーション），社会活動法（ソーシャルアクション），社会福祉計画法（ソーシャル・ウェルフェア・プランニング），の 5 つがある．

1　地域援助技術（コミュニティワーク）

(1)　コミュニティワークの定義
コミュニティとは，共同社会，生活共同体というのが辞書的な第一義であ

って，地域社会という訳は派生的な意味合いをもっている．ドイツの社会学者 F. テンニースによる「ゲマインシャフト（共同体・自然社会）」の概念を想起すればいいだろう．つまり，構成員の愛情や信頼といった，強い結びつきをもつ社会であり，家族や村落などである．血縁や地縁などによる自然的，自生的な結びつきをいう．

　コミュニティを「地域社会」と訳すのは，「共同社会」という概念が根底にあるからである．このことから，「地域福祉」と「コミュニティワーク」とは，異なった概念であることを押さえておく必要がある．

　コミュニティオーガニゼーションまたは地域援助技術（コミュニティワーク）とは，地域や近隣においてさまざまな社会福祉課題が表出したときに，その課題をかかえた住民や問題だと意識した住民が互いに協力して問題解決に立ち向かおうとする行動，またはその自発的な活動を側面から援助する技術のことをいい，社会福祉の援助技術の一領域を占め，広く活用されている．わが国でも，2000（平成12）年に改正された社会福祉法において，地域福祉の推進が明記され，政策・実践においてその効果が期待されているところである．

　コミュニティワークの理論的起源は，19世紀後半にイギリスではじまったセツルメント運動や慈善組織協会（COS）の活動に求めることができる．そして，その後，1920年代からアメリカにおいて研究が進み，コミュニティオーガニゼーションとして発展してきた．それは，地域社会のニーズを明らかにし，その充足のための計画を策定し，組織化活動をとおした実践をおこなうものであった．このコミュニティオーガニゼーションが，イギリスに逆輸入され，1970年代にコミュニティワークの方法論として発展してきた歴史的経緯がある．

　その後，1930年代のレイン（Lane, R.P.），1940年代のニューステッター（Newstetter, W.I.），そして1950年代のロス（Ross, M.）らの功績があって，コミュニティオーガニゼーションは社会福祉の 1 つの専門技術としての地位を確立してきた．

　また，1950年代から1960年代にかけて，アメリカでは貧困と人種差別の撤廃を求めた黒人などの公民権運動（Civil Rights Movement）が沸き起こった．当時のアメリカは，一見繁栄しているかのようにみえていた．しかし実態は，ベトナム戦争が泥沼化し，経済は疲弊しており，またベトナム帰還兵の失業，麻薬，銃による暴力事件など，若者たちも荒れていた．当時の L. ジョンソン大統領は，「貧困戦争（War on Poverty)」を布告し，貧困撲滅に積極的に取り組む姿勢を示した．そうした社会情勢を背景にコミュニティオーガニゼーションは，新たな展開をみせはじめた．

　わが国には，アメリカとイギリスの両国からの学問的移入があったために，地域援助技術とコミュニティワークをほぼ同義とみなし，コミュニティオーガニゼーションも含んだ概念としてとらえられている．

(2)　「レイン報告書」の定義：「ニーズ・資源調整モデル」

　1933年に R.P. レインを委員長として全米社会福祉事業会議第 3 部会に提出された報告である．レインは，地域援助技術を社会福祉援助技術の 1 つとして位置づけ，概念と方法，活動と分野，資格と教育訓練などの体系化を図った．地域援助技術の主な機能を「ニーズと資源調整」と規定し，地域社会のニーズを中心にとらえた．そのために，住民参加の考え方を普及させ，ニーズ調査の技術を発達させる契機となった．

　コミュニティオーガニゼーションの一般的な目標は，社会資源と社会福祉ニーズとのあいだに効果的な調和を導き出して維持していくことであるとし，①ニーズの発見と決定，②社会的窮乏と不能力とのできるかぎりの除去と予防，③資源とニーズとの接合および変化するニーズに一層良く適合するように絶えず資源を調整する，と定義した．

(3)　ニューステッターによる定義：「インターグループワーク・モデル」

　「レイン報告書」につぐ重要な考えを提唱したのが，W.I. ニューステッタ

一の「インターグループワーク論」（1947年）であった．このインターグル
ープワーク論は，地域内の各種組織・団体および機関の代表者の討議の場を
設定し，グループ間の関係調整によって選択された社会的目標を中心に各集
団の協働を促進する援助技術を提言した．地域社会には，社会福祉のさまざ
まな機関，施設や組織集団が存在する．その代表が集まって，協議し活動す
ることは，地域の問題解決を図ると同時に，協働作業をとおして機関，施設
や組織集団間に良い関係をつくりだすことになるとした．この取り組みは，
複雑な地域課題を地域主体で解決していく手法として，現在でも重要な手法
として認識されている．また，ニューステッターは集団援助技術（グループ
ワーク）の最初の定義をしたことでも有名である．

(4)　ロスの定義：「総合開発モデル」

　M. ロスが1955年に提唱した考えである．「住民組織化説」，「団結・協働
説」ともいわれる．地域住民が団結，協力して地域社会の問題を発見し，解
決していくというプロセスを重視する考え方である．ロスは，コミュニティ
ワーク，コミュニティデベロプメント，コミュニティオーガニゼーション，
コミュニティリレーションズという接近法があるが，とくにコミュニティオ
ーガニゼーションが，実践に有益な手がかりを示しているという考えを示し
た．

　「地域社会がみずから，そのニーズと目標を発見し，それらに順位をつけ
て分類する．そして，それを達成する確信と意志を開発し，必要な資源を内
部，外部に求めて，実際行動を起こす．このようにして地域社会が団結・協
力して実行する態度を養い育てる過程が，コミュニティオーガニゼーション
である」（M. ロス著，岡村重夫訳（1968）『コミュニティオーガニゼーション：理
論・原則と実際』42，全国社会福祉協議会）．

(5)　包括モデル

　これら伝統的理論モデルにたいし，ロスマン（Rothman, J.）は，1968年に

173

さまざまな実践活動を類型化し，包括的にとらえようとして，「コミュニティオーガニゼーション実践の３つのモデル」を発表している．１つは，「小地域開発と組織化」モデルである．コミュニティ全体を対象とし，その目標は「連帯と自立」であり，「コミュニティ諸集団の全体的調和」である．ロスに代表されるようなコミュニティの団結，協働を重視するモデルである．２つは，「コミュニティ計画」モデルである．社会問題解決のために専門技術者でプランナーでもあるワーカーが計画を立案して促進する．科学的，合理的なプランニング技術によって変革が可能であるとしたのである．そして３つは，「社会活動」モデルである．コミュニティにおいて不利な立場にあるマイノリティグループ（少数派集団）の問題解決をめざし，当事者を組織化し権力構造を変革していこうとする考えである．

　(6)　シーボーム報告
　これらコミュニティオーガニゼーションの理論がアメリカで発展する一方，イギリスにおいて1960年代以降，コミュニティケア活動やセルフヘルプグループ（自助グループ）運動が展開され，1968年には「シーボーム報告（Seebohm Report）」が刊行された．これは精神障害者，児童，高齢者などの在宅ケアを地域で総合的に推進するための基礎となる報告であり，これ以降，コミュニティワークという概念が注目されるようになった．
　「コミュニティワークは，人びとの自然環境と組織的環境が人びとの福祉を高めたり防いだりする点に焦点を当て，それによって同じ地域社会に生活する個人や集団の相互作用を増進させようとする１つの方法である．コミュニティワークの目的は，多彩な生活課題に対応し，困窮を緩和し，希望と価値を実現していく資源，サービス，機会を強化することによって，社会生活機能を増進させる地域社会自身の力を強めることである」（英国シーボーム委員会著，小田兼三訳（1989）『地方自治体と対人福祉サービス（シーボーム報告)』145，相川書房）．

2　社会福祉調査法（ソーシャルワーク・リサーチ）

　社会調査とは，社会または社会現象について，調査により，科学的な資料や統計的推論のための資料をえることを目的とした調査のことである．

　社会福祉援助における調査・研究がはじめられたのは，18世紀後半以降であるといわれている．当時のヨーロッパでは，資本主義社会の発展によって生み出された諸矛盾としての社会問題を解決するのに役立て，社会改良運動を促進する調査がおこなわれた．

　19世紀後半になると，産業革命期のイギリスで報告されたブース（Booth, C.）の『ロンドン民衆の生活と労働』（1903年）や，ブースの影響を受けたラウントリー（Rowntree, S.）の貧困についての『ヨーク調査』（1901年）が，貧困の実態とその原因を明らかにし，貧困の原因が社会的なものであることを示した．これらの調査は，地域改良運動におおきな影響を与え，後の社会福祉調査法や地域福祉の源流となった．

　この成果はアメリカに導入され，アメリカで理論的に体系化されつつあったソーシャルワークの考え方と結びついた．援助者自身が利用者を訪問し，面接してそのニーズを把握するという調査活動の重要性が認められていった．今日では，社会福祉調査法は実態把握や学問研究のための調査ではなく，社会福祉問題のさまざまな諸相の要因を明らかにするとともに，その問題解決と防止への支援計画に有効に利用されることが期待されている．

3　社会福祉運営管理
　（ソーシャル・ウェルフェア・アドミニストレーション）

　社会福祉運営管理は，もともとはアメリカにおいて1930年代に施設の大規模化，福祉行政機関の整備によって施設の運営管理システムや社会福祉サービスのあり方を見直すことが，契機となった．施設の運営管理システムや社会福祉サービスを合理的かつ効率的に遂行していく過程からなる方法と技術である．近年の社会福祉運営管理は，施設の運営管理だけにとどまらず，国

や地方自治体による公的福祉サービスの供給をも含めた，社会福祉行政の計画と展開を意味するものとして理解されている．

　社会福祉運営管理には広義と狭義のとらえ方がある．広義のとらえ方は，国や地方自治体の福祉政策を含む社会福祉行政や組織のサービス活動の運営管理を指す（ソーシャルアドミニストレーション）．狭義のとらえ方は，社会福祉施設や民間福祉団体の運営管理を指す（ソーシャル・ウェルフェア・アドミニストレーション）．

　狭義のとらえ方において，その展開内容は以下のとおりである．

　　計画：福祉施設全体の合意のうえで，実務，利用者の生活，安全，健康，
　　　　　建物などの管理について計画を立てる．
　　組織：その計画を実行するために，効果や効率を最大限に発揮するよう
　　　　　な仕事の役割分担をおこない，コミュニケーションの活性化によ
　　　　　って職員同士の相互作用を深め，変革・改善に向けての意識を高
　　　　　めていく．
　　指導：施設内の管理職の指導で計画を遂行する．
　　調整：実施された計画を評価し，評価によって修正が必要な領域におい
　　　　　ては調整をおこなう．

4　社会福祉計画法（ソーシャル・ウェルフェア・プランニング）

　誰もが地域社会を住みやすいものにしたいとか，こうあって欲しいと願っている．それを実現するために国や地方自治体は，責任をもって取り組んでいかなければならない．社会福祉計画法とは，そういう社会の動向や国民の要請に応えて，社会福祉を望ましい方向へと計画的に改変していくことを目的とした技術である．社会福祉サービスを効率的・効果的に実施できるように，計画的に取り組んでいくことが求められている．従来，政策目標の設定，政策手段の選定，政策の実施というような行政サイドが中心となって進められてきたが，近年は「地域福祉」の視点が重要視されるようになり，地域住民や民間関係者の意見を反映させた社会福祉計画が策定されるようになって

きた.

5　社会活動法（ソーシャルアクション）

　社会活動法とは，社会福祉制度・サービスの新設・改善を目指して国や地方自治体にたいして立法的・行政的措置を求める行動や技術のことをいう. 福祉関係者を主体として社会福祉を向上させることを目的とし，それらの人びとを支援する団体や関係者を中心とした活動が特色である. 社会構造そのものを変革させようとする社会運動・政治運動，市民運動や住民運動とは別個の範疇であるが，ときには市民運動や住民運動と連携し国会請願などをおこない，立法化した活動もあった.

　かつては社会活動といえば，社会的な発言力の弱い重度障害（児）者や貧困者に代わって福祉施設や団体の従事者，研究者などが権利擁護（アドボカシー）の一環としておこなうことを指していた. しかし，最近では，社会福祉サービスの利用者の範囲が拡大されたことから，社会活動は当事者やその周辺だけの活動のみならず，要支援者およびその家族，福祉問題をかかえる地域など，意識をもったそれらの人びとが中心となった主体的な活動も指すようになった.

　実際，昨今の地域社会において社会活動法は，「地域組織化」あるいは「福祉組織化」という形で，地域社会の既存の組織・団体，行政などに働きかけて，新たな福祉活動を展開しはじめた. それは，福祉教育の普及にともない地域住民自身が，福祉にたいしての知識や理解が深まったからである. かつては，地域の既存の組織・団体の町内会，自治会，婦人会，老人クラブ，子ども会，ボランティアグループなどは，協働して活動することは少なかった. しかし，地域・在宅福祉の施策が進み，地域住民の意識の高まりもあり，それら既存の組織・団体が相互に連携しあって，主体的に生活課題・福祉課題への解決を図るようになってきた.

　このような組織化において，地域住民のニーズを充足できるようにするためには，社会資源を適切，有効に，そして効率よく活用していく必要がある.

また，各種団体・組織，関係機関が連携を図り，新たに社会資源を開発・創出していく必要がある．それがこれからとくに求められるソーシャルアクションではないだろうか．

　保健・医療・福祉の連携の必要性がいわれて久しい．2006（平成18）年，介護保険が見直され，協働のシステムづくりがより推進されることとなった．今まで以上に，小地域ネットワークの促進，ボランティア活動の活用，福祉教育の普及，障害者・高齢者自身の活動というように，個人の自助と自立が，そして地域による共助が強調されている．しかし，それは反面，重度障害（児）者・高齢者，病弱者，貧困・低所得層へのサービス低下，切り捨てにつながるという指摘も一考されねばならない問題である．

第5節　関連援助技術

　関連援助技術は，ソーシャルワーク固有の技術ではないが，実践に欠くことの出来ない援助技術として位置づけられている．関連援助技術には，「ネットワーク」「ケアマネジメント」「スーパービジョン」「コンサルテーション」「カウンセリング」がある．

1　ネットワーク

　ネットワークは，「一般には，網目状の構造とそれを力動的に維持するための機能を意味する．社会福祉およびソーシャルワークの領域ではそれを人間関係のつながりの意味で用いることが多い．例えば，小地域ネットワーク活動といった用語に代表されるように，地域における住民同士の複数の関係のつながりを指すものとして使われることが多い．そこでは，住民間の対等な水平関係をとおして情報や感情の交流がなされ，地域社会の重要な構成要素とされる．また，援助専門職間の『連携』という意味でネットワークを用いる場合もある[1]」と定義されている．

　定義にある小地域ネットワーク活動は，2000年に改正された社会福祉法の

178

地域福祉の推進という方針が反映されて，ニーズの発見と見守り・助け合い
を機能として誕生した活動である．近年クローズアップされている地域包括
ケアシステムにおいて，さまざまな領域や地域でネットワークが構築されて
いる．たとえば，高齢者虐待防止ネットワーク，子どもを守る地域ネットワ
ーク，認知症見守りネットワークなどである．また，社会福祉の社会資源に
は，家族・近隣住民・ボランティアなどのインフォーマルサポートと，公共
機関などや専門職による援助などのフォーマルサポートがあり，それらで形
成されるネットワークはソーシャル・サポートネットワークという．

　ネットワークの意義は，昔からあった地域での相互に助け合う機能が薄れ
てきた現代において，ネットワークによる地域のつながりが新たな互助機能
システムの構築となること，地域住民間や専門職間のつながりが保たれ，高
齢者・子ども・障害者など弱者への虐待防止やニーズの発見などに役立つこ
と，ケアマネジメントの多職種連携においてネットワークが活用されること
などである．

　このように，あらゆる形態で網の目のようにネットをはりめぐらせること
で，地域住民や専門職との協働の場を作りだすことが大きな役割である．ネ
ットワーキングについてはさまざまな定義があるが，ここでは，ネットワー
クを構築するプロセスをネットワーキングとする．この過程において，地域
で信頼関係が構築され，人と人がつながることの安心感を得るなど，地域社
会の構築に役立つこのプロセスそのものにも意義がある．

　ネットワーキングには，ミクロ・メゾ・マクロにおけるネットワークづく
りがある[2]．地域で困っている人を個別に援助するための専門職や民生委員・
ボランティアなどで形成されるミクロなネットワーク，主に住民を構成員と
する地域の人びとで形成されるセルフヘルプグループやボランティア団体な
どのメゾなネットワーク，地域包括ケアシステムなどで行政・専門機関・専
門職などが協働し地域福祉を推進するための総合的なマクロなネットワーク
の3つである．

　いずれにおいても，多様な人びとや機関とネットワークをつくっていくソ

179

ーシャルワーカーの果たす役割は大きい.

2　ケアマネジメント

ケアマネジメントとは,「生活困難な状態になり援助を必要とする利用者が, 迅速かつ効果的に, 必要とされるすべての保健・医療・福祉サービスを受けられるように調整することを目的とした援助展開の方法. 利用者と社会資源の結び付けや, 関係機関・施設との連携において, この手法が取り入れられている. なお, 介護保険においては, ケアマネジメントは『介護支援サービス』と呼ばれる[3]」と定義されている.

わが国では, 2000年に始まった介護保険制度や, 2006年の障害者自立支援制度（現在の障害者総合支援制度）において, 生活上の課題を持つ高齢者や障害者などが住み慣れた地域社会での生活を継続できるようにさまざまなサービスを調整する援助技術として, 広く知られている. しかし, その歴史は, 1980年代のアメリカにおいてケースマネジメントとして始まった. 精神障害者が地域で生活していくためのサービスを調整しコミュティケアを推進する援助技術として発展し, その後, 精神障害者だけでなく地域で困りごとをかかえたあらゆる人びとが対象となり, 世界各国に広まった. 1980年代にわが国に紹介されたケースマネジメントは, 1990年代になって, イギリスでの呼び方にならってケアマネジメントという用語で定着した. 現在では, 高齢者や障害者の援助などにサービスを調整し提供する技術として浸透しているが, 関連技術としてソーシャルワーカーがケアマネジメントをおこなうことも期待されている.

ケアマネジメントの意義は, さまざまな困りごとをかかえた人びとが必要とする援助として, その援助目的に応じた多様な領域からのサービス提供を, サービスの効率性や費用に対する効果が出ているのかといった点にも重点をおき, 総合的にコーディネートするシステムとして構築したことにある. そのシステムは, 多様な専門職が協働し地域のコミュニティを活かしたサービス提供をコーディネートする調整機能, 援助を必要とする人の権利や代弁と

いったアドボカシー機能，社会資源の開発機能などを持つ．

　それらの機能は，ソーシャルワークの援助過程と共通する点である．しかし，ソーシャルワークとの大きな相違点は，ケアマネジメントされたサービス提供は，効率性や費用対効果が重視されている点である．現在，保健・医療・福祉などさまざまな分野の専門職がケアマネジメントをおこなっている現状であるが，ソーシャルワークの理念が活かされることで，利用者の主体性や成長，問題解決能力の促進などにも関心がもたれることを期待したい．

　ケアマネジメントのプロセスは，「ニーズの発見，アセスメント，ケアプランの作成と実施，モニタリング（評価），再アセスメント，終結」という段階をへる．ニーズの発見は，地域のネットワークが活かされ困りごとを持った住民が利用者として見つけ出されることや，ニーズを持つ利用者・家族から相談を受け，ケアマネジメントが開始されるなどの段階である．情報収集と分析をおこなうアセスメントで課題が明確化され，今後の援助方針が決まりケアプランの作成と実施がはじまる．しかし，実施後も定期的に援助効果をモニタリングし，再度アセスメントとケアプランと実践を繰り返すことにより，適切な援助を提供し，援助が必要でなくなった時点でケアマネジメントは終結する．それらのプロセスで，利用者，家族，関連する領域の専門職と信頼関係を築き連携をとり，チームアプローチのリーダーとしてまとめていくことが中心的な役割となる．

　ケアマネジメントモデルはいろいろあるが，サービス供給システムの分類では，自治体が主となっておこなうネットワーク方式と，サービスプログラムの財源を統一してその調整者に一任し効率的配分を図る管理運営方式がある[4]．後者の方式で取り入れられた介護保険制度の中では，介護支援専門員（ケアマネジャー）がケアマネジメントをおこなっている．

3　スーパービジョン

　スーパービジョンとは，「社会福祉施設や機関などにおいて，スーパーバイザーによってスーパーバイジー（ワーカー）に行われる，専門職を養成す

る過程である．直接的にはワーカーの成長を目指し，間接的には，そのことを通してクライエントなど当事者へのより質の高いソーシャルワークの実践を目指す[5]」ことと定義されている．

　ソーシャルワーカーは，専門的教育を受け実践にのぞんでいる．しかし，経験の浅いソーシャルワーカー，あるいは，経験をへたソーシャルワーカーであっても，うまくいかず自信をなくし取り組み意欲が低下することや，疲弊によりバーンアウトをひきおこしてしまうことなどがある．専門職としての援助に関する対処方法や，自らの専門性についての迷いだけでなく，組織内の人間関係についての悩みなどもあるだろう．

　それらの困りごとへのアドバイスを必要としているソーシャルワーカーに対して，適切な実践ができるように，助言・指導をおこなうことが，スーパービジョンの大切な役割である．

　スーパービジョンをおこなう人はスーパーバイザー，受ける人はスーパーバイジーとよばれる．スーパーバイジーは，主に実践経験の浅いソーシャルワーカーや専門職を目指す学生などである．スーパーバイザーは，豊富な知識や技術を持った実践の経験がある熟練したソーシャルワーカーであり，主にスーパーバイジーが所属する施設や機関の上司や先輩であることが多い．その場合，スーパーバイザーはスーパーバイジーの業務上の職務遂行に関しての責任を負う．しかし，組織内にスーパーバイザーがいない場合や，特定領域についての専門性の向上を求める場合などには，組織外の熟練したソーシャルワーカーや大学教員などがスーパーバイザーとなることもある．

　客観的な視点から助言・指導をおこなうスーパーバイザーは，スーパーバイジーが持てる能力を発揮し成長していく過程を共にする．両者の関係においては，スーパーバイザーからの一方的な助言・指導ではなく，相互作用によってスーパーバイジーの自己覚知や成長が促されるような取り組みが必要である．信頼関係を元にしたスーパービジョンが求められ，スーパーバイジーはそれらの関係を体験することにより，自身と利用者との援助関係の形成にも活かしていくことができる．

　スーパービジョンの機能は，「支持的機能，教育的機能，管理的機能」の3つに整理されている．支持的機能とは，援助関係で起こる落ち込みや悩みを抱えているなど，スーパーバイジーに精神的な支えが必要な時に，情緒的に支える機能である．悩みなどの気持ちを受け止めていくことで，スーパーバイジーは，安心感や自分のできているところやよいところなどの確認が得られ，自己覚知や気づきが促され自信を持てるようになる．

　教育的機能とは，事例の対処に関する困りごとなどに対して，スーパーバイジーに適切な援助方法の進め方を具体的に助言・指導する機能である．専門的な知識・技術の不足している部分の確認を促し，面接の進め方や社会資源の利用方法といった具体的な助言などをおこなう．また，直接的な指導だけでなく，知識が実践に結び付くような助言も必要である．

　管理的機能とは，スーパーバイジーに，組織の理念を理解した上での実践となるように助言・指導していく機能である．組織内での立場や職位の役割が遂行されているか，組織の理念に沿った実践であるかなどを明確にし，組織の一員としての職務を果たせるよう成長を促し管理する．

　それぞれの機能は重複する．たとえば，1人で対処ができない事例に困っていて不安であるという相談の場合には，適切な援助方法の助言とともに不安を和らげる精神的支えがスーパーバイジーには必要となる．それらの機能が効果的に発揮され相互作用し，専門職としての知識・技術の不足が補われ，不安が解消され，利用者に適切な援助が実践されるようになる．

　スーパービジョンの形態と方法については，1対1で定期的に個別におこなわれる個人スーパービジョンと，1人のスーパーバイザーがグループ内の1人のスーパーバイジーにスーパービジョンをおこなう過程を，他のメンバーも共有することでグループ全員の専門性を高めることができるグループ・スーパービジョンの2つが多く用いられる．他にもスーパーバイザーではないが仲間同士で支持的機能を果たすピア・スーパービジョンなどがある．解決したい課題により，適切な形態と方法を選択する．

　いずれにおいても，スーパーバイザーの育成や，スーパーバイジーが専門

的な相談ができ，安心感をもてる組織内のスーパービジョン体制など，環境
を整えることも大切である．

4　コンサルテーション

　コンサルテーションとは，「業務遂行上，ある特定の専門的な領域の知識
や技術について助言を得る必要があるとき，その領域の専門家，つまりコン
サルタントに相談する，あるいは，助言を受けることをいう[6]」と定義されて
いる．現代社会においてソーシャルワーカーは，多様で複雑な問題を抱えた
利用者から援助を求められることが多くある．そのため，包括的な視野で援
助していく必要があるが，たとえば，医療，法律，心理，教育などの，専門
領域の知見が問題解決への助けとなることがある．

　ソーシャルワーカーは，自分の領域外の医師や弁護士など専門家からその
専門領域の知識や見解，助言を得るが，同時に，ソーシャルワーカーが他領
域の専門家に包括的な視野からコンサルテーションをおこなうこともある．

　スーパービジョンとコンサルテーションの区別は，助言をおこなう専門職
が同領域であるか，他領域であるかによる．

　コンサルテーションをおこなう人はコンサルタントで，受ける人はコンサ
ルティである．両者の関係はスーパービジョンとは異なり，対等である．コ
ンサルテーションの特徴としては「①機関外あるいはほかの部門からの人材
に依頼されて行われること，②その人材は直接，援助活動に関与しないこと，
③専門分野に関する特別な知識や技能を教示するという活動内容であること，
④機関（援助者が所属する部門）の管理者としての機能を有しないこと[7]」と
されている．多職種協働においては，ケアカンファレンスで他領域の専門家
が知見，見解，助言を述べることがあるが，それも機関外の専門家であれば，
コンサルテーションの機能を果たしているといえるだろう．

5　カウンセリング

　カウンセリングの定義については，「カウンセリングの中心的機能は利用

者との間に治療的コミュニケーションをつくり上げることである．治療的コミュニケーションとは，利用者の洞察や気づきの機会を言語的または非言語的コミュニケーションを通して意図的につくり，生活上の苦悩を軽減したり解決することを目的としたものである」⁸⁾と説明されている．面接技法やコミュニケーション方法などカウンセリングから学ぶことも多い．心の問題などをかかえた利用者などとの面接においては特に活かされる．もともと，ケースワークはその発展過程で心理学の影響を受けている．隣接した領域ではあるが，重複することの多いこの関連援助技術については，次の節でくわしく説明する．

第6節　社会福祉援助とカウンセリング

1　社会福祉援助とカウンセリング

　カウンセリングは，日本語では心理療法と訳されている．主に心理学の知見をおもに使って，心の問題から心身に生じる症状を改善する総称である⁹⁾．社会福祉の領域のなかで発達してきた援助の技法ではなく，精神面に課題をかかえている人びとを援助するための技法として心理学領域で発達してきた援助の技法である．そのため専門職としてのカウンセラーは心理学を，ソーシャルワーカーは社会福祉学を基本にして活動する人というように，日本においては職業も違うし，学問分野も異なっている．

　そして，カウンセリングが社会福祉援助技術のなかの関連援助技術として位置づけられているのには，理由がある．それは，カウンセリングとソーシャルワークは異なる技法でありながらも，共通する点も多い．援助の対象が人間であること．また，他者の援助が必要で最終的な目標が自立して生活できるといった点である．また，心理学者の國分康孝は，「カウンセリングとは，言語的および非言語的コミュニケーションを通じて，相手の行動の変容を援助する人間関係である」と定義している¹⁰⁾．

この定義も社会福祉の援助方法であるソーシャルワークにおける個別援助（ミクロレベル）の援助内容と共通する部分がある.

社会福祉の専門職であるソーシャルワーカーの発達した過程をみると, 使用するソーシャルワークはその技法を確立する過程で心理学領域の, 精神分析学に強い影響を受けている. それはハミルトン（G. Hamilton）が著した『ケースワークの理論と実際』（1940年）の中で提唱された診断主義のケースワークとして確立された. そのため, ソーシャルワーカーにはケースを扱う際にクライエントの精神状態を理解することが優先され, 生活場面での貧困といった問題よりも, 心の問題に関心を持ち, カウンセリングの技法をソーシャルワークの中心にしたソーシャルワーカーも増えていった. そのため社会福祉の援助方法であるソーシャルワークはカウンセリングに対して親和性を持ち, 重なる所も出てきた. このような歴史的な経緯があるため, 欧米ではソーシャルワーカーの養成課程の中にカウンセリングを学ぶ科目もあるようにソーシャルワークとカウンセリングは本来, 密接な関係がある.

現在のソーシャルワークにおいては援助対象をミクロレベル・メゾレベル・マクロレベルに分けて援助していくといった考え方であるために, とりわけ, 個人を主な対象とする個別援助が中心のミクロレベルではカウンセリングの援助方法である面接場面での技法や社会福祉専門職とクライエントの関係で生じる緊張関係の管理など果たす役割は重要である.

また, 近年の社会問題には, ソーシャル・ネットワーキング・サービス（social networking service, SNS）上や職場, 学校での人間関係を起因とする「いじめ」や「ハラスメント」などによる個人のメンタルヘルスの不調が急増している. その他にも児童の貧困化, 時には死亡事故も起こる深刻な問題なった児童虐待, 災害現場において生じる心的外傷（PTSD）や復興の過程で生じる様々な問題などもある. このように, 個人においても時代の変化で生じた社会の影響で社会福祉専門職が取り組むべき新しい問題が発生している. 特に心の問題はその当事者個人の問題のみならず, 当事者がおかれている環境や周囲の人間との相互関係による結果であり上記に挙げた問題は時代

が進むごとに複雑な状況が生まれてきている．このような複雑化した問題に対して，社会福祉の専門職は従来の援助相談の専門知識に加えて心の領域に関する職務を取り扱うためにも，新たにカウンセリングや心理療法のより詳しい知識が有する専門職の存在が必要であると考えられる．

2　公認心理師との連携

心理の専門職は我が国においては民間資格である「臨床心理士」が心理の専門職として存在していたが2015年に公認心理師法が成立し，2017年に施行されて国家資格としての「公認心理師」が誕生した．

この新しく誕生した「公認心理師」の職務については公認心理師法の第2条に下記のように記されている．

① 心理に関する支援を要する者の心理状態を観察し，その結果を分析すること．

② 心理に関する支援を要する者に対し，その心理に関する相談に応じ，助言，指導その他の援助を行うこと．

③ 心理に関する支援を要する者の関係者に対し，その相談に応じ，助言，指導その他の援助を行うこと．

④ 心の健康に関する知識の普及を図るための教育及び情報の提供を行うこと．

となっている．公認心理師の主な職務としては「相談，助言，指導その他の援助」となっており相談援助職として分類される．そのため社会福祉専門職と同様に他の専門職との「連携」が基本となるのである．

特に社会福祉専門職の連携については日本心理学会が定めた公認心理師の養成課程の中に「福祉心理学」という科目が設定されており，その中では社会福祉の職種についての説明や多職種連携・協働などの項目が見られる[11]．このようなことからも心理の専門職である公認心理師は社会福祉専門職との連携を前提していることがわかる．特に近年の学校現場においていじめや不登

校など，教師では対応できない問題に対して配置された心理専門職スクール
カウンセラーと社会福祉専門職であるスクールソーシャルワーカーの連携な
どはよい例である．

　このように人を相談援助するといった目的で発達した社会福祉の援助方法
であるソーシャルワークと心理学の援助方法であるカウンセリングは歴史的
経緯からも共通の基盤を持っており，我が国の場合は社会福祉士・公認心理
師が中心となり今後はお専門職同士の連携をより強めていくことによってこ
れから出てくるミクロレベルの新しい問題に対しても対応が可能になってく
る．特に2020年に世界的なパンデミック（世界的流行）を引き起こした新型
コロナウイルス感染症（COVID-19）が引き起こした「コロナ禍」の収束後
に予想される様々な社会問題やこれらの問題に対応するために新しいソーシ
ャルワークの分野「人間」と「環境（動物，植物，土壌，大気，水等）」のマ
クロな関係性まで対応を拡大して，ホリスティック（全体）的なアクセスを
行って，支援を行うグリーンソーシャルワークやアメリカ軍において第 2 次
世界大戦前より正式採用されてその後，世界各国の軍隊に広まった，兵士や
その家族のレジリエンス（復元力，精神的回復力）支援のために特化したミ
リタリーソーシャルワークなどの特に個人に関係する問題に対しても既存の
援助方法以外にもカウセリングを中心とした心理学の専門知識を今まで以上
に有した社会福祉専門職の存在がこれからは必要になってくる．

第 7 節　社会福祉援助の担い手

1　社会福祉援助の担い手の特徴

　医療や教育といった人間にかかわる仕事に比べて，同じく人間にかかわる
仕事といっても，社会福祉の援助活動の担い手には，次のようにいくつかの
特徴がみられる．

　　①　社会福祉援助活動は，有給で働く専門職の人びとが中心的な担い手で

あるとしても，ボランティアのように善意にもとづいて報酬を期待する
のではなく，ほぼ無給で働く素人の人びとによっても担われているし，
それらの人びとの役割や必要性が医療や教育といった仕事に比べても重
要な役割をはたしているということである．

② 専門職といわれている人びとのなかには，社会福祉士，介護福祉士と
いった国家資格や，社会福祉主事などの公的な資格をもって働いている
人もいれば，特に資格はもたないで働いている人びともいて，それも認
められているということである．しかし，近年では徐々に資格取得が求
められるようにはなってきている．

③ また，ボランティアといっても，そのなかには民生委員のように制度
にもとづいて委嘱を受けてフォーマルな援助活動をしている人びともい
るし，地域住民や学生のように純粋にボランティアの人びともいる．

④ つぎに，社会福祉の援助活動がおこなわれる場は，おおきく相談援助
機関と施設（通所と入所）に区分される．それらの場ではソーシャルワー
カーやケアワーカーのような福祉専門職の人びとが中心になって援助
活動をおこなっているが，関連分野の心理職，医師，看護師，理学療法
士などの医療職，管理栄養士，調理師などの人びとも援助活動を支える
形で重要な役割を果たしている．

このように，社会福祉援助はさまざまな人びとによって担われている
のが現状であるが，ここでは，社会福祉の専門職に限定して，その現状
について解説をする．

2　社会福祉援助の担い手の実情

(1)　社会福祉援助を担う働き

社会福祉援助とは生活上の問題をかかえて，その解決が自分ではできなく
なった人びとがその問題を解決できるように，援助者が専門的な知識や技術
を駆使して援助することである．社会福祉援助の形態には2つのものがある
と考えられる．それらは社会福祉の専門的な援助活動である．

図7-3　ケアワーク（CW）とソーシャルワーク（SW）

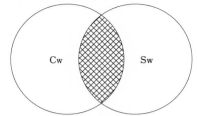

出典：杉本敏夫（2006〈平成18〉年10月）作成．

　まず1つ目の専門的な援助活動はケアワークと呼ばれている援助の形態である．これは，身体的な障害のために自分の身の回りのことができなくなった人びとに直接身体に接触して世話をすることである．たとえば，寝たきり高齢者の介護がその典型であるが，広くは生活を維持するのに必要な家事的援助も含む援助活動である．

　もう1つの専門的な援助活動はソーシャルワークと呼ばれている援助形態である．こちらの方は，生活の問題に直面している人びとに個別に相談に応じ，問題の解決を図ろうとするケースワーク（個別援助技術），小グループを用いて問題を解決しようとするグループワーク（集団援助技術），地域社会を基盤にして問題を解決したり，予防活動をするコミュニティワーク（地域援助技術），そして関連の取り組みからなっている．

　つまり，社会福祉の援助にはケアワークとソーシャルワークがある．前者の担い手はケアワーカー，後者の担い手はソーシャルワーカーということになる．そして，両者の関係は図7-3のように表すことができる．

　すなわち，社会福祉の現状をみると，必ずしもこの両者がまったく別の実践形態として存在しているのではなく，現実には重なり合っている部分もある．ソーシャルワーカーであってもケアワークをおこなう場合もあれば，ケアワーカーがソーシャルワークをおこなうこともあるというのが現実である．

　しかし，国家資格の制度は両者を別のものとして創設されている．すなわち，社会福祉士と精神保健福祉士はソーシャルワーカーの資格，介護福祉士

はケアワーカーの資格である．このような分け方をすると，保育士もケアワークの資格に位置づけられることになる．

(2)　社会福祉援助の職種と従事者

　社会福祉の仕事は資格名称と職種名称が異なるという特色がある．たとえば，医療であれば，医師，看護師，理学療法士といったように資格名称と職種名称が一致している．しかし，社会福祉の仕事は多くの職種名称が存在する．たとえば，低所得者福祉の領域を取り上げると，査察指導員，現業員（ケースワーカー），作業指導員，生活支援員，職業指導員などの職種が設置されている[12]．

　そして，これらの職種に関してそれぞれ任用の規定が設けられているのが社会福祉職の特徴である．そのことによって，ある程度以上の専門性を担保しようとしているのである．

　たとえば，児童福祉分野の「児童福祉司」という職種には，児童福祉法第13条において任用の規定が定められている．その1つに社会福祉士も規定されているが，それ以外の人も任用できる規定も設けられている．

　また，特別養護老人ホームの生活相談員は一般的に相談援助職者で，ソーシャルワーカーに該当する職種だと考えられているが，その任用規程は「特別養護老人ホームの設置及び運営に関する基準」の第5条第2項において，「生活相談員は，社会福祉法第19条第1項各号のいずれかに該当する者又はそれと同等以上の能力を有すると認められる者でなければならない」とされている．具体的には，社会福祉主事に任用できる者ということになる．

　このように，職種の多くには任用の規定が設けられているが，とくに任用の規定はなく，誰でもその職につける職種もあり，それほどの専門性が問われない場合もある．

　なお，介護保険の制度には「介護支援専門員」という職種が置かれている．これはいわゆる「ケアマネジャー」に相当する職種であり，居宅介護支援事業所には必置の職種である．資格名称も介護支援専門員で，資格名称と職種

が一致しているケースである．また，同じく介護保険関係の「地域包括支援センター」には社会福祉士を置くことになっており，これも資格名称と職種が一致しているケースである．

　なお，社会福祉の援助活動にはケアワーク系の活動もあり，そちらに属する職種もある．その代表は介護職員である．介護職には介護福祉士という国家資格が設けられているが，とくに介護福祉士資格を保持していない人でも介護職員に登用することができるのが現状である．

　このような形で社会福祉の分野には多様な職種が置かれているが，それではどれぐらいの人が社会福祉の分野で働いているのかが気になるところである．

　『国民の福祉と介護の動向』（2020／2021年版）によると，総数で5,237,500人の人がこの分野で働いていることになる．そのうちの62.5％，約231万人（62.5％）が高齢者の分野で働いている．また，その多くが入所施設ではなく，在宅福祉の分野で働いている．障害者の分野で働いている人は約64万7000人で，17.6％，児童分野が約59万3000人で，16.1％となっており，高齢者分野の大きさがよくわかる[13]．

　なお，この他に，行政関係の福祉職の人びと，たとえば福祉事務所のケースワーカー，児童相談所の児童福祉司，社会福祉協議会のコミュニティワーカーの人びと，そして医療などの隣接分野で働いている福祉専門職の人びとは含まれていないので，実際の社会福祉従事者はさらに多くなる．

3　社会福祉援助にかかわる資格制度

（1）　社会福祉士

①　社会福祉士とは

　この資格は社会福祉分野でははじめての国家資格として1987（昭和62）年に「社会福祉士及び介護福祉士法」にもとづいて創設された資格である．この資格はソーシャルワークそのものではないが，ソーシャルワーク職に対応するものとして創設された資格である．

同法は，この資格の性格について次のように定義をしている．

「この法律おいて，『社会福祉士』とは，第28条の登録を受け，社会福祉士の名称を用いて，専門的知識及び技術をもって，身体上若しくは精神上の障害があること又は環境上の理由により日常生活を営むのに支障がある者の福祉に関する相談に応じ，助言，指導，福祉サービスを提供する者又は医師その他の保健医療サービスを提供する者その他の関係者（第47条において『福祉サービス関係者など』という）との連絡及び調整その他の援助を行うこと（第7条及び第47条の2において『相談援助』という）を業とする者をいう」（社会福祉士及び介護福祉士法第2条）．

つまり，社会福祉士とはその名称を用いて相談援助の仕事をする人びとという規定である．すなわち，まず第1に，社会福祉士は名称独占資格といわれる資格であり，ソーシャルワーク，あるいは相談援助の仕事は社会福祉士資格を持っていない人がしても何ら差し支えないということである．

注目しておくべき第2の点は，社会福祉士の仕事を相談援助に限定していることである．今のところ，ソーシャルワークの標準的な定義として広く受け入れられている国際ソーシャルワーカー連盟の定義では，ソーシャルワークを「社会の変革を進め，人間関係における問題解決を図り，人びとのエンパワメントと解放を促していく」と，非常に幅広く定義をしている．これらの両者を比較すると，社会福祉士は機能限定的な定義が示されているようにも思われる．なお，社会福祉士の業務内容（相談援助）のうち，「連絡及び調整」の部分は2007（平成19）年の法改正によって新しく付けくわえられたものである．

② 　社会福祉士の資格取得方法と登録者数

社会福祉士の資格制度はそれまで取り組まれてきた社会福祉援助実践をも尊重する形で構築された，つまり，それまで社会福祉の仕事をしてきた人びとも資格の取得がしやすいような仕組みが構築されたものである．そのため

に，国家試験の受験資格取得につながるさまざまな11種類のルートがつくられているのが特徴である．

なお，社会福祉士は試験に合格するだけでなく，登録をしてはじめて名乗ることのできる資格である．2020（令和 2）年11月末までの登録者数は250,409人である．

（2）　介護福祉士

①　介護福祉士とは

社会福祉士と同様に，介護福祉士も1987（昭和62）年に「社会福祉士及び介護福祉士法」にもとづいて創設された資格である．当時は高齢化の急速な進展と要介護高齢者の増加，そしてそれまで介護を担ってきた家族の介護機能の低下や，介護している家族にはよりおおきな負担がかかるようになったことなどを反映して，介護の社会化が進められた．そして，その担い手には高い専門性も求められるようになった．これらの社会状況を反映して介護の専門職資格として創設されたのが介護福祉士である．

介護福祉士の業務の内容やその性質は「社会福祉士及び介護福祉士法」に規定されている．なお，介護福祉士にたいする期待は，法制定当時は主に寝たきり老人の介護であったが，その後，認知症高齢者の介護も重視されるようになり，2007（平成19）年の法改正で改正されている．以下の条文は，改正された現行のものである．

　「この法律において『介護福祉士』とは，第42条第 1 項の登録を受け，介護福祉士の名称を用いて，専門的知識及び技術をもって，身体上又は精神上の障害があることにより日常生活を営むのに支障がある者につき心身の状況に応じた介護を行い，並びにその者及びその介護者に対して介護に関する指導を行うこと（以下『介護など』という）を業とする者をいう」．

介護福祉士も社会福祉士同様，名称独占の資格である．つまり，介護福祉

士の資格をもっていないのに介護福祉士と名乗ることはできないという資格であり，資格がなくても介護の仕事をすることは差し支えないという資格である．

　介護福祉士の仕事の内容は，心身の状況に応じた介護をすることと，本人や介護者にたいして介護の指導をすることである．

② 　介護福祉士の資格取得方法と登録者数

　介護福祉士の資格取得の方法にも複数のルートが設けられている．それらは，おおきく，養成施設を卒業するコースと，実務経験をベースにして国家試験を受験するコースに区別できる．しかし，近年は認知症高齢者の介護など，介護においても高度な知識・技能が求められるようになり，2026（令和8）年度より介護福祉士国家試験が介護福祉士養成施設卒業生にも課される予定である．また，実務経験者に関しては，現在は3年の実務経験で国家試験を受験できるが，国家試験の受験資格を得るためには，3年の実務経験にくわえて，実務者研修を受講することが必要になる[14]．

　なお，介護福祉士も養成施設の卒業や国家試験に合格するだけでなく，登録をしてはじめて名乗ることのできる資格である．2020（令和2）年11月末までの登録者数は1,953,729人である．

(3) 　精神保健福祉士

① 　精神保健福祉士とは

　精神保健福祉士は1997（平成9）年に制定された「精神保健福祉士法」にもとづいて創設された国家資格である．精神保健福祉士は，資格制度創設以前から精神科病院などにおいてソーシャルワークの知識と技術を用いて，精神障害者などの社会復帰の援助などをおこなってきた精神科ソーシャルワーカー（Pychiatric Social Worker：略称PSW）に対応して創設された国家資格である．資格の創設に当たっては，社会福祉士との関係をどうするかが広く議論されたりしたが，社会福祉士とは別の資格として創設された．

　精神保健福祉士の業務の内容やその性質は，精神保健福祉士法につぎのよ

うに規定されている.

　「この法律において『精神保健福祉士』とは，第28条の登録を受け，精神保健福祉士の名称を用いて，精神障害者の保健及び福祉に関する専門的知識及び技術をもって，精神科病院その他の医療施設において精神障害の医療を受け，又は精神障害者の社会復帰の促進を図ることを目的とする施設を利用している者の地域相談支援の利用に関する相談その他の社会復帰に関する相談に応じ，助言，指導，日常生活への適応のために必要な訓練その他の援助を行うこと（以下『相談援助という』）を業とする者をいう」[15).

　精神保健福祉士も社会福祉士同様，名称独占の資格である.また，精神保健福祉領域が専門のソーシャルワーカーであるともいえる.精神保健福祉士の職場は，精神科病院などの医療機関，障害者総合支援法上の障害福祉サービス事業所，福祉行政機関，司法施設などに幅広く広がっている.

② 精神保健福祉士の資格取得方法と登録者数

　精神保健福祉士の受験資格の取得は4年制大学において指定科目を履修して卒業する方法が原則とされているが，その他に，多様な形で受験資格を取得するコースも設けられている.なお，精神保健福祉士の養成課程については2012（平成24）年4月から新しいカリキュラムが導入されて，教育内容の充実が図られている.精神保健福祉士の登録者は90,870人（2020〈令和2〉年11月末）となっている.

(4)　その他の資格制度

① 社会福祉主事

　社会福祉主事は福祉事務所などに設置される職種であって，それ自体が資格ではない.しかし，社会福祉主事としての仕事をする（任用される）ための規定が定められているために，社会福祉主事は任用資格と呼ばれている.

　また，社会福祉主事は社会福祉士などの国家資格が制定される前から社会

福祉事業法（現在は社会福祉法）に規定され，またそれ以外に社会福祉関係の資格はなかったために，社会福祉主事に任用される資格をもっていることが行政機関でケースワーカーとして働くこと以外にも，福祉施設などで働くための資格として位置づけられていた．さらに，社会福祉士などの国家資格が創設された後でも，そして現在でも社会福祉主事の制度は存続しており，社会福祉領域の基礎資格として位置づけられている．しかし，現在，社会福祉主事の任用資格保持者が社会福祉の専門職と考えられることはない．

　社会福祉主事の設置規定は社会福祉法第18条に規定され，「都道府県，市及び福祉事務所を設置する町村に社会福祉主事を設置する」とされている．そして，同条3，4，5項は社会福祉主事が担当する法律を規定している．社会福祉六法に定められている援護，育成又は更生の措置がその業務である．

　また，社会福祉主事になるための規定（任用規程）は同法第19条に定められている．社会福祉主事の任用資格を取得するためのルートは複数規定されている．そのうちの1つは，大学などにおいて「厚生労働大臣の指定する社会福祉に関する科目（指定科目）を修めて卒業」するルートである．指定科目は33科目あり，そのうち3科目を履修していることが求められている．その他に，講習会を修了するルートや社会福祉士資格を取得して社会福祉主事になるルートが定められている．

　②　保育士

　保育士の定義は，児童福祉法第6節第18条の4につぎのように規定されている国家資格である．

　　「この法律で，保育士とは，第18条の18第1項の登録を受け，保育士の名
　　称を用いて，専門的知識及び技術をもって，児童の保育及び児童の保護者
　　に対する保育に関する指導を行うことを業とする者をいう．」

　このように，保育士には，児童の保育と保護者の指導という業務の柱が規定されている．そのさいに，保育士資格取得者は保育士と名乗って保育・指

導に当たってもよいという名称独占資格である．なお，この児童福祉法第6
節では，保育士にたいして信用失墜行為の禁止や守秘義務といった規定も設
けられている．

　保育士資格の取得方法は，大学，短期大学，専修学校などの指定保育士養
成施設を卒業し，登録するルートと，都道府県がおこなう保育士試験に合格
して登録するルートが設けられている．指定養成施設は2020（令和2）年現
在，641か所設置されている．また，保育士として登録している人数は，
2020（令和2）年4月末現在で1,665,549人である．

③　介護支援専門員（ケアマネジャー）

　介護支援専門員は，介護保険制度の創設にともなって新しく創設された資
格制度である．制度創設に当たっては，イギリスなどのケアマネジャーの仕
組みを参考にされたため，一般的にはケアマネジャーと呼ばれることも多い．

　ケアマネジャーのおこなうケアマネジメントとは，地域での生活を継続し
ていくためには複数のケアサービスを必要としている人びとを対象にして，
そのニーズを満たすために適切なサービスの種類と量を提供することを目的
に，ニーズをアセスメントし，ケアプランを作成，実施し，モニタリングを
おこなってニーズの変化に対応して適切なケアプランを作成するなどのプロ
セスを実施することである．

　日本に導入されたケアマネジメントは，介護保険制度では「居宅介護支
援」と呼ばれ，居宅介護支援事業所に属する介護支援専門員がその担当とな
り，サービス利用者を支援し続ける形になっている．

　介護支援専門員の資格は国家資格ではないが，介護保険制度で居宅介護支
援事業所がケアプランを作成するためには必置となっており，これは業務独
占資格である．

　この資格を取得するためには，厚生労働省が定めている介護や相談援助の
5年以上の実務経験がある人が，「介護支援専門員実務研修受講試験」に合
格し，その後「介護支援専門員実務研修」の課程を修了することで都道府県
知事の登録を受けることができるようになっている．なお，現在は5年更新

の制度が導入され，更新研修の受講が義務付けられている．また，主任介護支援専門員の制度も導入されている．

　今後，高齢社会のなお一層の進展，認知症高齢者など，介護の必要な高齢者の増加が見込まれるため，介護保険制度の健全な運営が不可欠であり，介護支援専門員の役割もますます重要になるであろう．

注
1) 　中央法規出版編集部編（2012）『六訂社会福祉用語辞典』中央法規出版，p.474.
2) 　社会福祉士養成講座編集委員会編集（2015）『相談援助の理論と方法Ⅱ　第3版』中央法規出版，p.93.
3) 　前掲書1），p.115.
4) 　岩田正美・大橋謙策・白澤政和監修（2010）『ソーシャルワークの理論と方法Ⅰ』ミネルヴァ書房，p.180.
5) 　仲村優一・一番ヶ瀬康子・右田紀久恵監修（2007）『エンサイクロペディア社会福祉学』中央法規出版，p.650.
6) 　前掲書5），pp.652〜653.
7) 　前掲書5），p.653.
8) 　前掲書5），p.654.
9) 　氏原寛他編（1999）『カウンセリング辞典』ミネルヴァ書房.
10) 　国分康孝（1980）『カウンセリングの理論』誠信書房，p.5.
11) 　公益社団法人日本心理学会公認心理師養成大学教員連絡協議会
12) 　たとえば，社会福祉士養成講座編集委員会編（2020）『相談援助の基盤と専門職』167，中央法規出版を参照.
13) 　厚生労働統計協会編（2020）『国民の福祉と介護の動向（2020／2021）』58(10) 197を参照.
14) 　この部分は2020（令和2）年現在で，1年間の延期が決められている.
15) 　地域相談支援とは，「障害者の日常生活及び社会生活を総合的に支援するための法律」（障害者総合支援法，旧障害者自立支援法）第5条17項に規定されている地域相談支援のことであり，それによると地域相談支援とは地域移行支援及び地域定着支援のことである.

参考文献

橋本好市・直島正樹編（2019）『保育実践に求められる子ども家庭支援』ミネルヴァ書房.

社会福祉士養成講座編集委員会（2015）『相談援助の基盤と専門職』中央出版.

柏女霊峰・伊藤嘉余子編（2009）『社会福祉援助技術』樹村房.

基礎からの社会福祉編集委員会編（2005）『社会福祉援助技術論』ミネルヴァ書房.

F. P. バイスティック／尾崎新・福田俊子・原田和幸訳（2006）『ケースワークの原則－援助関係を形成する技法』誠信書房.

G. コノプカ／前田ケイ訳（1967）『ソーシャル・グループワーク－援助の過程』全国社会福祉協議会.

社会福祉士養成講座編集委員会編集（2018）『新・社会福祉士養成講座6　相談援助の基盤と専門職』中央法規出版.

社会福祉士養成講座編集委員会編集（2018）『新・社会福祉士養成講座7　相談援助の理論と方法Ⅰ』中央法規出版.

保田井進・硯川眞旬・黒木保博編著（2010）『福祉グループワークの理論と実際』ミネルヴァ書房.

M. リッチモンド／小松源助訳（1991）『ソーシャル・ケースワークとは何か？』中央法規出版.

アルフレッド・カデューシン，ダニエル・ハークネス／福山和女監修（2016）『スーパービジョン・イン・ソーシャルワーク第5版』中央法規出版.

小田兼三・杉本敏夫編著（2016）『社会福祉概論　現代社会と福祉　第4版』勁草書房.

杉本敏夫監修（2020）『改訂版　現代ソーシャルワーク論―社会福祉の理論と実践をつなぐ―』晃洋書房.

福山和女編著（2005）『ソーシャルワークのスーパービジョン：人の理解の探求』ミネルヴァ書房.

杉本敏夫，住友雄資編（1998）『新しいソーシャルワーク』中央法規出版.

岡本民夫編（1996）『社会福祉援助技術』川島書店.

硯川眞旬編著（1996）『新社会福祉方法原論』ミネルヴァ書房.

仲村優一他編（2005）『社会福祉援助技術』ミネルヴァ書房.

豊山大和他編（2005）『社会福祉援助技術』メヂカルフレンド社.

（社）日本社会福祉士会編（2004）『新社会福祉援助の共通基盤』中央法規出版.

坂口順治（1989）『グループワーク：その人間的アプローチ』学陽書房.

岡本民夫・小田兼三編著（1991）『社会福祉援助技術総論』ミネルヴァ書房.

岡本栄一・李　仁之著（2002）『社会福祉原論』建帛社.

社会福祉士養成講座編集委員会編（2004）『新版　社会福祉士養成講座8　社会福祉援助技術論』中央法規出版.

岡本民夫・小林良二・高田真治編著（2002）『社会福祉士養成講座：テキストブック　社会福祉原論』ミネルヴァ書房.

小田兼三・宮川数君編著（2005）『社会福祉援助技術論』勁草書房.

成清美治・加納光子編集代表（2002）『第2版　現代社会福祉用語の基礎知識』学文社.

中央法規出版編集部（2001）『新版　社会福祉用語辞典』中央法規出版.

厚生労働統計協会編（2020）『国民の福祉と介護の動向（2020／2021）』.

Milne D. L. ／山本和郎・末松渉訳（2004）『ソーシャルセラピー：精神保健実践家のための社会的支援介入のガイド』ミネルヴァ書房.

Burr, J, & Budge, U. ／福崎哲監訳（1981）『精神障害者のための看護：生活協床の考え方と実践』医歯薬出版.

吉田輝美，中野一茂（2019）「ソーシャルワークへの「侵食」と社会福祉士養成教育における批判的検討：日本独自のソーシャルワークをめざしたミクロレベルの再構築に関する考察」『別冊総合人間科学』通巻 2 号，総合人間科学研究学会.

レナ・ドミネリ／上野谷加代子，所めぐみ訳（2017）『グリーンソーシャルワークとは何か：環境正義と共生社会実現』ミネルヴァ書房.

中野一茂，森久保俊満（2016）「自衛隊におけるメンタルヘルス対策と家族支援に関する一考察：Military Social Work に着目して」『総合人間科学』通巻 4 号，総合人間科学研究会.

第8章　社会福祉及び関連する分野の現状と課題

第1節　生活困窮者に対する福祉

1　社会保障の考え方と枠組み

　経済的に生活が困窮する者に対する福祉は，社会保障における所得保障の側面から進められた経過がある．ここではまず，社会保障の考え方と枠組みを理解するために，所得保障を含めた社会保障の成立過程を概観する．つぎに，わが国における生活が困窮する者への福祉である生活保護制度および生活困窮者自立支援制度を概観する．なお生活困窮概念は，戦後の緊急対策として生活必需品の給付を目的に実施された「生活困窮者緊急生活援護要綱」，もしくは生活保護法第1条の文中で「生活に困窮するすべての国民」と使われてきた経緯がある一方で，生活困窮者自立支援法の対象に生活困窮者が別に定められている．これらの定義は必ずしも一致するものではないが広い意味で生活困窮者と捉えることができる．本節は生活困窮者を生活困窮者自立支援制度の対象者に限定せず広い意味で用いる．

　さて，世界で初めて「社会保障」という（発足時点では経済保障であったが）名を用いた法律は，1935年にアメリカで制定された社会保障法である．これは1929年にアメリカのウォール街での株価暴落を契機に，およそ1,400万人の失業者を生んだといわれる大恐慌において，失業者の救済を目指したものであり，F.ルーズベルト大統領による雇用の創出にむけたニューディール政策の一環としての背景をもつ．

　この社会保障法は，老齢年金制度と失業保険制度，そして高齢者や児童，

視覚障害者にたいして公的な扶助を実施する州への補助金の交付，さらに社会福祉サービスにたいする補助金の交付から構成されていた．つまり，これまで自由放任とされてきた経済活動にたいして，国家が積極的に介入して，国内の資本主義経済体制を維持しつつも，社会保障制度を構築することで，同時に国民の生活の安定を図り，失業・貧困問題を解決させることを目指したのである．

　イギリスでは「社会保障」という名は用いていないものの，すでに1900年代の初頭に「無拠出老齢年金法」や「国民保険法」（健康保険と失業保険）などの諸立法によって国民の生活の安定を目指していた．しかしながらアメリカの大恐慌から発生した世界恐慌によって，イギリス国内も失業者が増加し，失業保険が財政的に行き詰まっていった．

　失業保険の抜本的な改革が求められるなか，第2次世界大戦下でもあったイギリスは戦後の復興を目指した議論の一環で，1942年に「社会保険及び関連サービス」に関する省庁間委員会を設置した．そして委員長の名を取って『ベヴァリッジ報告』と呼ばれる報告書が同年11月にまとめられた．

　この報告書はイギリスにおいて，戦後の社会保障の設計図となっていく．報告書では，社会保障は①失業，疾病もしくは災害，②老齢による退職や本人以外の者の死亡，③出生や結婚，死亡などの関連によって，収入が中断したり，特別な支出が生じたりすることをまかなうための，最低限度までの所得の保障を意味する．つまり，イギリスでは社会保障を所得保障と位置づけて，金銭給付に限定している点に特徴がある．

　したがって，イギリスは世界で最初に社会保障法を制定した国ではない．しかしながら，すでに19世紀末にドイツで成立した社会保険が主に労働者を対象としていたのにたいして，『ベヴァリッジ報告』が目指した社会保障体系は国民全体を対象ととらえたこと，さらに「ゆりかごから墓場まで」と呼ばれるように人生周期の全体を対象ととらえたこと，また1941年にイギリスとアメリカによって宣言された大西洋憲章において，第2次世界大戦後の連合国が目指す国内政策のあり方として，社会保障の確保を謳ったことから，

イギリスは「社会保障の祖国」とみなされていく．イギリスのいわゆる「福祉国家」と呼ばれる国家体制は，ほかの先進諸国におおきな影響を与えた．

　時代とともに社会保障は，人権における社会権として国際的に確立していく．1948年には国際連合の第3回総会で世界人権宣言が採択され，その第22条で「すべて人は，社会の一員として，社会保障を受ける権利を有し（以下省略）」と定められた．社会保障はその国の経済体制を維持するための装置ではない．人権における具体的な権利として，社会保障が位置づけられたことは，加盟各国の共通認識を育むうえにおいておおきな意味をもった．

　しかしながら，世界人権宣言は各国への法的拘束力は無い．したがって，国際連合の専門機関である国際労働機関（International Labour Organization, 略称 ILO）は，1952年の総会で「社会保障の最低基準に関する条約」（102号条約）を採択した．わが国は1976（昭和51）年にこの条約を批准し，定められた社会保障の最低基準を，一部を除き遵守することとなった．

　さて，わが国においては，第2次世界大戦からの復興を目指すなか，1946（昭和21）年に公布した日本国憲法で，第25条第1項「すべて国民は，健康で文化的な最低限度の生活を営む権利を有する」，第2項「国は，すべての生活部面について，社会福祉，社会保障及び公衆衛生の向上及び増進に努めなければならない」と定められ，これが社会保障の根拠となった．

　そして1950（昭和25）年に総理大臣などに勧告をおこなう社会保障制度審議会は，社会保障の定義および体系を提示する．すなわち「社会保障制度とは，疾病，負傷，分娩，廃疾，死亡，老齢，失業，多子その他困窮の原因にたいし，保険的方法又は直接公の負担において経済保障の途を講じ，生活困窮に陥った者にたいしては，国家扶助によって最低限度の生活を保障するとともに，公衆衛生及び社会福祉の向上を図り，もってすべての国民が文化的社会の成員たるに値する生活を営むことができるようにすること」である．

　イギリスの『ベヴァリッジ報告』における社会保障は所得保障を指しているが，勧告の定義は所得保障でなく，社会保険と社会手当からなる経済保障ととらえ，さらに最低限度の生活を保障するとある．この最低限度の生活を

保障することに，経済的な保障だけでなく自立助長に向けた対人援助を含め
ていることがわが国の特徴でもあり，これを担うのが生活保護制度である．

　勧告の定義は，戦後復興における状況を反映したものである．現在の社会
保障は，この定義には直接に示されていないことも含めて，より広くとらえ
ている．たとえば，疾病などは実際に医療機関などにおいて保健・医療サー
ビスを受けられねばならない．所得を保障するのではなく，医療保障として
具体的にサービスが整備されねばならない．これは社会福祉サービスも同様
である．

　したがって，わが国の社会保障は，所得保障，医療保障，社会福祉サービ
スの機能を持ちながら，年金保険，医療保険，介護保険，雇用保険，労働者
災害補償保険，公的扶助（社会手当を含む），そして児童福祉や障害（児）者
福祉，老人福祉，母子及び父子並びに寡婦福祉などの内容を含む広範な制度
群となる．そしてこれら制度群を社会的な安全装置という意味で「社会的セ
ーフティネット」と呼ぶ．なお公的扶助は，被保険者からの保険料などを財
源とする年金保険などの社会保険とは異なり，国や地方自治体の一般歳入を
財源とすることから，生活保護制度，生活困窮者自立支援制度，社会手当や
低所得者への対策を指す．

　次項では憲法第25条第1項の生存権規定を根拠にして，国民の最低生活水
準であるナショナルミニマム（国民最低限）を保障し，自立助長に向けた支
援を提供する生活保護制度を取り上げる．国民の生活を守るための社会保障
制度は，その中核に生活保護制度を位置づけて，いわば「最後のセーフティ
ネット」としての役割を与えている．

2　生活保護制度

　わが国の公的扶助制度は，701年の大宝律令に村里での保護や行旅病人へ
の救済などがみられることから，その萌芽をみてとれるが，近代的な公的扶
助は，1874（明治7）年に制定された恤救規則である．救済を全国統一に実
施するものだが，救済の責任は国家にあるとは認めず，私的な相互扶助を救

済の前提とするような厳しい制限があった．その後，1929（昭和4）年には救護法を制定し，国もその費用を負担して生活・医療・助産・生業の4種類の扶助をおこなうが，私的扶養がないことや，労働能力のないことを要件としており，これも制限的であった．しかし第2次世界大戦下では生活困窮となる者が増加したため，軍事扶助法や母子保護法，医療保護法を成立させて救護法を補っていった．

　1945（昭和20）年の第2次世界大戦の終結後，戦災や引揚げ，失業などへの対応が急務となり，生活必需品の給与を中心とした緊急措置として生活困窮者緊急生活援護要綱が決定されるが，立法措置ではなかった．民主化を進めるわが国においては公的扶助制度を抜本的に改革する必要もあり，1946（昭和21）年に生活保護法を制定，施行した．しかしながら，同年に公布された日本国憲法との整合性を図ることや生活保護制度の充実強化が求められ，1950（昭和25）年に生活保護法を全文改正して，現行の生活保護法を制定施行した．したがって1946（昭和21）年に制定した法を（旧）生活保護法と呼ぶ．

　現行の生活保護法は大幅な改正なく，戦後日本の公的扶助を支えてきた．しかし，1991（平成3）年のバブル経済の崩壊や2008（平成20）年の世界金融危機などの影響で生活保護を利用する者（被保護者）が著しく増加し，生活保護制度がより一層に生活再建や自立助長につながるよう改正する必要が生じた．2013（平成25）年には生活保護法の一部改正と，生活保護の利用にいたる前の，生活が困窮した状態においても支援をしていくための生活困窮者自立支援法を公布した．少子高齢化や単身世帯の増加，地域から孤立しがちな状況など，現在のわが国がかかえる貧困・低所得問題の重層化に対応するものと期待されている．

　さて，憲法第25条第1項に定められた「健康で文化的な最低限度の生活を営む権利」（これを生存権という）を保障するために制定，施行した生活保護法は，その第1条で生活保護法による保護は，国の直接の責任で必要な保護をおこなうこと，保護を必要とする者の最低生活を保障するとともに自立を助長しようとするものであることを定めている．このうち前者を国家責任に

よる最低生活保障の原理と呼び，後者を生活保護制度の目的と位置づけている．所得保障は金銭を給付することを指すが，目的にある最低生活を保障するとは金銭給付にかぎらず，現物（物品やサービスなど）の給付を含み，さらに自立の助長に向けた支援，助言，指導を保護の実施機関（都道府県知事や市長などとその委託を受けた福祉事務所）がおこなうことを含んでいる．これも所得保障より広い点である．

　第1条の①国家責任による最低生活保障の原理以外にも，生活保護の運用において遵守しなければならない原理が定められている．②無差別平等の原理（法第2条），③健康で文化的な最低生活保障の原理（法第3条），④保護の補足性の原理（法第4条）であり，あわせて「生活保護法の基本原理」と呼ぶ．②無差別平等の原理とは，保護を要する状態に至った理由を問わず，保護の要件を満たすかぎり保護をおこなうことを定めたものであり，（旧）生活保護法で定められていた欠格条項（素行不良な者などへは保護をおこなわない）を除外している．保護を要する状態であるならばまず保護をおこない，その後に適切な指導，助言などを実施するのである．③健康で文化的な最低生活保障の原理は，保障される保護の内容は肉体的な生存の維持ではなく，健康で文化的な最低限度の生活を維持するものと定めている．したがって，厚生労働大臣は保護の基準を定め，適切に保護をおこなうこととしている．この基準は同時に，生活保護が必要であるか否かの判断基準にもなる．④保護の補足性の原理は，生活に困窮する者が，自らの資産や能力などを最低限度の生活の維持のために活用することを要件に保護がおこなわれることを指している．また，民法に定める扶養義務者の扶養や，生活保護法以外の法律に定める扶助が得られるならば，保護よりも優先して活用することを指している．いずれにおいても生活保護はこれらを補う機能をはたすという意味で，保護の補足性という．ただし，急迫した状況にある場合は，これらを問うことなく，まずは必要な保護をおこなうことができるよう，職権にもとづいた保護も可能である．

　これら4つの基本原理以外に，保護を具体的に実施するうえで4つの原則

が定められている．①申請保護の原則（法第7条）は，生存権を保障するため，国民には保護請求権が与えられているのであり，保護の開始は原則として，国民による保護請求権の行使（具体的には保護の申請）にもとづくことを定めたものである．しかし一方で，保護の申請が困難な場合も想定されることから，急迫した状況にある場合は申請がなくても職権で保護を開始できるとしている．②基準及び程度の原則（法第8条）は，どの対象者に，どの程度の保護が必要であるかを，あらかじめ定めた客観的な基準をもとに定めなければ生活保護法の理念を全うできないことから，保護は厚生労働大臣の定める基準により測定した要保護者の需要をもととすると定めたものである．そして補足性の観点からも，要保護者の金銭や物品で満たすことのできない不足分を補う程度においておこなうものとしている．③必要即応の原則（法第9条）は，最低生活保障と自立助長をおこなうためには，保護も要保護者の実情に応じて柔軟におこなう必要がある．たとえば，障害を有する者や子育て中の世帯には特別な需要がある．最低生活保障の趣旨，自立助長の目的に合致するかぎり，それら特別な需要に対応することは認められる．これにより実質的な平等を実現するのであって，第2条の無差別平等の原理とは矛盾しないで両立する．④世帯単位の原則（法第10条）は，保護の要否や程度の決定は世帯を単位としておこなうことを指している．社会通念においても生活の困窮という状態は，単身世帯を除いて，生計を同一にしている世帯全体に生じたり，あるいは世帯全体を観察してはじめて把握できるとされる．しかし2人以上の世帯において，世帯単位の取扱いをすればかえって自立の助長という法の目的に合致しないと認められるならば，例外的に個人単位での取扱いが可能と定められている．

　生活保護法による健康で文化的な最低限度の生活の保障は，医療や介護サービスなどの現物給付を別として，原則的に金銭給付する．給付内容によって8種類の扶助があり，これらを要保護者の需要によって組み合わせて保護の内容を決定する．①生活扶助，②住宅扶助，③教育扶助，④医療扶助，⑤介護扶助，⑥出産扶助，⑦生業扶助，⑧葬祭扶助，である．このうち，もっ

とも需要が高いのは①生活扶助である．これは生活費にたいする扶助であるが，衣食住のうち住にかんする費用などは，住宅扶助が対象としている．生活扶助は被保護者の日常生活に必要な経費であり，衣食にかんする費用などの個人単位の経費（第 1 類），光熱水費など世帯単位の経費（第 2 類）をもとにして，介護や子育て，母子世帯などの特別な需要への各種加算をあわせ，これらに冬季加算や期末一時扶助などを組み合わせて構成する．そもそも生活の拠点は居宅であると社会通念上も認識される．したがって，生活扶助は居宅でおこなうことを原則としている．しかし，居宅による保護ができない，また被保護者が希望したときなどは，施設による保護を認めており，生活保護法では保護施設として 5 種類の施設を設置している．

　①救護施設および②更生施設は，いずれも生活扶助をおこなうことを目的としている施設であるが，救護施設は日常生活を営むことが困難な要保護者へ生活扶助を提供し，更生施設は居宅への移行を目指して生活指導や支援などを提供している．2020（令和 2 ）年時点で救護施設は182か所，更生施設は20か所設置されている（以下施設数は同年とする）．③医療保護施設は医療の給付をおこなう施設であるが，生活保護法成立当時よりも指定医療機関の充実がなされている現在においては，その存在意義は相対的に低下しており58か所となった．④授産施設は生業扶助をおこなうことを目的とする施設であり，要保護者に就労と技能習得のための機会，指導や支援を提供し，自立助長を図っており，16か所設置されている．⑤宿所提供施設は，住居のない要保護世帯にたいして住宅扶助として宿所を提供する施設であり，10か所設置されている．

3　生活困窮者自立支援制度

　2015（平成27）年 4 月より施行された生活困窮者自立支援法は，生活保護にいたる前の段階に支援をおこない，自立の促進を図ることを目的としている．本法に定める生活困窮者は，就労の状況，心身の状況，地域社会との関係性その他の事情により，現に経済的に困窮し，最低限度の生活を維持する

ことができなくなるおそれのある者をいう.「地域社会との関係性」とは,
地域社会からの孤立, 希薄化等を意味し,「その他の事情」とは, 何らかの
事情で住まいを失いかねない状況にあることや, 自ら家計管理がうまくでき
ない状況にあることなどが含まれる. ところで, 前項の生活保護制度を必要
とする状態は, 生活保護基準を下回る生活状態であるのにたいして, 本法の
生活困窮状態は, 生活保護基準を上回るがそれに近い生活状態であることを
想定している. したがって, 両者を包括して広い意味での生活困窮とし, 本
法の対象を狭い意味での生活困窮と位置づけ, ここでは後者についての支援
策を述べる.

　主な事業として, ①自立相談支援事業は, 就労の支援その他の自立にかん
する相談支援, 関係機関との連絡調整, 認定生活困窮者就労訓練事業の利用
斡旋などを実施している. 全国の福祉事務所設置自治体に自立相談支援機関
が設置された. 自立相談支援機関は自治体によって, 自治体が直接運営する
もの, 社会福祉協議会などに委託するものに分かれるが, 相談支援の全般に
携わる相談支援員と, 主に相談支援業務のマネジメントあるいは地域の社会
資源の開発に携わる主任相談支援員, 就労支援に関する知識・技術を有して
就労支援に携わる就労支援員の3つの職種を配置することを基本としている.
自立相談支援機関は相談について本人の状況に応じた支援を行うために自立
支援計画等を立てる. どのような相談内容であってもいったん受け付け
(「断らない」相談支援と言う.), 生活困窮者自立支援制度の対象外であっても
他の法律によるサービスの適用可能性を探るなど, 社会的に孤立しないよう
心がけるものとする.

　②住居確保給付金事業は, 離職により住宅を失い, あるいは家賃を支払う
ことが困難となった生活困窮者などにたいして家賃相当(上限あり)の「住
居確保給付金」(有期)を支給する. これは所得保障の一環となるが, 生活
保護にいたる前のセーフティネットの位置づけで2009(平成21)年から開始
した緊急雇用創出事業臨時特例基金事業における住宅支援給付事業を制度化
したものである. 求職活動などの就労支援などと組み合わせており, 就労自

立を目指すものである．住居確保給付金の支給審査や決定，その他の支給業務は福祉事務所設置自治体が行わなければならず，受給についての相談や受付，アセスメント，プランの策定などの業務は自立相談支援機関が行う．

　③就労準備支援事業は，雇用による就業がいちじるしく困難な生活困窮者（たとえば，ひきこもりや長期間就労することができていない状態が続き，直ちに一般就労に向かうことが難しい状態）にたいし，就労に必要な知識および能力の向上を目的として自立への段階別にあわせて有期で実施する．たとえば日常生活のリズムや生活習慣の形成，コミュニケーション能力の向上，自尊感情の回復，就労意欲の喚起における課題を複合的に抱えていることに向けて支援プログラムを作成し，就労体験活動を提供し，求職活動の支援まで一貫性を持って支援する．直ちに一般就労が難しくても，就労支援を受ける側が，福祉サービス事業所などの支援の場で他者の見守りに回るよう，貢献活動を積み上げていく試みが共生の観点から行われている．

　④一時生活支援事業は，住居のない生活困窮者にたいして一定期間，宿泊場所や衣食の提供などを有期で実施する．また過去にこの支援を利用し現在は住居を有する生活困窮者や，地域社会から孤立している生活困窮者にたいして訪問をして，情報の提供や見守り，助言等を有期で実施する．こうして地域住民との繋がりを作ることも目指している．この事業は，生活困窮者自立支援制度が始まる前から各自治体でホームレス対策事業として実施してきたホームレス緊急一時宿泊事業（シェルター）およびホームレス自立支援センターを生活困窮者自立支援制度に組み入れたものである．ただしホームレスに限らず，いわゆるネットカフェに寝泊まりしている人，家賃滞納等により退去せざるを得ない人，家庭の事情により自宅にいられなくなった人なども当然に事業の対象となる．

　⑤家計改善支援事業は，収入，支出その他家計の状況を適切に把握すること，家計改善の意欲を喚起することを支援するとともに，生活に必要な資金の貸付けの斡旋などを実施する．家計の状況について紙面を用いて本人と共に客観的に把握することや，滞納がある場合にはその解消，債務整理など，

212

家計を再生させるための個別支援を行う．家計は消費の傾向を示すだけでなく生活習慣や行動様式を現すことから，家計改善支援単独でなく，自立相談支援事業と連携して進めることが必要である．

⑥子どもの学習・生活支援事業は，生活困窮家庭の子どもへの学習援助を行うこと，また保護者を含めて子どもの生活習慣や育成環境の相談についての助言を行うこと，子どもの進路選択についての情報提供や助言，関係機関との連絡調整を行うこととされる．この事業は，親の貧困を子どもが継承する，いわゆる「貧困の世代間継承」を防ぐ観点から，生活保護を受給する世帯の子どもを対象に含んでいる．子どもにとって学習支援の場が居場所となり，支援に携わる多くの大人との出会いを通して視野を広げ，自尊感情を向上させる役割が期待されている．

⑦認定就労訓練事業は，就労準備支援事業を利用したが一般就労への移行が困難な者などを対象に，社会福祉法人やNPO法人などが自主事業として実施する．利用者の状況に合わせて清掃・警備や福祉サービスの補助作業，クリーニング・リネンサプライ，事務・情報処理などを提供する．就労準備支援事業と一般就労の中間に位置することから「中間的就労」と呼ばれる．この事業は，自立相談支援事業の就労支援プログラムと連携しなければならず，都道府県等の認定を受けなければならない．

福祉事務所を設置する自治体はこれら事業のうち①および②は必須で実施しなければならず，それ以外は任意とするが，就労準備支援事業と家計改善支援事業の実施は努力義務とされ，自立相談支援事業との一体的実施が求められている．福祉事務所を設置していない町村においても，生活困窮者に対する一次的な相談に対応できるものとし，国はその費用を補助している．

4 生活が困窮する者に対する福祉の課題と展望

平成年代以降にわが国の生活保護を受給する被保護者は増加の一途をたどるが，2015（平成27）年5月をピークに減少に転じている．2020（令和2）年4月時点の速報値では，被保護人員数は2,059,536人，被保護世帯数は

1,634,584世帯，同年の人口千人にたいする被保護者の割合である保護率は16.4である．しかしながら，生活困窮者自立支援制度の新規相談受付件数を見ると，2016（平成28）年度以降は増加傾向である．そして2020（令和２）年に拡大した新型コロナウイルス感染症の影響で，生活困窮状態の増加が予想されている．

　生活保護を受給する被保護世帯の類型別内訳をみると，高齢者世帯が55.7％，母子世帯が4.7％，傷病・障害者世帯が24.7％，その他の世帯が14.8％となっている．「その他世帯」とは高齢者世帯，母子世帯，傷病・障害者世帯以外の世帯を指す．そしてその数は，リーマンショックによる世界金融危機前の2007（平成19）年と比較するとおよそ2.1倍の増加となっている．これは世界金融危機の影響や非正規雇用の雇い止めの問題など雇用の問題がおおきく関係している．また高齢者世帯は増加の一途をたどり2015（平成27）年度以降，被保護世帯の半数を超えている．高齢者世帯の約９割が単身世帯であり，生活保護以外の社会福祉サービスなどを包括的に活用した支援が求められる．具体的には介護保険における地域包括ケアシステムや，各自治体による地域共生社会に向けた包括的支援体制により，高齢者世帯が社会的に孤立しないよう生活保護と連携を持って進められることが期待されている．

　一方，被保護世帯における「その他世帯」のなかで，世帯主が労働能力のある年齢層である世帯は約６割を占めている．従来は雇用施策や雇用保険などで対応してきたが，それだけでは充分でなかった．それゆえ，生活保護を必要とする前に受け止めるべく生活困窮者自立支援制度が創設された．

　したがって近年の生活保護制度および生活困窮者自立支援制度の動向は，就労自立を目標とした施策を重視してきた．生活保護制度では2014（平成26）年の就労自立給付金の創設，2015（平成27）年の被保護者就労支援事業および被保護者就労準備支援事業の創設がこれにあたる．そして生活困窮者自立支援制度では，住居確保給付金の支給，就労準備支援事業，認定就労訓練事業，一時生活支援事業を利用する者への就労支援がある．このように給付と就労支援を合わせた傾向は今後も続くといえよう．

　また，高齢者世帯などにたいしては，社会面，身辺面などの多様な自立が目指せる仕組みとして，生活保護制度では2020（令和2）年度より日常生活支援住居施設の認定および委託事業が開始された．これは，被保護者のうち，心身の状況等から社会福祉施設等の入所の対象とはならないが，食事や洗濯等の家事，服薬等の健康管理，日常の金銭管理などにかんして，生活保護法以外の必要な支援を受けることで地域の中で安定して暮らしていく，生活の場の1つの形態として位置づけられる．福祉事務所が，単独での居住が困難な被保護者への日常生活上の支援を，基準を満たして認定された無料低額宿泊所等に委託するものである．そして生活困窮者自立支援制度では前述したとおり，家計改善支援事業を通して生活の質が向上することに期待が寄せられている．このように，多様な自立を目指せるよう生活保護制度と生活困窮者自立支援制度は整備されなければならない．

　なお，近年の生活保護制度は，生活保護基準で生活する被保護者と，それを超えているがなお生活が困窮している者（生活困窮者自立支援制度の利用対象者や低所得者）との均衡を保つこと，および物価の動向を勘案する理由で生活保護基準を見直し，生活扶助費などの引き下げ例が続いている．生活保護基準の見直しは，近年の生活保護制度における課題の一部に応えさせるものであるが，その実施は健康で文化的な最低限度の生活水準を引き下げることに等しい．それゆえに十分かつ慎重に進めなければならず，たえず引き下げの影響を観測し，基準が妥当であるか検証しなければならない．

　生活保護から脱却しても，必要に応じて生活困窮者自立支援法にもとづく事業を利用することは充分に考えられる．同時に，生活困窮者自立支援事業の利用者も，生活保護が必要であると判断される場合もある．したがって生活保護制度と生活困窮者自立支援制度の情報提供は重要であり，両者は一体的に機能させねばならないと生活保護法および生活困窮者自立支援法にもその旨が規定されている．

第2節　子ども家庭福祉

1　児童家庭福祉の理念

(1)　「子どもの人権」の考え方の登場——19世紀後半から戦前まで

　現代では，子どもは保護されるべきであり，教育を受ける権利があると考えられている．しかし，昔からずっとそう考えられてきたわけではない．教育制度が普及する近代以前の世界では，多くの子どもは働いていた．

　「子どもの人権」の考え方は19世紀後半の西欧で登場したものである．スウェーデンの思想家 E. ケイは，20世紀のはじまる1900年に『児童の世紀』を著し，19世紀に資本主義経済が発展したことによる貧困や矛盾が子どもを苦しめたことを批判して，子どもの立場に立った家庭や教育改革を提案した．1909年にアメリカで開催された第1回ホワイトハウス会議では，子どもの保護と家庭の重要性が主張され，1912年には連邦政府に児童局が設置された．

　1918年に終結した第1次世界大戦は多くの子どもの生命と人権を奪ったが，その反省を契機に，国際レベルで子どもの権利が明文化される．1924年に国際連盟が採択した「児童の権利に関する宣言」（ジュネーブ宣言）は，人類は子どもにたいして最善のものを与える義務を負うという考えを示した．

(2)　子どもの人権を示した宣言と条約——戦後

　しかしその後，国際連盟の戦争抑止力も失われ，再び世界大戦がはじまり，やはり多くの子どもがその犠牲になった．終戦後の1948年に国際連合は「国連・世界人権宣言」を採択し，1959年には「児童の権利宣言」が採択された．これは1924年のジュネーブ宣言の原則であった，子どもが保護・救済される権利をもつことを繰り返し，さらにすべての子どもが健やかな成長，発達する権利をもつことを認め，そのための必要な条件整備を国と社会がおこなう義務をもつことが明文化され，児童福祉の基本原則になった．

　しかし，この「児童の権利宣言」は各国にたいする倫理規範でしかなく，実効性もなかった．その後も（今日においても）世界のどこかで戦争はつづき，そのために生命の危険や親や家を失う子どもは後をたたない．そこで国連は1979（昭和54）年を国際児童年と定め，その後の10年間で宣言に実効力をもたせる条約化への運動を各国で展開させ，1989（昭和61）年に「子どもの権利条約」が採択された．日本は5年後の1994（平成6）年にこの条約を批准した．そして2016（平成28）年の児童福祉法改正で，第1条の理念に「『児童の権利に関する条約』の精神にのっとり，」という一文が加えられた（後述）．

2　児童福祉法：児童福祉から子ども家庭福祉へ

(1)　児童福祉法の成立と理念

　1947（昭和22）年に児童福祉法が制定された．1945（昭和20）年の終戦直後の日本には，戦争で親や家をなくした戦災孤児などが多くいた．こうした保護を要する多くの子どもへの対策（要保護児童対策）が必要とされ，児童福祉法は成立した．

　児童福祉法の理念は，制定時から見直されておらず，児童が権利の主体であること，児童の最善の利益が優先されること等が明確でないといった課題が指摘されていた．このため，上述したように「児童の権利に関する条約」を総則の冒頭（第1条）に位置付け，児童は適切な養育を受け，健やかな成長・発達や自立が図られること等を保障される権利を有すること，その上で国民，保護者，国・地方公共団体が，それぞれこれを支える形で，児童の福祉が保障される旨を明確化した．

(2)　児童の定義

　児童福祉法および関連制度で「児童」は満18歳に満たない者と定義している．1歳未満児（0歳児）を「乳児」，満1歳から就学前までを「幼児」，学齢期から満18歳に達するまでを「少年」と規定している．

(3)　児童福祉から児童家庭福祉へ

　児童福祉法を中心とした児童福祉政策は，1990年代からおおきく変化している．それは少子化や児童虐待の増加など，子どもを取り巻く環境の変化に対応したものであり，他の関連法律などの創設や改正と連動して児童福祉法の改正は，現在もつづいている．その改正の方向は，従来まで要保護児童の保護中心であった児童福祉政策が，子どもの権利主体を重視して，子育ての支援，つまり支援の対象を一般の子どもとその家族にまで広げて，地域と社会が子育てを支援する「子ども家庭福祉」の仕組みへの変化といえる．

　以下では，最初に児童福祉対策の中心である行政機関と児童福祉施設について具体的に紹介した後に，児童福祉法改正と子育て支援策にかんする近年の動向を整理する．

3　児童福祉を実施する主な機関

(1)　児童相談所

　児童相談所は，都道府県および政令指定都市に設置が義務づけられている．児童相談所は，児童福祉行政の中枢を担う現業機関であり，児童福祉の相談全般を扱う児童家庭福祉の最前線の機関であるが，現在では児童虐待などの深刻な事例への対応が主な業務となり，市町村の業務を後方から専門的に支援する役割をもっている．また2016（平成28）年の児童福祉法改では，その体制を強化し，児童相談所設置自治体の拡大が図られた．

　また児童相談所は，必要に応じて児童の一時保護を実施し，児童福祉施設への入所措置をとる．児童相談所には，福祉職や心理職，医療職などさまざまな専門職が配置されている．なお，児童相談所に配置が義務づけられている児童福祉司とは，一定の資格を条件にした専門的な行政職の１つである．

(2)　その他の児童福祉にかかわる機関など

　市町村（都道府県）の設置する福祉事務所は社会福祉六法に定める業務をおこなう，住民に身近な福祉行政の総合機関である．子ども家庭福祉の相談

室が事務所内に設けられ，子どもの問題全般にかんする相談を受けている．

保健所と市町村保健センターは，地域の保健・衛生行政の拠点である．2016（平成28）年に，母子保健の立場から虐待予防のために，妊娠期から子育て期までの切れ目ない支援を提供する「子育て世代包括支援センター」（市町村が設置）が法定化された（母子保健法）．

なお，地域住民から選ばれた民生委員（児童委員を兼ねる）とは，住民に情報提供をおこない，福祉機関と連携・協力する民間のボランティアであるが，そのなかで子どもとその家庭のみを担当するのが主任児童委員である．

4 主な児童福祉施設と事業

児童福祉施設は児童福祉法に規定され，子どもや保護者に適切な環境を提供して，保育・子育て支援，社会的養護，自立支援などのサービスを提供する．また各施設に必要な資格者や職種，人員，設備などの基準を定めたものが「児童福祉施設の設備及び運営に関する基準」である．これは，戦後の1948（昭和23）年に成立した「児童福祉施設最低基準」を，2011（平成23）年に新たに改正したものである．以下では代表的な施設について概観する．

(1) 保育，子育て支援をおこなう施設や事業

保育所は，2012（平成24）年成立の子ども・子育て関連3法により，従来までの入所条件「保育に欠ける」という概念が，2015（平成27）年の新制度実施時には「保育を必要とする」（第39条）となった．保育の「必要性」の事由は，就労，妊娠・出産，保護者の疾病，障害，親族の介護・看護，災害復旧などであり，これに加えて新制度では，求職活動，就学，虐待やDVの恐れも加えられた．2020（令和2）年4月1日現在，全国で23,524か所，利用児数2,088,400名である．

また同2015（平成27）年から創設された「幼保連携型認定こども園」（後述）は，これまでのこども園以上に教育と保育を統合した施設となっていて，学校教育法に基づく学校であると同時に，児童福祉施設でもある．2020（令

和 2 ）年 4 月 1 日現在，全国で4,392か所，利用児数414,197名である．

　また，子育て支援センターは，2008（平成20）年に児童福祉法で子育て支援事業として法定化され，地域子育て支援拠点事業（同法第 6 条の 2 第 6 項）となった（後述）．2020（令和 2 ）年度　7,431か所（交付決定ベース）である．

（2）　社会的養護，自立支援をおこなう施設や事業

　社会的養護は，虐待や親の病気などの理由で養育できない子どもの保護と自立を目的としている．児童養護施設（同法第41条）は，保護者のいない児童，被虐待児，その他養護を必要とする児童を入所させ，また退所した者に自立支援をおこなう施設である．2020（令和 2 ）年 4 月 1 日現在で，全国に603か所，現員27,288名である（以下，同年月日調査）．

　乳児院（同法第37条）は，乳児を入院させて養育し，また退院した者への相談援助をおこなう施設である．これらの施設に入所する子どもの入所理由は，児童虐待，親の疾患などが多い．全国136か所，現員2,901名である．

　児童自立支援施設（同法第44条）は，非行問題をもつ子どもを入所させ，自立を支援する施設である．母子生活支援施設（同法第38条）は母子家庭を入所させ，その自立支援と退所後の支援を目的する．児童心理治療施設（同法第43条の 2 ）は，心理的・精神的問題をかかえる児童に医師をくわえた専門的ケアをおこなう施設（入所または通所）である．他に，義務教育を終了した20歳未満の児童養護施設などを退所した者などの支援を対象とした自立援助ホーム（児童自立生活援助事業）（同法第 6 条の 3 ）や，社会的養護の相談機関として児童家庭支援センター（同法第44条の 2 ）などの事業がある．

（3）　障害児施設（同法第42〜43条）

　2010（平成22）年に創設された障害者総合支援法により，児童福祉法でこれまで知的障害児，盲ろうあ児，肢体不自由など障害種別ごとに位置づけられていた障害児施設は一元化され，2012（平成24）年 4 月からは，入所支援の障害児入所施設（医療型と福祉型に区分）と，通所支援による児童発達支

援センターとなった.

　この障害児通所支援とは，児童発達支援，医療型児童発達支援，放課後等デイサービスおよび保育所等訪問支援をおこなう事業である．放課後等デイサービスとは就学児に放課後や長期休暇中に訓練や社会交流の促進を図る事業であり，保育所等訪問支援は，保育所などを訪問して専門的支援をおこなう事業で，ともに地域で障害児を支える新たな事業として，今回の改正で法定化された．2020（令和2）年4月1日現在，障害児入所施設476か所，児童発達支援センター671か所である．

5　児童福祉における3つの流れと最近の児童福祉法改正等改正

(1)　子育て支援対策

　子ども家庭福祉の第1の流れは，保育所を中心とした子育て支援の整備・拡大にかんするものである．1997（平成9）年改正では，保育所入所の措置制度を廃止して，保護者が保育所を選択できるようにした．2001（平成13）年には保育士を国家資格化し，その職務に保育にくわえて保護者への保育にかんする指導をくわえた．2003（平成15）年改正では地域の子育て支援事業を法定化し，地域の子どもにたいする子育て支援を市町村の責務とした．そして，2008（平成20）年改正で「子育て支援事業」（4種類）と「家庭的保育事業」を法律上位置づけた．

　先述したように2012（平成24）年に子ども子育て関連3法が成立して，新たに「幼保連携型認定こども園」が創設され，2015（平成27）年度から実施された．これに伴って，①認定こども園，幼稚園，保育所を通じた共通の給付（「施設型給付」）の実施，②幼保連携型認定こども園の認可・指導監督の一本化，学校及び児童福祉施設としての法的位置づけ，③認定こども園の財政措置を「施設型給付」に一本化，④地域の実情に応じた子ども・子育て支援（利用者支援，地域子育て支援拠点，放課後児童クラブなどの「地域子ども・子育て支援事業」）の充実を大きな柱として，新しい子育て支援制度は開始された．

　また前述した2008（平成20）年に法定化された地域子育て支援事業は，①子育て親子の交流の場の提供と交流の促進　②子育て等に関する相談，援助の実施　③地域の子育て関連情報の提供　④子育て及び子育て支援に関する講習等の実施の４つの基本事業を行うものとされ，2013（平成25）年から，一般型と連携型に整理された．

　３歳未満児の約６〜７割は，家庭で子育てであるという実態等を背景に，子育ての親子が気軽に集い，相互交流や子育ての不安・悩みを相談できる場を提供する事業として，今後の動向が注目されている．

　こうした地域における子育て支援のメニューの多様化の流れは，先述した母子保健の立場からの子育て世代包括支援センターなどと同様に，次の第２の社会的養護における児童虐待対策とつながってくると考えられる．

（2）　社会的養護対策

　その第２の流れは，主に社会的養護にかんする法律の改正である．1997（平成９）年改正では，従来の児童養護施設などの目的に「自立」を追加し，名称を変更し，さらに新たな施設の創設などをおこなった．

　そして，2000（平成12）年に「児童の虐待の防止に関する法律（略称：児童虐待防止法）」が制定され，虐待を，①身体的虐待，②心理的虐待，③育児放棄（ネグレクト），④性的虐待，の４つとして定義し，虐待の通報義務，児童相談所の家庭への介入などについて規定した．その後，この法律は2004（平成16），2007（平成19）年に改正され，虐待の定義がより具体的に示され，また児童相談所の立ち入り調査などの介入の権限が強化された．2004（平成16）年改正では，児童相談所の役割を見直して，育児相談などは市町村が担い，深刻な虐待相談などに専念できる体制を整備した．

　さらに最近では，2019年６月に，親などによる体罰の禁止を盛り込んだ改正児童虐待防止法と改正児童福祉法が成立して，「児童のしつけに際して，体罰を加えてはいけない」と法的に明記された．そして2020（令和２）年４月から施行され，日本は世界で59番目に体罰禁止国になった．

　日本では社会的養護のほぼ9割は施設養護であるが，他に家庭的養護として里親制度がある．2000年代に入ってから児童福祉法改正が続き，2008（平成20）年改正で里親は養育里親，専門里親，養子縁組里親，親族里親の4類型に整理された．近年では，施設養護の小規模化の動向とあわせて注目されている．

（3）　障害児の対策

　第3に2000年代に入って発達障害が広く認知され，また障害者保健福祉制度がおおきく改革された動向に連動して，障害児施設を再編・強化する改正がなされた．2010（平成22）年に成立した障害者総合支援法（施行は2012〈平成24〉年）の改革の一環として，児童福祉法でも障害種別を一元化して，障害児支援の充実をはかる改正がおこなわれた．

　障害児支援の強化を図るため，従来の障害種別で分かれていた体系（給付）について，通所・入所の利用形態の別により一元化し，障害児入所支援（福祉型と医療型）と障害児通所支援（児童発達支援・医療型児童発達支援・放課後等デイサービス・居宅訪問型児童発達支援・保育所等訪問支援）に整理された．

　こうして特に，地域における障害児への支援策のメニューが多様化されてきている．それに伴って発達障害をはじめ障害のある子どもへの支援における教育と福祉の連携について，学校と児童発達支援事業所，放課後等デイサービス事業所等との相互理解の促進や，保護者も含めた情報共有の必要性が指摘されている．そこで，支援が必要な子どもや保護者が，乳幼児期から学齢期，社会参加に至るまで，地域で切れ目なく支援が受けられるよう，文部科学省と厚生労働省では，「家庭と教育と福祉の連携『トライアングル』プロジェクト」（2019（令和元）年）を発足し，家庭と教育と福祉のより一層の連携を推進するための方策を検討されている．

6　子育て支援対策と少子化対策

(1)　広範囲にわたる子育て支援対策

　子育て支援対策とは，児童福祉法による政策のみならず，広い範囲にわたる．第1に教育や福祉などの分野における子どもの発達保障，第2に保護者が仕事と子育てを両立する雇用面での対策などがある．第3に子育ての経済的負担軽減の対策，さらに第4に遊び場などを整備する対策がある．

　子育て支援を充実させるには，関連法や制度の改善だけでなく，人びとの労働と生活を見直す必要があり，社会全体で考える問題でもある．こうした必要性が認識されはじめたのは，実は1990年代以後のことである．

(2)　少子化対策としての子育て支援のはじまり──1990年代

　こうした諸対策は，以前はバラバラのものとしてとらえられていたが，1990年代以後，「子育て支援」の対策として体系的に認識されることになった．その契機が2019（令和元）年に，前年の合計特殊出生率が1.36にまで下がり，少子化が社会問題となったことであった．

　まず1994（平成6）年に「今後の子育て支援のための基本的方向について」（エンゼルプラン）が発表され，今後の重点施策と緊急に必要な保育対策が示され，同年に1999（平成11）年度を目標とした「緊急保育対策等5か年計画」が発表され，保育所の量的拡大と保育所による多様なサービス拡大の具体的な目標値が示された．

　これを受け継いで1999（平成11）年には「重点的に推進すべき少子化対策の具体的実施計画について」（新エンゼルプラン）が策定されたが，その基本的施策は継承された．

(3)　少子化対策と子ども・子育て支援──2000年代以後

　しかし，1990年代を通じて少子化は進み，2000年代に入ると，社会全体の変化を期待した法律などが創設された．すなわち，保育サービスの拡充や多

様化だけではなく，仕事と子育てが両立できる雇用環境を整備する対策，母子保健の整備，子育て環境の整備，経済的負担の軽減など，広い分野での改革の必要性が議論されるようになった．

　この流れで，2002（平成14）年に「少子化対策プラスワン」が制定された．2003（平成15）年に成立した少子化対策基本法は，施策の基本的な事項を定め，その対策を長期的，総合的に進めることとした．これを受けて2004（平成16）年に成立した「少子化社会対策大綱に基づく重点施策の具体的実施計画について」（子ども・子育て応援プラン）で，2005（平成17）年度からの5年間の施策内容と目標を示した．これは，保育サービス中心だった従来のプランに比べて，若者の自立支援や男性を含めた働き方を見直した雇用環境の整備，母子保健体制の充実など，広い分野での具体的な施策計画となった．

　さらに，少子化対策支援法と同年の2003（平成15）年に「次世代育成支援対策推進法」が策定され，次世代社会を担う子どもの健やかな育成のために，国民，国や地方自治体とともに企業などの事業主にたいする責務を定め，働く者が子育てをしやすい環境を整える行動計画策定などの指針を示した．

　その後は2010（平成22）年に「子ども・子育てビジョン」が閣議決定され，2014（平成26）年までの5年間の政策目標が示された．「子どもと子育てを応援する社会」のための政策の基本的な要件として，①子どもが主人公（チルドレン・ファースト），②「少子化対策」から「子ども・子育て支援」へ，③生活と仕事と子育ての調和，が重要であるとしている．

第3節　障害者福祉

1　障害者福祉に関する考え方

（1）　ノーマライゼーションの理念

　ノーマライゼーションの理念とは，ノーマルな暮らし，特別ではなく普遍的で当たり前の暮らしをいつの時代においても目指そうとするものである．

ノーマライゼーションの理念は，当時デンマーク社会省の役人であった
N.E.バンク-ミケルセンが提唱したものである．

　バンク-ミケルセンはコペンハーゲン在学中に，反ナチズムの活動に参加
したことで捕らえられ，約3か月の間強制収容所で過ごした．収容所から解
放され大学を卒業した後，社会省に採用されたのであった．その後バンク-
ミケルセンは，自らの強制収容所での経験を知的障害者施設における知的障
害がある人々の生活と重ね合わせ，その非常に劣悪な生活環境に憂慮してい
た．そんな中，バンク-ミケルセンは，1953年に知的障害者の親の会が社会
省大臣宛に提出した施設処遇の改善を求める要望書の作成に協力することと
なり，その要望書のタイトルに「ノーマライゼーション」の言葉を使用した
のであった．この要望書の提出をきっかけに，デンマーク社会省では「知的
障害者に関する福祉政策委員会」が設置され，バンク-ミケルセンはその委
員長に任命された．そして「知的障害があるていても，障害を持たない人と
同じように普遍的な生活することができる権利」を謳った「1959年法」が成
立したのである．

　ノーマライゼーションは，その後スウェーデンのB.ニイリエによって具
体化された．ニイリエは，ノーマライゼーションの定義を，「すべての知的
障害者の生活様式と条件をその社会における普遍的な環境と生活様式に近づ
ける」とし，8つの原則を挙げている．それは，①1日の生活リズムをノー
マルなものにする，②1週間の生活リズムをノーマルなものにする，③1年
間の生活リズムをノーマルなものにする，④ライフサイクルにおける経験を
ノーマルなものにする，⑤自己選択，自己決定の尊重，⑥異性が共に存在す
る社会生活，⑦ノーマルな所得保障と生活経済の保障，⑧ノーマルな住環境
を保障する，である．

　バンク-ミケルセンもニイリエも，知的障害など身体に障害がある人は，
特別な支援を必要とする存在であって，1人ひとりに応じた特別な支援を行
うことによって障害を持たない人と変わらないノーマルな生活様式と生活環
境が得られるのだという考え方は共通していた．

　ノーマライゼーションの理念は，その後世界各国や国連の障害者政策に影響を及ぼすこととなった．

(2)　障害の概念

①　障害をどのように捉えるか

　　今日では，障害者という言葉を「障がい者」や「障碍者」とする表記する例が多く見受けられている．例えば大阪府では，平成26年より「障がいのある方の思いを大切にし，府民の障がい者理解を深めていくため，大阪府が作成する文書等についてマイナスイメージがある「害」の漢字をできるだけ用いないで，ひらがな表記とすること」としている．

　　「害」という扱いをめぐっては，平成22年に厚生労働省諮問会議である障がい者制度改革推進協議会がその検討を行い，報告書のなかで一定の見解を示している（「『障害』の表記に関する検討結果について」（平成22年11月）．そのなかで，「害」の表記が意味することの二面性が指摘されている．一つは，「『害』は，『公害』，『悪害』，『害虫』の『害』であり，当事者の存在を害であるとする社会の価値観を助長してきた」とするもの．それに対し，「障害者の社会参加の制限や制約の原因が，個人の属性としての『impairment（機能障害）』にあるのではなく，『impairment（機能障害）』と社会との相互作用によって生じるものであることを示している」とするものである．つまり「害」が身体に障害がある本人を示すものであるとの見解と，あるいは，「害」は身体に障害がある本人に対しあらゆる制限や制約を生じさせてしまっている社会のあり方を示しているとする見解である．前者は「害」の表記について否定し，後者は肯定している．

　　また，報告書はイギリスやアメリカの見解についても言及している．イギリスでは，身体の障害は，個人の属性とする「impairment（機能障害）」に問題があるのではなく，あくまでも社会との相互作用によって発生する「disability（能力障害）」に問題があるとの見解であることや，

アメリカでは，身体に障害がある人を「person with disabilities」として１つの属性と捉えつつ，社会参加への制約の除去は優先課題であるとの見解を紹介している．因みに国連の障害者権利条約は，アメリカの見解を基本とし「person with disabilities」の言葉を使用している．

② 障害を捉えるモデルの開発

WHO（世界保健機関）は，障害を捉える概念として1980年に ICIDH（国際障害分類），2001年には，ICIDH の改変版として ICF（国際生活機能分類）を発表している．

ICIDH では，障害は疾患や変調を起点として機能・形態障害（impairment）が発生し，そのことによって能力障害（disability）を起こし，その結果，社会的不利（handicap）となるというモデルであった．このモデルは身体にさまざまな障害があることによってその予後がどのようなものか，また障害があることによるさまざまな困難が何に起因しているのかについて理解することに一定の成果を挙げたといえよう．しかしこのモデルは，心身の障害からくるさまざまな困難の原因を細胞レベルでの心身機能や構造のみに求めていたために，広く障害を捉えることに限界があった．

例えばペンを持って字を書くことができない（能力障害）ことは，手指に力が入らないことや手指が変形していること（機能・形態障害）によるものであるとしても，自助具など手指の機能を助ける道具やアイテムがあれば，ペンを持って字を書くこと（能力障害の克服）はできるかもしれない．また，歩くことができないとしても（能力障害があっても），必要な人には誰でも車椅子と介助者が保障され，かつ車椅子でも容易に移動できる社会の設備が整っており，心身に障害があっても１人の個人として普遍的に受け入れる社会であれば，身体に障害があることによる就職困難（社会的不利）に陥らなくて済むかもしれない．つまり，能力障害（disability）や社会的不利（handicap）は，機能・形態障害

（impairment）のみならず，社会資源（身体の障害をフォローする道具や社会設備，構造）の有無や障害に対する制度政策・世論が深く関連しており，それらとの相互関係で規定されていくのである．

　このような障害に対する捉え方の深まりから，ICF が開発されたのである．ICF は，ICIDH で示されていた機能・形態障害 − 能力障害 − 社会的不利を心身機能・身体構造 − 活動 − 参加に置き換え，それに健康状態および環境因子，個人因子を配置し関連付けた．これにより，心身に障害がある人が生活困難に陥った場合，その原因や解決への道を求める先について，本人の細胞レベルでの心身の状況のみならず，生活環境や所有しているモノや道具，生活を取り巻く社会設備やインフラの状況，

図 8-1　国際生活機能分類（ICF）の構成要素間の相互作用

Health condition 健康状態
（disorder or disease）（変調／病気）

Body Functions
and Structures
心身機能・身体構造

Activities
活動

Participation
参加

Environmental Factors
環境因子

Personal Factors
個人因子

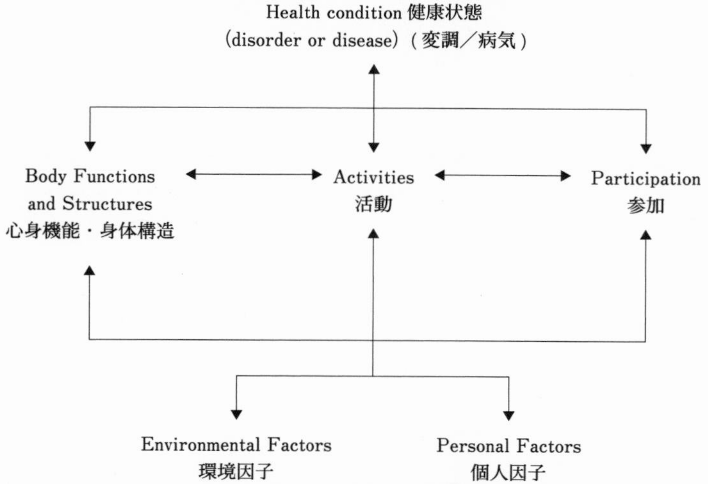

出典：世界保健機関（WHO），厚生労働省障害者福祉研究会編（2002）

図 8-2　国際障害分類（ICIDH）の構成要素間の相互作用

disorder
（疾患・変調）　➡　impairment
（機能・形態障害）　➡　disability
（能力障害）　➡　handicap
（社会的不利）

出典：WHO 資料．

あるいは利用できる制度の有無や内容，あるいは本人の学修経験や体験，考え方や価値観などを含んで検討できるようになった．ICF は，現在では厚労省を中心に，障害分野以外でも広く社会福祉の場面で，支援を必要としている人の理解を深めていくための使用が推奨されている．

(3)　リハビリテーション

戦後の欧米諸国では，身体に障害がある人へのリハビリテーションとして，医学的リハビリテーション，職業的リハビリテーション，教育的リハビリテーション，社会的リハビリテーションの4つの分野が確立されていった．これは，障害がある人のライフステージとそれに応じた普遍的な生活と権利の保障をめざしたものであった．しかし他方で，リハビリテーションは，障害がある人の自立を目指し，障害のある人が，そうではない人と同様に仕事に就き納税することを目的とするものであるといった議論もあった．

国連は，1982年の障害者に関する世界行動計画において「リハビリテーションとは，身体的，精神的，かつまた社会的に最も適した機能水準の達成を可能とすることによって，各個人が自らの人生を変革していくための手段を提供していくことをめざし，かつ，時間を限定したプロセスである」と定義した．つまり，リハビリテーションは社会に有用な人材を輩出するために行われるのではなく，あくまでも障害がある本人が「自らの人生を変革していくための手段」であり．その本人の主体的な取り組みとしてのリハビリテーションをとおして，障害がある本人がそのときどきの時代と社会において全人間的人格を獲得し，QOL（生活の質）の向上を目指すものである．

2　障害者福祉に関する法律

(1)　児童福祉法・身体障害者福祉法・知的障害者福祉法

福祉六法のうち，障害分野に深くかかわる法律は，児童福祉法（1947年），身体障害者福祉法（1949年），知的障害者福祉法（1960年）である．

児童福祉法は制定以来，障害児を含む18歳未満のすべての人（子ども）を

対象としている．その第1条には「すべて国民は，児童が心身ともに健やかに生まれ，且つ，育成されるよう努めなければならない」，2「すべて児童は，ひとしくその生活を保障され，愛護されなければならない」と記されている．また第2条には，「国及び地方公共団体は，児童の保護者とともに，児童を心身とともに健やかに育成する責任を負う」としている．児童福祉法における障害児とは「身体に障害のある児童，知的障害のある児童，精神に障害のある児童（発達障害を含む）又は治療法が確立していない疾病その他の特殊の疾病（以下省略）」があり社会生活において支援が必要な児童であると明記されている（第4条②）．

　身体障害者福祉法では，身体障害の定義として「別表に掲げる身体上の障害がある18歳以上の者であって，都道府県知事から身体障害者手帳の交付を受けた者をいう」とされている．ここでいう別表とは「身体障害者福祉法施行規則」にある別表のことであり，身体障害者手帳の規定についても同規則に明記されている．同規則別表（第5号）に記載されている障害は，視覚障害，聴覚・平衡機能の障害，音声言語機能又はそしゃく機能の障害，肢体不自由，心臓・腎臓もしくは呼吸器又はぼうこうもしくは直腸・小腸・ヒト免疫不全ウイルスもしくは肝臓の機能の障害である．

　知的障害者福祉法には，その目的として「知的障害者の自立と社会経済活動への参加を促進するため，知的障害者を援助するとともに必要な保護を行い，もって知的障害者の福祉を図ることを目的とする」とのみ記載されている．この法律を理解するためには「知的障害者福祉法」と併せて，「障害者の日常生活及び社会生活を総合的に支援するための法律」「知的障害者福祉法施行規則」「療育手帳制度の実施について」（昭和48年厚生省児童家庭局長通知）を併せてみていく必要がある．

(2)　障害者基本法

　障害者基本法の前身である「心身障害者対策基本法」は1970年に成立した．それまでの障害関連法は障害形態別に規定されたものしかなかったが，障害

者支援の根幹を示すものとして登場した．この法律の目的には「心身障害者
対策に関する国，地方公共団体等の責務を明らかにするとともに，（中略）
医療，訓練，保護，教育，雇用の促進，年金の支給等の心身障害者の福祉に
関する施策の基本となる事項」を定めるとしていた．加えて「心身障害者は，
その有する能力を活用することにより，進んで社会経済活動に参与するよう
つとめなければならない」とも明記されており，心身障害者に対し自立への
努力を促していた．しかし，この条文はその後の変遷のなかで削除された．

　現在の障害者基本法は「心身障害者対策基本法」が1993年に改正されたこ
とによって制定された．その後，2004年，2011年にも改正されている．

　同法の目的は「全ての国民が，障害の有無にかかわらず，等しく基本的人
権を享有するかけがえのない個人として尊重されるものであるとの理念にの
っとり，全ての国民が，障害の有無によって分け隔てられることなく，相互
に人格と個性を尊重し合いながら共生する社会を実現するため，障害者の自
立及び社会参加の支援等のための施策に関し…」国及び地方公共団体の責務
や支援の基本を示すこと，また支援の総合的な計画より推進していくことが
明記されている．

(3)　精神保健及び精神障害者福祉に関する法律
（略称：精神保健福祉法）

　この法律における精神障害とは，統合失調症，精神作用物質による急性中
毒又はその依存症，知的障害，精神病質その他の精神疾患を有する者」とさ
れている．

　かつて精神障害のある人の保護責任は原則家族にあったが，1950年の「精
神衛生法」によって公的に治療・保護が行われるようになった．しかし，そ
れは精神障害のある人を入院させることが基本的な対応であった．そのため
に精神障害のある人の尊厳を守る必要性が世論から沸き起こり，同法は変遷
を繰り返し，1995年に現在の名称となるとともに「自立と社会経済活動への
参加の促進」が目的として明記された．1997年には「精神保健福祉士法」が

制定され，専門家による支援を行うとともに2013年には「精神保健及び精神障害者福祉に関する法律の一部を改正する法律」によって，精神障害のある人が社会参加した後も地方自治体が中心となって地域生活を支える仕組みとなっている．

(4)　発達障害者支援法

この法律は2004年に成立した．かつて障害として捉えられにくかった発達障害に焦点をあて法制化した意義は大きい．この法律による発達障害とは「自閉症，アスペルガー症候群その他の広汎性発達障害，学習障害，注意欠陥多動性障害その他これに類する脳機能の障害であってその症状が通常低年齢において発言するものとして政令で定めるものをいう」とされている．ただし，アスペルガー症候群については，アメリカ精神医学会発行のDSM-5（精神障害の診断・統計マニュアル第5版　2013年発刊）では，アスペルガー症候群は，自閉症スペクトラムに統合され理解されることとなったため，現在では日本国内でもアスペルガー症候群という用語は使用されことが少なくなった．

同法は発達障害の特性に鑑み，早期発見早期療育の必要を捉え，発達障害に対する学校教育における支援，あるいは就労の支援，発達障害者支援センターの設置等を明記している．

(5)　障害者総合支援法

障害者総合支援法は「障害者の日常生活及び社会生活を総合的に支援するための法律」として，2013年に以前の「自立支援法」を改訂するかたちで成立した．障害者総合支援法は，18歳以上の障害がある人のほぼすべてを対象として（一部18歳未満も対象），日常生活支援を行うことを目的とした法律である．

障害者総合支援法は，サービス体系，利用者による費用負担の方法など従前の自立支援法を基本的には踏襲しているが，法が定める障害の範囲が広が

った他，利用者には事前にどれだけ支援が必要かを判断し，その結果として
の障害支援区分におうじたサービスを給付する仕組みとなった．また，障害
者総合支援法は利用者が65歳以上となった場合は介護保険優先の原則を設け
ており，利用者は65歳となった時点での介護保険サービスへの移行が求めら
れる．しかし，利用者の障害の特性や程度によっては介護保険サービスがな
じまない場合もあり，障害高齢者の支援に対する課題となっている．

3　障害者施策の推進

(1)　障害者基本計画の推進

　障害者基本計画は，1982年「国連障害者の十年」の日本における国内行動
について定められたものを起点として策定された，障害者施策に関する長期
的な計画である．現在は障害者基本法をその根拠法としている．最新の計画
は第 4 次計画として2018年から 5 年間の期間として定められたものである．
第 4 次計画では，本計画を通じて実現を目指す社会について，「全ての国民
が，障害の有無によって分け隔てられることなく，相互に人格と個性を尊重
し合いながら共生する社会」を土台に「『 1 人ひとりの命の重さは障害の有
無によって少しも変わることはない』という当たり前の価値観を国民全体で
共有できる共生社会」であり「女性も男性も，お年寄りも若者も，一度の失
敗を経験した方も，障害や難病のある方も，家庭で，職場で，地域で，あら
ゆる場で，誰もが活躍できる社会」と述べられている．

(2)　国連の障害者施策

①　国連障害者権利条約への署名・批准

　　障害者の権利に関する条約＝障害者権利条約は，"Nothing about us
with us!"（私たちのことを私たち抜きできめないで）をスローガンに2000
年以降具体的な審議を重ね2006年の国連総会において採択された．障害
者権利条約は48条から成り，その前文では，「この条約の締約国は，国
際連合憲章において宣明された原則が，人類社会の全ての構成員の固有

の尊厳及び価値並びに平等のかつ奪い得ない権利が世界における自由，正義及び平和の基礎を成すものであると認めていることを想起し」から始まり，全ての人のいかなる差別も排除し，権利及び自由，人権及び基本的自由を完全に享有することを保障すると述べられている．また，障害は「発展する概念」であるとし，障害は，機能障害と機能障害を有する人に対する他の人々の態度や環境との相互作用によって生ずるものとしている．さらに「障害者の多様性」を認め，「個人の自律及び自立（自ら選択する自由を含む．）が重要」であり，「障害者が，政策及び計画に係る意思決定の過程に積極的に関与する機会」が必要であるとしている．その他，障害のある女子や児童に対する他との平等性の必要性や，「障害者の大多数が貧困の状況下で生活している事実」についても言及し，それらを解決することにむけて取り組む必要性が述べられている．

② 　パラレルレポート

日本は同条約に対し，2007年に署名（2008年に同条約が正式に発効），2014年に同条約を批准した（国連条約における批准とは，同国がその条約に従い国内法の整備を行うことや，条約が目指すところの取り組みを推進していくことを約束すること）．日本は，2007年の署名から2014年の批准までの間で，「障害者基本法」の改正（2011年），「障害者総合支援法」の成立（2012年），「障害を理由とする差別の解消の推進に関する法律（障害者差別解消法）」の成立及び「障害者の雇用の促進等に関する法律（障害者雇用促進法）」の改正（2013年）などを行い，批准にむけて国内法あるいは施策の整備を行ってきた．

障害者権利条約を批准した国は，同条約に従い国内におけるその取り組み状況について，国連から審査を受けなければならない決まりになっている．2019年度8月現在では世界162か国が同条約を批准しており（日本は141番目に批准），順次審査を受けているところである．審査は，当該国が報告書を国連に提出し，さらにその報告書を基に国連が発行した質問票に当該国が回答し，その後それらを基にした国連と当該国との対

話によって進められる．国連は，当該国が発行する報告書について政府が発行するものだけではなく，政府以外の諸機関・団体による報告書の提出も求めている．これをパラレルレポートという．日本におけるパラレルレポートは，民間の障害者関係13団体で構成されている日本障害フォーラム（JDF）が作成および提出を担うことになっている．国連障害者権利条約に基づく日本国内の取り組みの評価が，政府によってのみ行われるのではなく，民間の視点からも評価する仕組みは国内の状況を客観的に捉えるという点で非常に重要であり，パラレルレポートの存在は大きいといえよう．

日本政府による報告書は2016年に，JDF によるパラレルレポートは2019年に国連にすでに提出されており，今後は若干の修正が行われたのち質問票への回答，国連との対話が予定されている．

4　障害者福祉の今後の課題

支援費制度から障害者自立支援法，そして障害者総合支援法へと変わる．

原則的に公費でまかなってきた障害支援サービスは，2003年の支援費制度で利用者の費用負担に対する抜本的な変更が行われた．支援費制度では，障害サービス事業者と利用者のサービス契約のもと行政は利用者にサービスにかかる費用の一定割合の額を給付し，サービス提供自体は事業者と利用者の間で交わされた契約によって決められる仕組みとなった．支援費制度は1年で終了し2006年からは自立支援法となった．2013年からは障害者総合支援法となり，障害がある人の多様な生活ニーズにあわせて多様なサービス事業者による多様なサービス展開が求められるようになった．

また，前述のとおり，障害者総合支援法は65歳を迎えたサービス利用者に対しては原則介護保険への移行を求めている．65歳を迎える障害がある高齢者にとってはこれまで利用していたサービスが使えなくなり，介護保険法での新しいサービスのもと，新たな環境や新たな人間関係を構築していく必要がある．障害のある高齢の利用者にとって新たに生活環境を構築しなければ

ならない現実は，日常生活を営んでいくうえで高いハードルとなっている．個別のさまざまな問題に対しては行政がその相談に乗りつつ，スムーズに介護保険へ移行するよう対策を講じたり，65歳を超えてもしばらくは障害者総合支援法によるサービスを継続するなどの措置が取られている．しかし，これらの問題は，大きな視点でみると，高齢や障害，児童といったそれぞれの対象をバラバラに支援するのではなく，制度を1本化する構想が福祉サービス全体に横たわっていることを念頭に置いておく必要がある．

第4節　高齢者福祉と介護保険

1　高齢者福祉政策の進展とその背景

(1)　1960年代から介護保険制度の始まり（1999〈平成11〉年）まで

　1960年代を迎えた日本は，諸外国にも類をみないほどの高度成長を迎えていた．同時に，都市化，核家族化にともなう家族機能の変化し，1人暮らし，寝たきり，認知症という高齢者介護の問題をもたらした．1963（昭和38）年には世界初の高齢者福祉単独法である老人福祉法が制定された．本法により，「特別養護老人ホーム」，「養護老人ホーム」，「軽費老人ホーム」という老人福祉施設が体系化され，現在のホームヘルプサービス（訪問介護）の前身である「老人家庭奉仕員派遣事業」ができあがる．

　有吉佐和子による長編小説『恍惚の人』が登場したのは1972（昭和47）年のことで，認知症介護を社会問題としてとらえていくことに一役を買った．翌年の1973（昭和48）年には，老人医療費支給制度（老人医療費の無料化）が実施され，福祉元年と呼ばれた．1978（昭和53）年には委託事業として「寝たきり老人短期保護事業（ショートステイ）」，1979（昭和54）年には「在宅老人デイサービス事業」が設置され，その後の「在宅福祉3本柱（ホームヘルプ，ショートステイ，デイサービス）」の基礎を形作っていった．1970（昭和45）年に7％を超えた日本の高齢化率は，1994（平成6）年には14％を突破

し，世界に類をみない高速で高齢社会を迎えていった．その後，老人医療費の増大から，1982（昭和57）年には老人保健法が制定され，老人医療費の無料化は廃止された．1986（昭和61）年の改正では，老人ホームへの入所措置事務が団体委任事務になった．1989（平成元）年，高齢者保健福祉推進十か年戦略（ゴールドプラン）が制定され，具体的なサービス供給目標を数値化することで，在宅福祉サービスは拡充の一途をたどった．1990（平成 2 ）年の老人福祉法改正では，特別養護老人ホームなどへの入所決定事務が町村に権限移譲され，市町村の時代という幕を開いた．また，都道府県と市町村に老人保健福祉計画の作成が義務づけられた．1994（平成 6 ）年の老人福祉法改正では，老人介護支援センター（在宅介護支援センター）が老人福祉施設に追加された．平均寿命が伸長し，世界屈指の長寿国となった日本において，介護の社会化は不可避の課題となっていった．それは，1994（平成 6 ）年の新ゴールドプラン，1999（平成11）のゴールドプラン21につながっていった．

（2）　介護保険制度開始（2000〈平成12〉年）から現在まで

　1997（平成 9 ）年に介護保険法は成立し，2000（平成12）年 4 月から，日本の介護を社会保険法で対応する時代が到来した．2020（令和 2 ）年に2,116万人であった65歳以上の高齢者は，2019（平成31）年に3,588万人を超えた．総人口に占める65〜74歳である前期高齢者人口の割合は13.6％，75歳以上である後期高齢者人口の割有は14.4％となっている．

　2000年の介護保険制度発足当初の要介護（要支援）認定者数は256万人から2017年度末で641万人と2.5倍に増加し，2000年度に3.2兆円であった介護給付費は2016年度には，2.9倍の9.2兆円となった．介護施設・事業所数で見れば，2000年の5.3万箇所から，2017年のには17.7万箇所に増え，3.3倍もの増加となっている．

　2006（平成18年）度からは，予防重視型システムへの転換を目指した大幅な改正がおこなわれた．その内容は，軽度者への予防重視対応，予防給付・地域支援事業・地域包括支援センターの創設，介護保険施設などにおける居

住費，食費の自己負担化，地域密着型サービスの創設，事業者への介護サービス情報公表の義務づけ[1]，事業所指定更新制の導入[2]や介護支援専門員担当件数の見直し，保険料における所得段階の細分化などがある．

　2009（平成21）年度からは，介護従事者の人材確保・処遇改善，医療との連携や認知症ケアの充実，介護予防事業の見直し，事業者にたいして是正勧告や命令権などの創設を中心とする改正がおこなわれた．2012（平成14）年4月からは，介護職員などによる痰の吸引などの実施，医療と介護の連携強化，保険料上昇の緩和などの改正がおこなわれた．

　また，2015（平成27）年からは，介護予防・日常生活支援総合事業が強化され，特別養護老人ホームの対象者が原則要介護3以上とされた．また，一部の利用者負担が2割に引き上げられた．さらに2018（平成30）年度からは，一部の利用者の負担に3割が導入され，共生型サービスや介護医療院が創設された．

　2000（平成12）年に始まった介護保険制度は，それまでに老人福祉法の枠組みのなかでおこなわれていた「介護」が切り離されたととらえることができる．しかし，老人の福祉にかんする措置は残っており，特別養護老人ホームなどへの入所措置については，やむを得ない事由により介護保険制度によるサービス利用が著しく困難である場合は，老人福祉法による措置対象となる．

2　高齢者関連の法律・制度

(1)　老人福祉法

　老人福祉法の目的は，「老人の福祉に関する原理を明らかにするとともに，老人に対し，その心身の健康の保持及び生活の安定のために必要な措置を講じ，もって老人の福祉を図る」となっている．なお，老人福祉法では，その対象となる老人についての年齢定義を設定していない．ただし，具体的な措置の対象となる老人の範囲について，必要に応じて年齢を明示している．老人福祉法は2つの基本理念を有している．1つは，「老人は多年にわたり社

会の進展に寄与してきた者として，かつ豊富な知識と経験を有する者として敬愛されるとともに，生きがいをもって健全で安らかな生活を保障されるものとする」（老人福祉法第 2 条）とされている．2 つは，「老人は老齢に伴って生じる心身の変化を自覚して，常に心身の健康を保持し，又はその知識と経験を活用して，社会的活動に参加するように努めるものとする．また，老人は，その希望と能力とに応じ，適切な仕事に従事する機会その他，社会的活動に参加する機会を与えられるものとする」（同第 3 条）となっている．また，老人福祉法の性格は，高齢者の社会参加促進，生きがいづくり，レクリエーション活動，老人クラブへの支援などの根拠法令であり，介護に特化した法律ではない．

老人福祉法の老人福祉施設

　老人福祉法に規定される老人福祉施設は 7 つである．それは，①老人デイサービスセンター，②老人短期入所施設，③老人介護支援センター，④養護老人ホーム，⑤特別養護老人ホーム，⑥軽費老人ホーム，⑦老人福祉センター，である．

老人福祉法の在宅福祉事業 （：老人居宅生活支援事業）

　老人福祉法による老人居宅生活支援事業は 6 つである．それは，①老人居宅介護等事業，②老人デイサービス事業，③老人短期入所事業，④小規模多機能型居宅介護事業，⑤認知症対応型老人共同生活援助事業，⑥複合型サービス福祉事業，である．

有料老人ホーム

　有料老人ホームは，老人福祉法に規定する老人福祉施設ではないが，老人福祉法上の規制を受けている．有料老人ホームとは，「老人を入居させ，入浴，排せつもしくは食事の介護，食事の提供又はその他の日常生活上必要な便宜であって厚生労働省令で定めるものの供与をする事業を行う施設であっ

て，老人福祉施設，認知症対応型老人共同生活援助事業を行う住居その他厚生労働省令で定める施設でないもの」（第29条 1 項）である．設置主体についての法律上の制限はないが，株式会社などの営利法人が経営する場合が，約 8 割を占めている．2000（平成12）年から2013（平成25）年までの定員の伸び率は約95倍であり，このような激増の背景には，企業の積極的参入がある．

　有料老人ホームを設置しようとする者は，都道府県への事前届け出が義務であり，都道府県知事は，有料老人ホームへの立入調査権を有し，入所者処遇にたいする改善命令と交付を出すことができる．2006（平成18）年からは，不適切な事業運営を減らす意味でも有料老人ホームにかんする規定が大幅に見直された．帳簿の作成と保存義務（ 2 年間），情報開示義務，前払い金の保全措置の義務化といった利用者保護のための規制が強化されている．さらに，2012（平成24）年からは家賃，敷金，介護にかんする費用などのサービス費用以外はとってはならないと定められている．

(2)　後期高齢者医療

　後期高齢者医療制度は，2008（平成20）年 4 月から開始された老人保健制度に変わる高齢者医療制度である．この制度は，75歳以上の高齢者を「後期高齢者」として独立させた仕組みである．また，65歳以上75歳未満でも，「寝たきり等の一定の障害がある」と広域連合から認定された高齢者は，原則として後期高齢者医療制度の被保険者となる．

(3)　高齢者虐待防止法

　2000（平成12）年の介護保険開始以降，高齢社会が進行する一方で，高齢者にたいする虐待や介護放任が，家庭や介護施設で顕在化し，社会的な課題となっていった．2005（平成17）年「高齢者に対する虐待の防止，高齢者の養護者に対する支援等に関する法律（略称：高齢者虐待防止法）」が成立し，2006（平成18）年 4 月 1 日から施行されている．

　高齢者虐待防止法では，「高齢者」とは65歳以上の者と定義され，高齢者

虐待を，①養護者による高齢者虐待，②養介護施設従事者等による高齢者虐待，に分けて定義している．虐待の種類としては，身体的虐待，介護・世話の放棄・放任，心理的虐待，性的虐待，経済的虐待，がある．

　高齢者虐待防止法をめぐる課題としては，虐待であるか否かの判断の難しさ（判断基準の不明瞭さ），複雑で複合的な課題をかかえている事例が増えていること，虐待者自身への支援，通報義務規定のあいまいさ，緊急分離における居室の確保，医療機関の積極的参与，などがある．

(4)　成年後見制度と日常生活自立支援事業

　2013（平成25）年における振り込め詐欺など詐欺の被害総額は約487億円になり，被害者に占める60歳以上の高年者・高齢者の割合は約 8 割にもおよぶといわれている．このなかには認知能力の低下した高齢者も相当数含まれると予想できる．このような背景から権利や財産を擁護する制度が整備された．

　成年後見制度とは，判断能力の不十分な人の権利を擁護するため，本人の法律行為能力を制限し，本人に代わって法律行為をおこなう大や本人による法律行為を手助けする大を，選任する制度である．2000（平成12）年 4 月，民法の禁治産・準禁治産の仕組みを変更し，作られた．家庭裁判所の審判にもとづく「法定後見」と，本人の判断能力が十分なうちに将来の後見人候補者と契約を締結しておく「任意後見」とがあり，「法定後見」は本人の判断能力の程度に応じて後見・保佐・補助の 3 類型がある．その目的は財産管理と身上監護である．

　日常生活自立支援事業は，社会福祉法の第 2 種社会福祉事業である福祉サービス利用援助事業で，成年後見制度より半年早い1999（平成11）年10月から実施されている．実施主体は都道府県・政令指定都市社会福祉協議会で，窓口業務は市町村の社会福祉協議会などが担当している．利用できる大は判断能力が不十分な認知症高齢者などで，日常生活に必要なサービスを利用する情報，意思表示を本人だけでは適切におこなうことが難しく，かつこの事

業の契約の内容について判断できる能力があると認められる大となる．成年
後見制度を補完する事業であり，2007（平成19）年までは地域福祉権利擁護
事業と呼ばれていた．成年後見制度と異なり，日常生活自立支援事業では法
律行為の代理，代行はできない点に注意が必要である．

(5)　サービス付き高齢者向け住宅（略称：サ高住）

　サービス付き高齢者向け住宅とは，「高齢者住まい法」の改正により創設
されたバリアフリー住宅である．サービス付き高齢者向け住宅（2011〈平成
23〉年に高齢者専用賃貸住宅が廃止され，高齢者専用賃貸住宅，高齢者円滑入居
賃貸住宅，高齢者向け優良賃貸住宅が一本化され制度化された）は，あくまでも
「住宅」であり，サービス利用契約による「施設」ではない．2015（平成
27）年度からは，介護保険制度の住所地特例の対象となり，入居者は地域密
着型サービスや地域支援事業も利用できる．

(6)　雇用

　2012（平成24）年「高年齢者等の雇用の安定等に関する法律（略称：高年
齢者雇用安定法）」が成立し，2013（平成25）年4月から施行された．この改
正は，2013（平成25）年から厚生年金の支給開始年齢が65歳までに段階的に
引き上げられることにともなう措置であり，継続雇用を希望しても雇用され
ず，年金も支給されない無収入状態になることを防ぐために，それまで認め
られてきた定年に達した人を引き続き雇用する継続雇用制度の対象者を労使
協定で限定できる仕組みの廃止などを内容としている．

　継続雇用制度とは，事業主が雇用している高年齢者を，希望に応じて定年
後も引き続いて雇用する制度で，事業主は高年齢者の安定した雇用を確保す
るために，定年の引き上げ・継続雇用制度の導入・定年制の廃止のいずれか
を実施することを義務づけている．

3　介護保険制度の概要

2000（平成12）年にスタートした日本の介護保険制度は，ドイツをモデルに導入され，欧米のケアマネジメント手法を用いながら，北欧諸国のような身近な市町村で介護サービスを展開するといった独特の仕組みをもっている．

(1)　介護保険制度の目的

介護保険制度の目的には，高齢者の「尊厳の保持」と「自立支援」という2つの概念が規定されている．また，基本理念である「国民の共同連帯の理念」とは，人びとがお互いに支えあう相互扶助，共助の考え方を示している．

(2)　介護保険制度の仕組み

利用者負担分を除く介護保険の財源は，50％を公費（税金），50％を保険料でまかなっている．公費部分は，国が25％（施設サービス分は20％）を，都道府県が12.5％（施設サービス分は17.5％），市町村が12.5％ずつを負担しており，保険料部分は，第1号被保険者と第2号被保険者の人口割合にもとづいて，定められている．

保険者と被保険者

介護保険を運営する組織を保険者という．介護保険の保険者は，市町村および特別区（東京23区）となっている．

市町村や広域連合，特別区の区域内に住所を有する65歳以上の者を第1号被保険者といい，医療保険加入者に加入している40歳以上65歳未満の者を第2号被保険者という．したがって，医療保険に加入していない者，たとえば生活保護法による医療扶助を受けている場合は第2号被保険者とはならない．なお，2015（平成27）年度からは低所得者への保険料軽減を拡充し，高所得者の保険料引き上げが実施された．

サービス利用者

　介護保険の被保険者などは要介護または要支援の認定を受けることで，サービスを利用できるようになる．要介護 1 ～ 5 に認定された人は，介護給付（介護サービス）を利用することができ，要支援 1 ～ 2 と認定された人は，予防給付（介護予防サービス）を利用することができる．なお，要介護，要支援状態にあっても第 2 号被保険者は特定疾病に該当する必要がある．介護サービスを現物給付化して利用する（利用者負担分だけ支払う）には，居宅介護支援事業所や介護予防支援事業所と契約するか，自分で介護サービス計画を作成することをあらかじめ市町村に届け出る必要がある．また，区分支給限度基準額とは，要介護度別に 1 か月で利用できるサービスの限度額（上限単位数）のことで．この点は医療保険制度と異なる点である．

　利用者負担は，原則 1 割である．2018（平成30）年 8 月からは，一定以上の所得者は 2 割または 3 割となっている．ただし，上限を超えてサービスを利用した場合は，超えた分が全額自費となる．また，同じ月に利用した利用者負担が高額になった場合は，高額介護（介護予防）サービス費が支給される．

要介護認定

　要介護認定とは，介護が必要な状況にあるかどうか，つまり保険事故に該当するかを全国一律の基準により，客観的，公平に確認する行政行為である．申請は，市区町村の窓口におこなうが，居宅介護支援事業者などに代行を依頼することも可能である．

　認定調査は，市町村の訪問調査員が訪問し，被保険者に面接をおこない，心身の状況，置かれている環境などの聞き取りをおこなう．保健・医療・福祉の専門職で構成される介護保険認定審査会で，2 次判定としての最終審査・判定がおこなわれ，市町村が認定する．

(3)　介護保険サービスの種類

介護給付と予防給付

　介護給付は，要介護認定で要介護1〜5と認定された人が利用できるサービスである．予防給付は，要支援1〜2と認定された人が利用できるサービスである．介護給付には施設サービスがある．また，予防給付の地域密着型サービスのサービス種類は，介護給付よりも少ない．

広域型サービス

　広域型とは，都道府県が事業所の指定をおこなうサービスである．実地指導などの監督や指導も都道府県が所管する．居宅サービスなどの場合，事業所の通常実施地域が定められており，複数の市町村を定めることも可能である．したがって，事業所の所在地と利用者の住所地が異なる市町村である場合がある．

地域密着型サービス

　地域密着型サービスとは，利用者に身近な市町村が事業所の指定をおこなうサービスである．実地指導などの監督や指導も市町村が所管する．原則的には，その市町村に住所を有する人（正確には，事業所のある市町村の被保険者）しか利用できない．利用者に身近な市町村という意味で，地域密着型である．

地域支援事業

　地域支援事業とは，要支援・要介護になる可能性のある高齢者を対象に，要支援・要介護状態になることを防正し，要介護状態になった場合でも，できるだけ住み慣れた地域で自立した日常生活を営むことができるよう支援するために，2006（平成18）年からはじまった事業である．

　おおきくは3つの事業からなり，虚弱高齢者などを対象とした新しい介護予防・日常生活支援総合事業，地域における包括的・継続的なケアマネジメ

表8-1　介護保険サービスの種類

	介護給付 要介護1・2・3・4・5の人が利用できるサービス	予防給付 要支援1・2の人が利用できるサービス	総合事業
都道府県が指定監督を行う広域型サービス	①訪問介護　②訪問入浴介護　③訪問看護　④訪問リハビリテーション　⑤居宅療養管理指導　⑥通所介護　⑦通所リハビリテーション　⑧短期入所生活介護　⑨短期入所療養介護　⑩特定施設入居者生活介護　⑪福祉用具貸与　⑫特定福祉用具販売	①介護予防訪問入浴介護　②介護予防訪問看護　③介護予防訪問リハビリテーション　④介護予防居宅療養管理指導　⑤介護予防通所リハビリテーション　⑥介護予防短期入所生活介護　⑦介護予防短期入所療養介護　⑧介護予防特定施設入居者生活介護　⑨介護予防福祉用具貸与⑩特定介護予防福祉用具販売	
住宅改修	住宅改修	介護予防住宅改修	
介護支援サービス	居宅介護支援	介護予防支援	介護予防ケアマネジメント
市町村が行うサービス	①定期巡回・随時対応型訪問介護看護　②夜間対応型訪問介護　③認知症対応型通所介護　④地域密着型通所介護　⑤小規模多機能型居宅介護　⑥認知症対応型共同生活介護　⑦地域密着型特定施設入居者生活介護　⑧地域密着型介護老人福祉施設入所者生活介護　⑨看護小規模多機能型居宅介護	①介護予防認知症対応型通所介護　②介護予防小規模多機能型居宅介護　③介護予防認知症対応型共同生活介護	介護予防・生活支援サービス　①訪問型サービス②通所型サービス　③生活支援サービス 一般介護予防事業　①介護予防把握事業　②介護予防普及啓発事業　③地域介護予防活動支援事業④一般介護予防事業評価事業　⑤地域リハビリテーション活動支援事業
施設サービス	①介護老人福祉施設　②介護老人保健施設　③介護医療院　④介護療養型医療施設（2024年廃止予定）	なし	

表 8-2　地域支援事業の主な内容

新しい介護予防・日常生活支援総合事業 （要支援1・2，それ以外の人）	○介護予防・生活支援サービス事業 ・訪問型サービス ・通所型サービス ・生活支援サービス（配食サービス，安否確認，緊急時対応等） ・介護予防支援事業（ケアマネジメント） ○一般介護予防事業 ・介護予防把握事業 ・介護予防普及啓発事業 ・地域介護予防活動支援事業 ・一般介護予防事業評価事業 ・地域リハビリテーション活動支援事業
包括的支援事業	○地域包括支援センターの運営 ・介護予防ケアマネジメント ・総合相談支援業務 ・権利擁護業務 ・ケアマネジメント支援業務 ・地域ケア会議の実施，充実 ○在宅医療・介護連携の推進 ○認知症施策の推進 ・認知症初期集中支援チーム ・認知症地域支援推進員　など ○生活支援サービスの体制整備 ・生活支援コーディネーターの配置 ・生活支援サービス協議体の設置　など
任意事業	○介護給付費適正化事業 ○家族介護支援事業 ○その他事業

ント機能としての包括的支援事業，市町村の判断によりおこなわれる任意事業からなる．

　包括的支援事業の委託先である地域包括支援センターは，こうした「地域包括ケア」を支える中核機関であり，社会福祉士・主任ケアマネジャー（介護支援専門員）・保健師などの3専門職を配置し，介護予防サービスなどの提供を含めた保健・医療・福祉にかんする相談・支援などを包括的かつ継続的に対応している．地域包括支援センターの設置者は，事業の質の評価を実施しなければならない．

4　高齢者福祉の今後の課題

(1)　超高齢社会とその調和

　2018（平成30）年に日本の高齢化率は28％を超えた．2025（平成37）年には，高齢者数が3,657万人に増えることが見込まれている．2065年には，約2.6人に1人が65歳以上，約3.9人に1人が75歳以上となり，超高齢社会は，今後もつづく．1965（昭和40）年には現役世代約9人で高齢者1人を支えていたが，2050年には1人で1人を支える社会を迎える．このような情勢のなか，介護保険の制度改革が断続的に行われている．それは「医療から介護へ」，「施設から在宅へ」という地域共生社会への方向である．2025（平成37）年を目標とした「地域包括ケアシステム」の構築が標榜されている．2015（平成27）年度からは，一定以上の所得のある利用者負担1割が2割，3割になるなど介護保険制度が改革された．具体的には，全国の市町村が保険者機能発揮し，自立支援・重度化防止に取り組む仕組みを制度化し，日常的な医学管理や看取り・ターミナル機能と生活支援施設の機能を併せ持った介護医療院の創設，地域共生社会の実現に向けた市町村による地域住民と行政による包括的支援体制づくり，地域福祉計画作成の努力義務化，高齢者と障害児者が同一事業所でサービスを受けやすくする共生型サービスが整備されている

(2)　地域包括ケアシステムの構築と地域包括支援センターの機能強化

　地域包括ケアシステムの狙いは，在宅での生活を継続する限界点を高めていくことである．それは，認知症高齢者早期支援体制の構築と同時に，医療が必要な人，重度要介護者，1人暮らし高齢者などを地域で支える仕組みづくりに他ならない．

　地域包括ケアシステムの内容は，医療と介護の連携の強化，機能訓練などによる自立支援による介護サービスの提供，高齢者の住まいの場の確保，生活支援サービスを自治会・ボランティア・NPOなど，多様なところからの

提供などがあげられる．さらに，医療機関の機能分化や入院期間の短縮による在宅での受け皿づくりは，地域を調整できる「地域包括支援センター」の機能の強化が不可欠である．

第 5 節　母子家庭及び父子家庭並びに寡婦の福祉

1　母子及び父子並びに寡婦福祉法

(1)　母子及び父子並びに寡婦福祉法とは

母子及び父子並びに寡婦福祉法の目的は，「母子家庭等及び寡婦の福祉に関する原理を明らかにするとともに，母子家庭等及び寡婦に対し，その生活の安定と向上のために必要な措置を講じ，もつて母子家庭等及び寡婦の福祉を図ること」である．この法律では，「全て母子家庭等には，児童がその置かれている環境にかかわらず，心身ともに健やかに育成されるために必要な諸条件と，その母子家庭の母及び父子家庭の父の健康で文化的な生活とが保障されること」を基本理念として掲げている．また，「国および地方自治体は，母子家庭等及び寡婦の福祉を促進する責務を有するものとし，さらにその施策を通じて基本的理念が具現化されるように配慮しなければならない」としている．

母子及び父子並びに寡婦福祉法の定義では，寡婦とは「配偶者のない女子」を指す．母子家庭等とは，母子家庭及び父子家庭をいう．ここでいう児童とは，20歳未満の児童のことをさす．

この法律では，「配偶者のない女子（男子）」とは，つぎのような定義から成り立っている．

1) 離婚した女子（男子）であって現に婚姻をしていないもの
2) 配偶者の生死が明らかでない女子（男子）
3) 配偶者から遺棄されている女子（男子）
4) 配偶者が海外にあるためその扶養を受けることができない女子（男子）

5)　配偶者が精神又は身体の障害により長期にわたって労働能力を失って
　　いる女子（男子）

6)　その他，政令で定められているもの

(2)　ひとり親政策の変遷

　母子及び父子並びに寡婦福祉法の背景には，第1次世界大戦中の1920（大
正9）年頃からのわが国における社会的事情にある．戦争により戦争未亡人
が増え，母子家庭への経済的援助を行うと同時に，富国強兵・健民健兵を目
的とした児童の育成を図るために，1937（昭和12）年に，「母子保護法」が
制定された．母と13歳以下の子どもからなる貧困母子家庭が扶助の対象とな
った．1946（昭和21）年には，終戦後の公定扶助の制度として経済的に困窮
した状況であれば，労働能力の有無にかかわらず救済の対象になるという無
差別平等を原則とした「(旧)生活保護法」が制定され，母子家庭の保護に
ついてもこの法律のもとで保護されることとなり，救護法や母子保護法は廃
止された．

　しかし，母子家庭の生活の困窮の程度が深刻であったことから，生活保護
の適用だけではやがて母子福祉の保護を行うことが困難となっていった．そ
こで，1952（昭和27）年に，母子家庭を対象とした「母子福祉資金の貸し付
けに関する法律」が制定された．この法律には，主に母子家庭のための低利
の福祉資金の貸し付けや母子相談員の設置，売店などの設置についての優先
的許可などの内容が盛り込まれていた．1959（昭和34）年に国民年金制度が
創設され，同時にそのなかに死別母子世帯の生活の安定を図るために，母子
年金や準母子年金，母子福祉年金などが設けられた．このような母子福祉に
たいする施策の高まりを背景として，1964（昭和39）年に「母子福祉法」が
制定され，それに伴い「母子福祉資金の貸し付けに関する法律」は廃止され
た．母子福祉法の対象は母子家庭にかぎられており，子どもが成人して残さ
れた寡婦は保護の対象外となっていたが，それにもかかわらず寡婦の生活が
困難な場合が多かった．

そこで1981（昭和56）年には，従来の母子家庭を対象とした母子福祉法から，対象を寡婦に広げ，法律の名称を変更して「母子及び寡婦福祉法」と改定された．やがて母子家庭および寡婦を巡る状況もおおきく変化し，母子および寡婦福祉政策も新しい時代に対応すべく見直しが図られることとなった．そこで，離婚によるひとり親家庭の増大や，生活保護受給者の拡大とともに，「母子及び寡婦福祉法」，「児童福祉法」，および「社会福祉法」の一部改正を内容とした「母子及び寡婦福祉法を一部改正する法律」が2002（平成14）年に可決，成立した．

一部改正された法律では，父子家庭も法律の対象として定められており，母子家庭の母および寡婦にたいしても，自立の促進と家庭生活や職業生活の安定と向上に努める責務があることを定めている．さらに，改正を受けて2003（平成15）年から5年間を対象とした「母子家庭及び寡婦の生活の安定と向上のための措置に関する基本的な方針」が策定された．これらの期間内に，母子家庭の母に対する就労支援を目指す必要性があることから，2008（平成20）年3月までの時限立法として，「母子家庭の母の就業支援に関する特別措置法」が設定された．

(3)　ひとり親支援に向けた動き

母子家庭などにたいする総合的な相談機能や就労支援，生活支援に取り組んできたものの，ひとり親の生活状況はなかなか改善されない現状がある．母子家庭の場合，子育てと仕事の両立が難しいうえに，就業に必要な技能などを習得できる機会が少ないなどの理由で，非常勤やパートといった雇用状況が不安定な職に就くことが多い．

一方，父子家庭においては，子育てに対する生活支援を施策の対象としており，経済的支援については母子家庭よりも平均収入が高いことを理由に支援が行われてこなかった．しかし，子育てと仕事の両立が難しいという理由で，残業や出張などもある正社員から非正規雇用に移行せざるをえない状況もあり，父子家庭の父の非正規雇用が増えてきている．これを受けて，2010

（平成22）年より，児童扶養手当の支給対象を母子家庭だけでなく父子家庭にも適用されることとなった．

　2012（平成24）年には，母子家庭のみならず父子家庭の父の就業にかんする支援をおこなう必要があるとの観点から，「母子家庭の母及び父子家庭の父の就業の支援に関する特別措置法」を制定した．それにともなって，「母子家庭及び寡婦の生活の安定と向上のための措置に関する基本的な方針」が改正され，父子家庭の就業支援の追加や父子家庭も対象となる施策に改められた．

　さらに，2014（平成26）年には，「母子及び寡婦福祉法」が「母子及び父子並びに寡婦福祉法」に改称され，母子福祉資金貸付等の支援施策の対象が父子家庭にも拡大されているほか，母子自立支援員，母子福祉団体等や基本方針，自立促進計画の規定に父子家庭も対象として追加された．名称が「母子・父子自立支援員」，「母子・父子福祉団体」等に改称され，父子家庭への支援の拡大が図られている．

　2015（平成27）年には，「すべての子どもの安心と希望の実現プロジェクト（すくすくサポート・プロジェクト）」が策定され，就業による自立に向けた支援を基本としつつ，子育て・生活支援，学習支援等の総合的な取組を充実することとし，①地方自治体窓口ワンストップ化推進，②子どもの居場所づくりや学習支援の充実，③親の資格取得の支援の充実，④児童扶養手当の機能の充実を図ることとなった．

　当該プロジェクトを踏まえ，2016（平成28）年に児童扶養手当法が改正され，第2子以降の加算額が倍増された．また，2018（平成30）年度には児童扶養手当の全部支給に係る所得制限限度額の引き上げ，2019（令和元）年からは児童扶養手当の支払い回数の見直し（年3回から6回）等，支援施策の充実が図られている．

2　ひとり親家庭等の自立支援の政策

　2002（平成14）年より，就業・自立に向けた総合的な支援を強化すること

を目的として「子育て・生活支援策」,「就業支援策」,「養育費確保支援策」,「経済的支援策」の 4 つの施策を推進している.

(1)　子育て・生活支援策

1)　母子・父子自立支援員による相談支援

母子及び父子並びに寡婦福祉法にもとづき, 都道府県知事, 市長 (特別区の区長を含む) 及び福祉事務所設置町村長が母子・父子自立支援員を委嘱している. 勤務場所は, 原則として福祉事務所である. 職務内容は, ひとり親家庭及び寡婦に対し, ①母子及び父子並びに寡婦福祉法及び生活一般についての相談支援等, ②職業能力の向上及び求職活動等就業についての相談指導等, ③その他の自立に必要な相談支援, ④母子父子寡婦福祉資金の貸付に関する相談・指導, を実施している.

2)　ひとり親家庭等日常生活支援事業

母子家庭, 父子家庭及び寡婦が, 安心して子育てをしながら生活することができる環境を整備するため, 修学や疾病などにより家庭援助, 保育等のサービスが必要となったさいに, 家庭生活支援員を派遣し, 又は家庭生活支援員の居宅等において子どもの世話などをおこなうことにより, ひとり親家庭の生活の安定を図る.

3)　ひとり親家庭等生活向上事業

ひとり親家庭等は, 就業や家事等日々の生活に追われ, 家計管理, 子どものしつけ・育児又は自身や子どもの健康管理など様々な面において困難に直面することになる. また, ひとり親家庭の親の中には高等学校を卒業していないことから, 希望する就業ができないことや安定した就業が難しいなどの支援が生じている. このため, 生活にかんする悩み相談 (相談支援事業), 家計管理・育児等にかんする専門家による講習会の実施 (家計管理・生活支援講習会事業), 高等学校卒業程度認定試験合格のための学習支援等を実施 (学習支援事業), ひとり親家庭の交流や情報交換を実施 (情報交換事業) することにより, ひとり親家庭等の生活の向上を図る.

①家計管理・生活支援講習会等事業

　　ひとり親家庭等は，就業や家事等日々の生活に追われ，家計管理，子どものしつけ・育児や自身の健康管理など様々な面において困難に直面することがあるため，家計管理，子どものしつけ・育児や養育費の取得手続き等に関する講習会の開催や個別相談を実施することにより，ひとり親家庭等の生活の向上を図る.

②子どもの生活・学習支援事業（居場所づくり）

　　ひとり親家庭の子どもは，親との離別・死別等により精神面や経済面で不安定な状況に置かれるとともに，日頃から親と過ごす時間がかぎられ，家庭内でのしつけや教育等が十分に行き届かなくなっている. ひとり親家庭の子どもがかかえる特有の課題に対応し，貧困の連鎖を防止する観点から，ひとり親家庭の子どもの生活向上を図ることが求められている.

　　このため，放課後児童クラブ等の終了後に，ひとり親家庭の子どもにたいし，悩み相談をおこないつつ，基本的な生活習慣の習得支援・学習支援，食事の提供等を行い，ひとり親家庭の子どもの生活向上を図る自治体の取り組みを支援する. この事業は，自治体から委託を受けた NPO 法人等が，地域の実情に応じて，地域の学生や教員 OB 等のボランティア等の支援員を活用し，児童館・公民館や民家等において実施する.

4)　母子生活支援施設

　　母子生活支援施設は，「配偶者のない女子又はこれに準ずる事情にある女子及びその者の監護すべき児童を入所させて，これらの者を保護するとともに，これらの者の自立の促進のためにその生活を支援し，あわせて退所した者について相談その他の援助を行うことを目的とする施設」（児童福祉法第38条）である. 児童（18歳未満）及びその保護者（配偶者のない女子又はこれに準ずる事情にある女子）が対象であるが，児童が満20歳に達するまで所在させることができる.

255

5)　子育て短期支援事業

　　母子家庭等が安心して子育てをしながら働くことができる環境を整備するため，市町村が一定の事由により児童の養育が一時的に困難となった場合に児童を児童養護施設，母子生活支援施設，乳児院，保育所，ファミリーホーム等で預かる短期入所生活援助（ショートステイ）事業，夜間養護等（トワイライトステイ）事業を実施している．

(2)　就業支援策

1)　マザーズハローワーク事業

　　子育て中の女性のほか，子育て中の男性，子育てをする予定のある女性にたいする再就職支援を実施する専門のハローワーク設置する事業である．

2)　母子家庭等就業・自立支援事業

　　母子家庭の母及び父子家庭の父にたいし，就業相談から就業支援講習会，就業情報の提供等までの一貫した就業支援サービスや養育費の取り決めなどに関する専門相談など生活支援サービスを提供する事業である．

3)　ひとり親家庭在宅就業推進事業

　　在宅での就業を希望するひとり親に対し，在宅業務を適切に行うために必要なノウハウ等を習得するための在宅就業コーディネーターによる支援を通じ，自営型の在宅就業や企業での雇用（雇用型テレワーク）への移行を支援する

4)　母子・父子自立支援プログラム策定事業

　　福祉事務所等に自立支援プログラム策定員を配置し，児童扶養手当受給者等にたいし，①個別に面接を実施し，②本人の生活状況，就業への意欲，資格取得への取り組み等について状況把握をおこない，③個々のケースに応じた支援メニューを組み合わせた自立支援プログラムを策定し，④プログラムに沿った支援状況をフォローするとともに，⑤プログラム策定により自立した後も，生活状況や再支援の必要性を確認するた

めアフターケアを実施し，自立した状況を継続できるよう支援をおこなっている．

　また，母子・父子自立支援プログラムと連携して就労支援をおこなうため，ハローワークに就労支援ナビゲーター等を配置し，ハローワークと福祉事務所等とが連携して個々の児童扶養手当受給者等の状況，ニーズ等に応じたきめ細かな就労支援をおこなう生活保護受給者等就労自立促進事業を実施している．

5)　自立支援教育訓練給付金

　母子家庭の母及び父が教育訓練講座を受講し，修了した場合にその経費の一部を支給することにより，主体的な能力開発の取り組みを支援し，母子家庭及び父子家庭の自立の促進を図ることを目的とする．

6)　高等職業訓練促進給付金

　母子家庭の母又は父子家庭の父の就職を容易にするために必要な資格の取得を促進するため，当該資格にかかる養成訓練の受講期間について給付金を支給することにより，生活の負担の軽減を図り，資格取得を容易にすることを目的とする．

7)　ひとり親家庭高等職業訓練促進資金貸付事業

　高等職業訓練促進給付金を活用して養成機関に在学し，就職に有利な資格の取得を目指すひとり親家庭の親にたいし入学準備金・就職準備金を貸し付け，これらの者の修学を容易にすることにより，資格取得を促進し，自立の促進を図ることを目的とする．

8)　ひとり親家庭高等学校卒業程度認定試験合格支援事業

　ひとり親家庭の学び直しを支援することで，より良い条件での就職や転職に向けた可能性を広げ，正規雇用を中心とした就業につなげていくため，高等学校卒業程度認定試験合格のための講座を受講する場合に，費用の一部を支給する．

(3)　養育費確保支援策

1)　養育費相談支援センター事業

　　厚生労働省の2016（平成28）年度全国ひとり親世帯等調査によると，母子家庭の養育費取決め率が約43％，養育費受給率が約24％，父子家庭では，養育費取決め率が約21％，養育費受給率が約3％となっている．「養育費を受け取っていない」母子家庭の母が約7割を占めている．子どもを引き取った母親の6割以上は，1人で子どもを育てている状況にあり，精神的に経済的に追い詰められている．このような実情を踏まえて，母子家庭等自立支援の一環として，2007（平成19）年度に各地方自治体の母子家庭等就業・自立支援センターに養育費専門相談員を配置した．そして，これらの専門相談員のほか養育費の相談をおこなう人たちを対象に研修をし，これらの人たちが遭遇する難しい事例の相談に応じる養育費相談支援センターを設置した．

2)　養育費等支援事業

　　母子家庭の母親の養育費の確保のため，身近な地域での養育費の取り決めなどにかんする専門知識を有する相談員等による相談対応や，継続的な生活支援を必要としている家庭への支援を総合的におこなうことにより，母子家庭等の生活の安定と児童福祉の増進を図ることを目的とする．

3)　面会交流支援事業

　　2011（平成23）年に公布された民法改正法で，協議離婚で定めるべき「子の監護について必要な事項」として，親子の面会交流が明示された．面会交流が子どもの健やかな育ちを確保する上で有意義であること，養育費を支払う意欲につながるものであることなどから，母子家庭等就業・自立支援センター事業において，継続的な面会交流の支援をおこなう．

(4)　経済的支援策

1)　母子父子寡婦福祉資金貸付金制度

　　母子父子寡婦福祉資金は，配偶者のない女子又は配偶者のない男子で
あって現に児童を扶養しているもの等に対し，その経済的自立の助成と
生活意欲の助長を図り，あわせてその扶養している児童の福祉の増進を
図ることを目的として都道府県，政令指定都市，中核市でおこなわれて
いる貸付資金のことである．貸付財源のうち3分の2は国が補助し，残
り3分の1は都道府県，政令指定都市，中核市が負担している．

　　貸付金の種類は12種類（事業開始資金，事業継続資金，修学資金，技能
習得資金，修業資金，就職支度資金，医療介護資金，生活資金，住宅資金，
転宅資金，就学支度資金，結婚資金）である．寡婦にたいしても，母子父
子家庭と同様である．対象者は，母子家庭の母，父子家庭の父，寡婦，
母子・父子福祉団体等となっている．

2)　児童扶養手当制度

　　児童扶養手当とは，離婚によるひとり親世帯等，父又は母と生計を同
じくしていない児童が育成される家庭の生活の安定と自立の促進に寄与
するため，当該児童について手当を支給し，児童の福祉の促進を図るこ
とを目的として1961（昭和36）年に制定された法律である．2010（平成
22）年より父子家庭も対象となった．

　　支給対象者は，18歳に達する日以後の最初の3月31日までの間にある
児童（障害児の場合は20歳未満）を監護する母，監護し，かつ生計を同じ
くする父又は養育する者（祖父母等）である．支給される手当の額は，
物価スライドを適用するとともに，年収に応じて支給額をスライドさせ
ている．

　　2012（平成24）年には，DV（ドメスティックバイオレンス）保護命令を
受けた母子および父子家庭にも支給対象として適用された．

3　ひとり親家庭政策の課題と今後の展望

(1)　就労状況による所得格差とひとり親の過重な役割負担

　母子家庭などのひとり親家庭および寡婦にもたらされるおおきな問題の1
つに，貧困問題がある．貧困問題は，特に母子家庭の場合においては，女性
が就業できる職業の低賃金化がある．2016（平成28）年の厚生労働省調査に
よると，母子世帯の就業状況は，正規職員・従業員が44.2％にたいして，派
遣社員を含むパート・アルバイトなどが約43.8％となっている．また，パー
ト・アルバイトなどの平均年間就労収入は133万円で，女性の就業が不利な
立場におかれている．さらに，約7割の離婚母子家庭は養育費が支払われて
いない．こうしたことから，母子家庭の経済的自立を図りにくくさせている．
　一方，父子世帯の就業状況は，ほとんどが正規雇用者（68.2％で，平均収入
約398万円）である．非正規雇用者は約6.4％と少ないが，非正規雇用者の平
均収入は190万円と正規雇用者と比較すると大変少ない．このように，母子
および寡婦家庭と父子家庭の就業状況の違いから，所得格差が大きくなるこ
とは明らかだが，それでも両親世帯と比較すると父子家庭においても所得水
準が低く，また違った意味での貧困問題が課題となっている．
　多くの父子世帯の場合，ひとり親になった時点で正規雇用者として常勤で
働いたとしても，働く父親としての役割を担う上に，さらに子どもの保育に
携わる父親の役割が加担される．多くの父親たちは，事業先で正規雇用者と
しての役割に，父親の保育を念頭に入れた雇用条件が考慮されているわけで
はないので，仕事と家庭の両立が非常に困難になってくることがある．そこ
で，残業がまったくない部署への配置転換や，昇進の条件を諦めるなどの妥
協策を受け入れざるを得ないことである．場合によっては，それが失職や転
職にもつながり，またそうでなくても減収につながる可能性が高くなる．
　母子家庭の場合，離婚などの理由による生別母子家庭が死別母子家庭を上
回っており，また母子家庭となった時点での子どもの年齢が低年齢化してい
ることから，子育てに多くの時間を費やされることが多い．そのために母親

にたいする負担がおおきく，それにより就職も正規雇用として働けないといった制約が出てくることも関係していると思われる．

(2)　ひとり親家庭の子どもの貧困

　相体的貧困率を見ると，ひとり親の貧困が際立つ．相対的貧困とは，収入から税や保険料等を引いた可処分所得を等価可処分所得（世帯の可処分所得を世帯人数の平方根で割って算出）が全人口の中央値の半分未満である世帯員を相対的貧困の状況にあると考え，その占める比率を指す．2015（平成27）年の相対的貧困率は，全体で15.7％，子どもで13.9％である．一方，大人が一人の「子どもがいる現役世帯」で50.8％である（厚生労働省「平成28年国民生活基礎調査」2016年）．7人に1人の子どもが貧困状況にあり，特にひとり親家庭の子どもたちは，2人に1人は貧困状態にある，ということになる．

(3)　核家族化によるひとり親の家族形態の脆弱性

　核家族化によるひとり親家庭の家族形態の弱さが，露呈してしまうことがある．これについては，母子家庭や父子家庭においても同様のことがいえる．以前の拡大家族であれば，ひとり親になることで家族それぞれの持っている役割に変化が生じても，1人にかかる負担は核家族よりは少ない．つまり，母もしくは父がひとり親となった場合，主たる所得の所得者として働いている間，家でも子どもの面倒をみてくれる家族がいることで，ひとり親にかかる負担が核家族よりは少ないといえる．また生活基盤の1つである住居にしても，拡大家族の一員として世帯を1つにすることで，問題を最小限に抑えることができる．しかしながら，核家族化が進んでいる現在，ゼロからのスタートを切るひとり親家庭も多いため，物理的あるいは経済的な不利益を家族だけの問題としてとらえるのではなく，社会全体での子育て支援や社会的支援も視野に入れた環境整備が必要である．

(4)　今後の展望

このようなひとり親家庭の諸問題に対応すべき，ひとり親家庭への支援施策が強化されてきた．しかし，支援を必要とするひとり親が，これらの支援施策にどれだけたどり着くことができているのだろうか．支援を必要とするひとり親が行政の相談窓口に確実につながるよう，相談窓口にかんする分かりやすい情報提供等による相談窓口への誘導強化をおこなう．更に，ひとり親家庭の相談窓口において，子育て・生活にかんする内容から就業にかんする内容まで，ワンストップでの支援がおこなわれることが望まれる．

また，2016（平成28）年度から新たに，「子どもの生活・学習支援事業（居場所づくり）」がスタートした．ひとり親家庭の親にたいする支援が中心であったが，ようやく子どもにたいしても本格的に支援がはじまった．しかし，学習支援は，地方自治体の任意事業であるため，担当部署や子どもの参加要件が異なる複数の学習支援事業が立ち上がる自治体がある一方で，支援を必要とする子どもがいても条件が整わずに学習支援事業を一切実施できない地方自治体もある．支援がどの子どもにも届くよう，いっそうの支援強化が求められる．

2019（令和元）年6月には，「子どもの貧困対策の推進に関する法律」（略称：子ども貧困対策法）が改正された．同年11月には「子ども貧困対策に関する大綱」が閣議決定された．貧困の連鎖を防ぐため行政の取り組みが期待される．

第6節　地域福祉

ここでは，わが国の地域福祉についての基礎理解を促すための知識を提供したい．具体的には，「地域福祉という概念の捉え方」と「地域福祉の法的根拠」，「社会福祉法における地域福祉推進のための主要な枠組」，「地域共生社会と地域包括ケアシステム」という4つの項目を設け，関係する文献を引き，適宜根拠となる法律を示しながら，それぞれについて概説する．したが

い，各項目の詳細，思想，形成過程，国際的な動向および実践事例などについては，対応する他書に譲ることにしたい．

1　地域福祉という概念の捉え方

　まず，『広辞苑（第七版）』を引くと，地域福祉とは「自治体や地域住民・民間団体が連携しながら，地域を単位として行う福祉活動」と記載されている．同じく「地域福祉」について，社会福祉辞典『社会福祉用語辞典（四訂版）』で確認すると，「地域社会において，地域住民のもつ問題を解決したり，また，その発生を予防するための社会福祉施策とそれに基づく実践をいう．（後略）」と記載されている．

　一方，より学術的な辞典ではどうであろうか．京極高宣監修にて，わが国ではじめて編纂された社会福祉学辞典（中辞典）である『現代福祉学レキシコン（第2版）』をみてみると，牧里毎治により「地域福祉とは，望ましいとされる標準的生活水準からみて好ましくない状態に置かれている地域住民もしくは地域社会に対して，その改善および向上を目的として，生活者・住民主体の原則に立脚しながら国・地方自治体および住民組織，民間団体が協働して所得保証施策，住環境施策，保健医療施策，教育・文化施策，労働施策，交通・通信施策など一般公共生活施策とならんで，またはそれらを代替し，あるいは補充して，個別的，総合的，組織的な援助を行う地域施策と地域活動の総称である．（後略）」と定義されている．ここから，社会福祉学における地域福祉概念には，少なくとも「住民」と「行政」が主要な要素として含まれると認識できるが，1970年代半ば時点まで振り返っても，岡村重夫の地域福祉理論において，住民の相互援助的活動と公的機関の実施するコミュニティケアの「両者は，別個・独自の目的と機能をもちながらも，決して無関係のものではあってはならず，『地域福祉』という1つの概念のなかで統合的に位置づけられなければならない．」とされていた．これによっても，その認識は裏付けられる．

　他方で武川正吾は，「地域福祉は，カタカナ言葉が氾濫する日本の社会福

祉の世界のなかにあって，数少ない国産概念の一つである．コミュニティケアがイギリスの実情から切り離して考えることができないのと同様，地域福祉も日本の実情から切り離して考えることはできない．第二次世界大戦後半世紀の社会福祉の歴史のなかで登場してきた種々の理念（地域組織化，在宅福祉，住民参加型福祉，利用者主体，等々）を集大成したものが地域福祉だと考えることができる[7]．」としたうえで，「とはいえ，『地域福祉』という言葉の意味について，あまりむずかしく考える必要はない．要は，地域住民が主体となって社会福祉を考え実行していったならば，それが地域福祉だということである．地域福祉は，何か固定された『内容』というよりは，内容をたえず作り変えていくための『方法』であるからだ.」と，地域福祉概念の平易な捉え方について示している．

2　地域福祉の法的根拠

2000年 5 月，社会福祉基礎構造改革における検討を経て，社会福祉事業に関する基本事項を定めた社会福祉事業法が社会福祉法に抜本改正（同年 6 月施行）された．この法改正により，社会福祉サービスの理念などが大きく改められるとともに，地域福祉に関する規定が盛り込まれた．後者に関しては，社会福祉法の目的の 1 つが地域福祉の推進を図ること（第 1 条）であることについて明示された．また，同法第 4 条では，地域福祉の推進について次のように規定された．

【社会福祉法第 4 条（抄）】

（地域福祉の推進）

第四条　地域住民，社会福祉を目的とする事業を経営する者及び社会福祉に関する活動を行う者（以下「地域住民等」という．）は，相互に協力し，福祉サービスを必要とする地域住民が地域社会を構成する一員として日常生活を営み，社会，経済，文化その他あらゆる分野の活動に参加する機会が確保されるように，地域福祉の推進に努めなければならない．

　2　地域住民等は，地域福祉の推進に当たつては，福祉サービスを必要
とする地域住民及びその世帯が抱える福祉，介護，介護予防（要介護状
態若しくは要支援状態となることの予防又は要介護状態若しくは要支援状態
の軽減若しくは悪化の防止をいう．），保健医療，住まい，就労及び教育に
関する課題，福祉サービスを必要とする地域住民の地域社会からの孤立
その他の福祉サービスを必要とする地域住民が日常生活を営み，あらゆ
る分野の活動に参加する機会が確保される上での各般の課題（以下「地
域生活課題」という．）を把握し，地域生活課題の解決に資する支援を行
う関係機関（以下「支援関係機関」という．）との連携等によりその解決
を図るよう特に留意するものとする．

　これが契機となり，社会のなかで，地域福祉の推進についての本格的な検
討がされる機運が高まったといえる．実際に，当時，厚生省社会・援護局長
としてこの改革に携わった炭谷茂は，「（前略）地域社会における『つなが
り』を再構築するための制度改革でもあった[8]」と指摘している．

　社会福祉法の誕生によるこのような変化について，武川正吾は「この変化
は日本の社会福祉の歴史のなかで突然現れたものではない．2000年の改正以
前においても，1983年には市町村社会福祉協議会が法定化され，1990年の社
会福祉関係八法改正では分権化が進み，地域の重視が謳われた．2000年の改
正における地域福祉の重視も，こうした一連の改革の延長線上にある．…
（中略）…2000年は日本の社会福祉の歴史の転換期であり（介護保険法の施行
も2000年である），日本の社会福祉はこのとき地域福祉の段階に入ったという
ことができる[9]」として，わが国の社会福祉の歴史を辿り，2000年以前にも地
域に視点が向けられてきた経過があったことを例示しながらも，地域福祉へ
向けて，舵をより大きくきった区切りの年が2000年であったことについて認
めている．

　社会福祉法は現在のところ，2020年4月に施行された改正法（2019年6月
公布）が最新であるが，2020年6月，市町村の相談体制を強化する社会福祉

法などの一括改正が参議院本会議で可決・成立した（2021年4月施行予定）.
これは地域共生社会の実現に向けての法改正であったが,「重層的支援体制
整備事業」という市町村が任意で実施する新たな事業が誕生し, 既存制度の
国の補助金が再編され, 交付金が創設されることになったことが要点である.
この新たな事業には, 地域で孤立した人や家族が社会とつながるために, 社
会福祉士などの専門職から, 伴走的かつ継続的な支援が受け易い環境の整備
が期待される. 社会的孤立については, 高齢者の孤独死や育児の孤立, 介護
の孤立などの問題の背景となっているが, こうした問題に対応し, 地域のつ
ながりの強化のための対策を講じてきたのは, 社会保障分野においては地域
福祉であり, 今後もその政策と実践の相互補完的な深化・推進が求められる[10].

3　社会福祉法における地域福祉推進のための主要な枠組み

　前述のように, 社会福祉法においては, 地域福祉の推進について規定され
ているが, 法改正を経たうえで現在, そのための主要な枠組は「包括的な支
援体制の整備（第10章第1節）」（以下, 包括的支援体制整備）,「地域福祉計画
（第10章第2節）」,「社会福祉協議会（第10章第3節）」および「共同募金（第
10章第4節）」から構成されている. 以下にこれら4点をとりあげ, それぞ
れ概説する.

(1)　包括的支援体制整備

　2017年, 改正社会福祉法の第106条において,「包括的支援体制整備」につ
いて明記された. この用語は, 平野隆之によると,「身近な圏域での地域住
民による活動も含め, 多様な機関が協働するなかで, 相談支援を中心にしな
がら, 制度のはざまをつくらない支援の包括化を推進するための体制整備」[11]
をいう. 包括的支援体制整備が求められる要因としては, 地域生活において,
複合化・複雑化した課題を抱える個人や家族の増加傾向などが挙げられる.
そのような社会的状況のなかで, 地域において生きづらさを抱える当事者を
シームレスに支えていくために, 既存の制度にとらわれない有機的で横断的,

組織的な地域連携による支援体制の整備が必要なのである．そして，その支援の担い手については，専門機関や専門職のみならず，地域住民にも期待がされているかたちにある．地域を基盤としたソーシャルワークという観点からは，求められる機能について，岩間伸之により「①広範なニーズへの対応，②本人の解決能力の向上，③連携と協働，④個と地域の一体的支援，⑤予防的支援，⑥支援困難事例への対応，⑦権利擁護活動，⑧ソーシャルアクション¹²⁾」の8つにまとめられているが，包括的支援体制整備においても基本的にはこの枠組が参考となる．

　2007年12月，社会福祉士及び介護福祉士法等の一部を改正する法律が施行されている．この法改正は，社会保障審議会福祉部会による「介護福祉士制度及び社会福祉士制度の在り方に関する意見（平成18年12月12日）」が踏まえられて行われた．これにより，社会福祉士の定義は，「福祉サービスを提供する者又は医師その他の保健医療サービスを提供する者その他の関係者との連絡及び調整」という文言が加えられ，「社会福祉士の名称を用いて，専門的知識及び技術をもつて，身体上若しくは精神上の障害があること又は環境上の理由により日常生活を営むのに支障がある者の福祉に関する相談に応じ，助言，指導，福祉サービスを提供する者又は医師その他の保健医療サービスを提供する者その他の関係者との連絡及び調整その他の援助を行うことを業とする者」と改められた．したがって，包括的支援体制整備において必須となる地域連携の鍵である関係者との「連絡」と「調整」をめぐっては，少なからず，社会福祉士に期待がされると考えられる．

(2)　地域福祉計画と住民参加

　社会福祉法が成立したことにより，地域福祉の推進のため，市町村が「市町村地域福祉計画」を策定し，都道府県が「都道府県地域福祉支援計画」を策定することになった．基本的には，地域福祉計画とはこの2つの計画からなると理解してよい．この地域福祉計画は，地域の主体たる住民の参加により，地域ニーズ・課題を明らかとして，多機関や多職種などが連携・協働し，

目的的にその対応のための方策を協議し，計画的に整備していくものである．

　しばらくの間，地域福祉計画は「任意」にて策定されるものであったが，2018年4月の社会福祉法改正により，その策定について「努力義務」と改められた．厚生労働省は，この施策の推進のため，「社会福祉法に基づく市町村における包括的な支援体制の整備に関する指針」（2017年厚生労働省告示第355号）を作成するとともに，「市町村地域福祉計画，都道府県地域福祉支援計画の策定ガイドライン」を含む関係通知「地域共生社会の実現に向けた地域福祉の推進について」を発出している[13]．

　武川正吾は，地域福祉計画の特徴として，社会福祉の個別計画を総合化する役割を有しているという意味での「総合化」と，住民参加が必要という意味での「住民参加」の2点を挙げている[14]．この2点については，前述した牧里毎治による地域福祉の定義のなかにも近い内容がみられる．1点目の「統合化」については，昨今の社会福祉法の改正により，地域における高齢者福祉や障害者福祉，児童福祉，その他の福祉に関し，共通に取組むべき事項が定められ，分野ごとの計画の上位の計画として地域福祉計画が位置づけられていることからも，その方向性と意味について理解される．2点目の「住民参加」ついてはどうであろうか．わが国の歴史を少し辿ってみても，1971年には，従来の施設収容型の福祉に対する反省から，「これからの福祉はコミュニティ・ケア中心のものへとその重点を移すべき」とする中央社会福祉審議会（当時）の答申「コミュニティ形成と社会福祉」が出され，その答申における参加論の重点は，コミュニティ内での住民参加におかれていた[15]．また，このような答申や社会福祉法の規定に関わらずとも，地域福祉において住民参加が重要であることは，沢田清方による「地域福祉の構築は誰かが請け負ってすすめるという性格のものではあるまい．結局は，住民・当事者の願いやこうあって欲しいという総体が実ったものが制度として構築されることになるべきものであろう．原点は住民であり当事者である．現在の地域福祉のレベルを前進させるのも，停滞させるのも住民・当事者しだいである．そうした意味で，住民・当事者のかかわる地域の福祉活動に視点を据えて論を進

めることがまず重要なことであると考えられるからである.[16]」との論理展開
からもその理解は難しくない.

(3)　社会福祉協議会

社会福祉協議会は全国，都道府県，政令指定都市，市町村，特別区単位で
組織される機関であり，基本的に社会福祉法人格を有している．市町村社会
福祉協議会と都道府県社会福祉協議会は，社会福祉法第109条と第110条にお
いて，「地域福祉の推進を図ることを目的とする団体」として規定されてい
る.

川上富雄は，「わが国の諸福祉サービスは，縦割りの法体系のなかで提供
されており，各々のサービスにも該当要件，利用要件が細かく規定されてい
る．しかし現実の私たちの生活のなかには，これらの法制度に当てはまらな
い，または要件に満たない生活問題が無数に存在している.[17]」としたうえで，
「社協は，こうした『制度の外側』『制度の狭間』にあるニーズを埋めるため
に，あらゆる方策・手段を用いて先駆的に取り組んでいく組織といえる.」
と説明している．そのような組織であるからこそ，常に変化し続ける地域に
おいて，社会福祉協議会による地域福祉実践が期待されている.

なお，全国の都道府県と市区町村に設置されている，社会福祉法第111条
を法的根拠とする社会福祉協議会の連合会である社会福祉法人全国社会福祉
協議会は，ホームページ上において，「それぞれの地域において人びとが安
心して暮らせるよう，地域住民や公私の社会福祉関係者がお互いに協力して
地域社会の福祉課題の解決に取り組む考え方[18]」と地域福祉について説明して
いる.

(4)　共同募金

共同募金については，社会福祉法第112条において「都道府県の区域を単
位として，毎年1回，厚生労働大臣の定める期間内に限ってあまねく行う寄
付金の募集であって，その区域内における地域福祉の推進を図るため，その

寄付金をその区域内において社会福祉事業，更生保護事業その他の社会福祉を目的とする事業を経営する者（国及び地方公共団体を除く.）に配分することを目的とするものをいう.」と規定されている.また，同法第113条では，共同募金を行う事業が同法第2条の規定にかかわらず，第一種社会福祉事業であることが明記されている.

厚生労働省は，「共同募金は，戦後間もない頃（1947年），戦災孤児を預かる民間福祉施設などの資金不足を補うために制度化したものであり，現在では，社会福祉を目的とする事業活動を幅広く支援することを通じて地域福祉の推進を図る募金活動として位置付けられている.」[19]と説明している.

4　地域共生社会と地域包括ケアシステム

今日では地域福祉と密接な関係にある用語として，地域共生社会と地域包括ケアシステムが挙げられる.この2つの用語についても確認しておきたい.

(1)　地域共生社会

地域共生社会は，2016年6月に閣議決定された「ニッポン1億総活躍プラン」において，政府により示された用語である.厚生労働省によると，地域共生社会は「制度・分野ごとの『縦割り』や『支え手』『受け手』という関係を超えて，地域住民や地域の多様な主体が参画し，人と人，人と資源が世代や分野を超えつながることで，住民1人ひとりの暮らしと生きがい，地域をともに創っていく社会」[20]とされている.わが国は現在，こうした社会の実現を福祉改革の基本理念として掲げている.

(2)　地域包括ケアシステム

わが国は相変わらず，少子高齢化・人口減少のなかにあり，今日ではそれが広く知られている.現在は特に，第2次世界大戦後の第一次ベビーブーム世代をさす団塊の世代が75歳を超えて後期高齢者となり，国民の3人に1人が65歳以上，5人に1人が75歳以上となる2025年頃が目前に迫っているため，

地域包括ケアシステムの構築が社会的な課題とされている.

　地域包括ケアシステムという用語は，社会保障改革プログラム法が施行される10年前にあたる2003年に，政府関係文書としてははじめて，高齢者介護研究会（厚生労働省老健局長の私的懇談会）による報告書「2015年の高齢者介護：高齢者の尊厳を支えるケアの確立に向けて[21]」のなかで使用された[22]．この地域包括ケアシステムについては，2013年12月に成立した「持続可能な社会保障制度の確立を図るための改革の推進に関する法律」（社会保障改革プログラム法）において，「地域の実情に応じて，高齢者が，可能な限り，住み慣れた地域でその有する能力に応じ自立した日常生活を営むことができるよう，医療，介護，介護予防（要介護状態若しくは要支援状態となることの予防又は要介護状態若しくは要支援状態の軽減若しくは悪化の防止をいう．次条において同じ），住まい及び自立した日常生活の支援が包括的に確保される体制」と定義されている．また，2014年6月に成立した「地域における医療及び介護の総合的な確保の促進に関する法律」（医療介護総合確保促進法）においても同様の文言が使用されている（第2条）．さらに，介護保険法（第5条）などにも地域包括ケアに関する文言がみられるようになっている．

　また，厚生労働省は，「2025年を目処に，高齢者の尊厳の保持と自立生活の支援の目的のもとで，可能な限り住み慣れた地域で，自分らしい暮らしを人生の最期まで続けることができるよう，地域の包括的な支援・サービス提供体制（地域包括ケアシステム）の構築を推進している[23]」としている．このなかには，「人生の最期」という表現がみられるが，地域で暮らす人々は多様であるため，「馴染みの病院で死を迎えたい」と考える人もいるであろうし，「長年暮らした自宅で死を迎えたい」と考える人もいるであろう．現状として，日本人の多くは病院で亡くなるようになっているが[24]，地域包括ケアシステムは「生活の延長線上に死を迎えられることを目指したシステム[25]」である．

　二木立は，社会保障改革プログラム法および医療介護総合確保促進法のなかで「効率的かつ質の高い医療提供体制」と「地域包括ケアシステム」の構

築が同格・一体とされていることについて指摘している[26]．一方，猪飼周平は，医療を取り巻く趨勢として，医学モデルから生活モデルに基づくケアへの転換が迫られていることを説明したうえで，高齢化対策が高齢者の QOL を増進するという意味であれば，地域包括ケアが目的にかなうものであることを認めつつ，その対策が財政的な危機を乗り切るということを意味するならば，目的に対して不合理な手段が適用されている[27]という懸念も示している．他方，岡本浩二は，地域包括ケアシステムは「単に保健・医療・介護・福祉分野の課題として捉えるのではなく，地域全体の課題，すなわち『まちづくり』の課題として捉えなければならない[28]」と指摘している．それでは本質的に，変化を伴う「まちづくり」には何が必要なのであろうか．例えば，地域包括ケアシステムの構築，推進および深化のためにチェンジマネジメントが重要であるとする筒井孝子は，その道筋が不透明である要因を洞察したうえで，「日本の社会保障制度を改革するためには共創型価値を基盤とするしかない．その本質は，自らの隣人に関心をもち，他者の痛みを感じられるというきわめて人間的な営みの延長線上にある[29]．」と指摘している．これは，きわめて本質的な指摘であるが，深刻な水準の生きづらさを抱えておらずとも，自分自身や家族の生活を成り立たせていくのみで精一杯な人や社会保障制度の構造自体への理解・信頼がもてずにいる人も少なくないなかにあって，共創型価値を地域社会のなかでどのように醸成していくかについては，地域包括ケアシステムをめぐる今後の大きな課題である．

注

1) 介護保険法第115条の規定に基づいて，介護サービス事業所に，そのサービスに関する情報を定期的に都道府県知事に報告するよう義務づけ，都道府県知事はその情報をホームページなどで公表する制度．

2) 事業所の指定（認可）は 6 年ごとに更新しなければならない．

3) 新村出編（2018）『広辞苑　第七版』岩波書店，p.1857.

4) 中央法規出版編集部（2008）『四訂　社会福祉用語辞典』中央法規出版 pp.366〜367.

5) 牧里毎治「地域福祉　community welfare/community-based social

services」京極高宣監修（1998）『現代福祉学レキシコン　第2版』所収，雄山
閣出版，p.506.

6)　岡村重夫（2009）『地域福祉論　新装版』光生館，p.59.

7)　武川正吾「論壇：地域福祉計画のスタート：総合化と分権化と」『福祉新聞』
2002年3月18日（2097号）.

8)　炭谷茂「はじめに」日本ソーシャルインクルージョン推進会議編（2007）
『ソーシャル・インクルージョン：格差社会の処方箋』所収，中央法規出版，
1枚目.

9)　武川正吾（2006）『地域福祉の主流化：福祉国家と市民社会Ⅲ』法律文化社，
p.2.

10)　藤本健太郎（2012）『孤立社会からつながる社会へ：ソーシャルインクルー
ジョンに基づく社会保障改革』ミネルヴァ書房，p.70.

11)　平野隆之（2020）『地域福祉マネジメント：地域福祉と包括的支援体制』有
斐閣，p.ii.

12)　岩間伸之（2008）「地域を基盤としたソーシャルワークの機能：地域包括支
援センターにおけるローカルガバナンスへの視覚」『地域福祉研究』36，pp.37
〜49.

13)　全国社会福祉協議会（2019）『地域共生社会の実現に向けた地域福祉計画の
策定・改定ガイドブック』p.12.

14)　武川正吾（2006）前掲書，法律文化社，pp.4〜5.

15)　伊藤周平「社会福祉における利用者参加：日本の福祉政策と参加の理念」社
会保障研究所編（1996）『社会福祉における市民参加』所収，東京大学出版会，
p.46.

16)　沢田清方「長寿社会における地域福祉活動の展開」山口昇・髙橋紘士編
（1993）『市民参加と高齢者ケア』所収，第一法規，p.10.

17)　川上富雄「社会福祉協議会の役割と実際」市川一宏・上野谷加代子・大橋謙
策編（2015）『新・社会福祉士養成講座 地域福祉の理論と方法　第3版』所収，
中央法規出版，p.12.

18)　全国社会福祉協議会『地域福祉・ボランティア』
（https://www.shakyo.or.jp/bunya/chiiki/index.html, 2020.7.1）

19)　厚生労働省社会・援護局総務課『共同募金について』（http://www.ipss.
go.jp/publication/j/shiryou/no.13/data/shiryou/syakaifukushi/965.pdf,
2020.7.15）

20)　厚生労働省『"地域共生社会"の実現に向けて』（https://www.mhlw.go.jp/
stf/seisakunitsuite/bunya/0000184346.html, 2020.7.1）

21)　高齢者介護研究会『2015年の高齢者介護：高齢者の尊厳を支えるケアの確立
に向けて』（http://www.ipss.go.jp/publication/j/shiryou/no.13/data/shiryou/
syakaifukushi/965.pdf, 2020.6.15）

22)　二木立（2018）『地域包括ケアと福祉改革』勁草書房，p.17.

23)　厚生労働省『地域包括ケアシステム』

(https://www.mhlw.go.jp/stf/seisakunitsuite/bunya/hukushi_kaigo/kaigo_koureisha/chiiki-houkatsu/, 2020.7.3)

24)　厚生労働省『令和元年度厚生統計要覧』(https://www.mhlw.go.jp/toukei/youran/indexyk_1_2.html, 2020, 7, 1)

25)　筒井孝子（2014）『地域包括ケアシステム構築のためのマネジメント戦略：integrated care の理論とその応用』中央法規出版, p.26.

26)　二木立（2018）前掲書，勁草書房，p.34.

27)　猪飼周平「地域包括ケアの歴史的必然性」小松秀樹・小松秀平・熊田梨恵編（2015）『地域包括ケアの課題と未来：看取り方と看取られ方』所収，ロハスメディア，pp.16〜20.

28)　岡本浩二（2017）「地域包括ケアシステムの概念と今後の課題：まちづくりの視点から」『横浜商大論集』50，pp.28〜47.

29)　筒井孝子（2019）『地域包括ケアシステムの深化：integrated care 理論を用いたチェンジ・マネジメント』中央法規出版，pp.440〜441.

参考文献

上田敏（1983）『リハビリテーションを考える――障害者の全人間的復権』障害者問題双書．青木書店．

大阪障害者センター（2014）『本人主体の「個別支援計画」ワークブック――ICF 活用のすすめ』かもがわ出版．

川村敏司・川島聡他（2013）『障害学のリハビリテーション――障害の社会学モデルとその射程と限界』生活書院．

障害者福祉研究会（2019）『障害者総合支援法』中央法規出版．

日本障害フォーラム（JDF）ホームページ https://www.normanet.ne.jp/~jdf/index.html，2020年 7 月14日取得．

花村春樹（訳）著（1998）『「ノーマリーゼーションの父」N・E バンク-ミケルセン』ミネルヴァ出版．

厚労省障がい者制度改革推進協議会（2010）「『障害』の表記に関する検討結果について」．

武川正吾・塩野谷裕一編（1999）『先進諸国の社会保障①イギリス』東京大学出版会．

井上英夫・高野範城編（2007）『実務社会保障法講義』民事法研究会．

右田紀久恵他編（1987）『社会福祉の歴史』有斐閣．

社会福祉士養成講座編集委員会編（2014）『社会保障第 4 版』中央法規出版．

厚生労働省（2020）「平成30年度被保護者全国一斉調査」．

厚生労働省（2020）「平成30年社会福祉施設等調査の概況」．

厚生労働省（2020）「社会・援護局関係主管課長会議資料　保護課（資料 3 ）」．

厚生労働省（2019）「生活困窮者自立支援制度における支援状況等調査　集計結果（平成30年度）」．

厚生労働省（2018）「生活困窮者自立支援制度における支援状況調査　集計結果（平成29年度）」.

厚生労働省（2017）「生活困窮者自立支援制度における支援状況調査　集計結果（平成28年度）」.

厚生労働省（2018）「生活困窮者自立支援制度全国担当者会議資料　生活困窮者自立支援制度等の推進について（資料１）」.

社会福祉士養成講座編集委員会編（2019）『低所得者に対する支援と生活保護制度　第５版』中央法規出版.

『生活保護手帳（2019年版）』中央法規出版.

栃木県弁護士会編（2008）『生活保護法の解釈と実務』ぎょうせい.

田代幹康（2006）『スウェーデンの知的障害者福祉の実績──コミュニティでの暮らしを支えるサービスと支援』久美株式会社.

G・グラニンガー，J・ロビーン／田代幹康，C・ロボス訳・著（2007）『スウェーデン・ノーマライゼーションへの道』現代書館.

N・E・バンク-ミケルセン／花村春樹訳・著（1998）『ノーマリゼーションの父』ミネルヴァ書房.

ベンクト・ニィリエ／河東田博，橋本由紀子他訳編（2004）『ノーマライゼーションの原理』現代書館.

厚生労働省（2003）『新障害者基本計画及び重点施策実施５か年計画（新障害者プランについて』厚生労働省障害保健福祉部.

内閣府（2002）『障害者基本計画』共生社会政策統括官.

内閣府（2007）『重点施策実施５か年計画～障害の有無にかかわらず国民誰もが互いに支え合い共に生きる社会へのさらなる取組～』厚生労働省/全国社会福祉協議会刊.

社会福祉の動向編集委員会＝編集（2009）『社会福祉の動向　2009』中央法規出版.

栃本一三郎編（2002）『地域福祉の広がり』ぎょうせい.

井村圭壯・谷川和昭編（2006）『地域福祉の基本体系』勁草書房.

日本地域福祉学会編（2006）『新版　地域福祉辞典』中央法規出版.

武川正吾著（2006）『地域福祉の主流化』法律文化社.

塚口伍喜夫・明路咲子編（2006）『地域福祉論説』みらい.

岡村重夫著（2009）『地域福祉論』光生館.

福祉士養成講座研修委員会編（2010）『新社会福祉士養成講座9　地域福祉の理論と方法　第２版』中央法規出版.

小田兼三・杉本敏夫編（2010）『社会福祉概論（第２版）』勁草書房.

社会福祉学習双書編集委員会編（2013）『社会福祉学習双書2013地域福祉論』全国社会福祉協議会.

厚生労働省（2015）『誰もが支え合う地域の構築に向けた福祉サービスの実現：新たな時代に対応した福祉の提供ビジョン』新たな福祉サービス等のあり方検討プロジェクトチーム.

厚生労働省（2016）『地域包括ケアの深化・地域共生社会の実現』我が事・丸ごと

　　共生社会実現本部.

　厚生労働統計協会編（2020）『国民の福祉と介護の動向（2020／2021）』.

あ と が き

　本書を読み進めていただいた読者の方々にとって，いかなる学習の成果，および新たな知見，社会福祉に対する考え方の深まりに繋がったのか，編者としてもいささか不安である．しかし，各章，各節において執筆を担当していただいた執筆者各位は，その分野の研究，教育，社会福祉援助において多大な業績を残され，さらに現在もその活動の手を止めずに，さらに研究を深め，生活問題に対応し，福祉ニーズに応え，社会福祉全体の発展に貢献を続けている．本書第5版においても執筆者構成は申し分ない．また，編者は第5版構想段階から各執筆者が描く論述には絶大な信頼を寄せていたことを思い返すと，先述の不安もやわらぐのである．

　さて，本書第5版は前版にひきつづき現代社会福祉を概観したテキストであるが，その内容は版を重ねるごとに更新し続けている．それは，社会福祉制度の改定はもちろんのこと，社会背景，それらから派生する社会問題，福祉ニーズ，援助技術，そして社会福祉に対する人々の考え方も変化し続けているからである．さらに変化のスピードも急速になってきているようにも思われる．社会福祉の学びは「社会福祉の今」を学ぶのみならず，今後の日本社会がどのような社会を姿として変化していくのか，それにともない生活問題や福祉ニーズがどのような形で現れるのか，そして日本の未来の社会福祉がどういった方向にすすむのか，またすすむべきなのか，についても学習のなかから思考していくことが求められる．それは，社会の進展のプロセスは，過去から現在，現在から未来へと常に地続きであるため，今を生きる者の行動が未来に影響を与えるからである．社会福祉の分野についても同様である．つまり，社会福祉に携わるすべての者がどのように社会福祉とかかわるのかによって，未来の社会福祉が規定されていくのである．

あ と が き

　本書第5版が，読者の学びにおいて「社会福祉の今」を知り，そして未来の社会福祉を思考できることを願いたい．さらに本書第5版を手に取り学びを深められた方々が，社会福祉の分野で多大な活躍をされることを期待したい．なお，本書第5版の刊行については，1人の編集ボランティアとして貢献して下さった皇學館大学准教授中野一茂先生に，心より感謝したい．

　　　2020（令和2）年12月10日

　　　　　　　　　　　　　　　　　　　　　編著者

　　　　　　　　　　　　　　　　　　　　　鴻 上 圭 太

事 項 索 引

た 行

人名索引

執筆者一覧

第1章　社会福祉とはなにか
第1節　理念としての社会福祉　　　　杉本敏夫（関西福祉科学大学名誉教授）
第2節　制度・政策としての社会福祉　杉本敏夫（同）
第3節　実践としての社会福祉　　　　杉本敏夫（同）

第2章　現代の社会福祉の歴史と展望
第1節　日本の社会福祉の歩み　　　　中野一茂（皇學館大学准教授）
第2節　イギリスの社会福祉の歩み　　白石大介（武庫川女子大学名誉教授）
第3節　アメリカの社会福祉の歩み　　松井圭三（中国短期大学教授）
第4節　諸外国の社会福祉の歩み　　　清原　舞（茨城キリスト教大学助教）

第3章　現代における社会福祉
第1節　社会福祉の現代的解釈　　　　高間　満（元神戸学院大学教授）
第2節　社会福祉の現代的理論　　　　高間　満（同）

第4章　社会福祉政策と福祉ニーズ
第1節　福祉サービス利用者のとらえ方　中野一茂（前出）
第2節　福祉ニーズと社会福祉問題　　小田憲三（大阪地域福祉サービス研究所所長）

第5章　社会福祉関係法制と運営
第1節　法源としての憲法　　　　　　濱畑芳和（立正大学教授）
第2節　国際的条約と社会福祉　　　　多田千治（鴻池生活科学専門学校専任教員）
第3節　社会福祉法　　　　　　　　　森久保俊満（東海大学准教授）
第4節　社会福祉六法と社会福祉関連法　中田雅美（北海道医療大学専任講師）

第6章　社会福祉行財政と民間福祉活動
第1節　社会福祉行政　　　　　　　　真鍋顕久（岐阜聖徳学園大学准教授）
第2節　社会福祉財政と財政構造　　　島田拓巳（八戸市保健福祉部高齢福祉課主査）
第3節　社会福祉の現業機関と民間福祉活動

　　　　　　　　　　　　　　　　　米澤美保子（大阪歯科大学専任講師）

第7章　社会福祉援助の体系と担い手

第1節　ハード福祉とソフト福祉　　　吉田輝美（名古屋市立大学大学院教授）

第2節　社会福祉援助技術の体系　　　河野清志（大阪大谷大学准教授）

第3節　直接援助技術　　　　　　　　水島正浩（東京福祉大学准教授）

第4節　間接援助技術　　　　　　　　河崎洋充（社会福祉法人光徳寺善隣館

　　　　　　　　　　　　　　　　　　　　　　　　中津学園建替準備室長）

第5節　関連援助技術　　　　　　　　松本眞美（甲子園大学非常勤講師）

第6節　福祉カウンセリング　　　　　中野一茂（前出）

第7節　社会福祉援助の担い手　　　　中尾竜二（川崎医療福祉大学准教授）

第8章　社会福祉及び関連する分野の現状と課題

第1節　生活困窮者に対する福祉　　　佐光　健（大阪人間科学大学教授）

第2節　子ども家庭福祉　　　　　　　尾島　豊（長野県立大学准教授）

第3節　障害者福祉　　　　　　　　　鴻上圭太（大阪健康福祉短期大学教授）

第4節　高齢者福祉　　　　　　　　　秦　康宏（大阪大谷大学准教授）

第5節　母子家庭及び父子家庭並びに寡婦福祉

　　　　　　　　　　　　　　　　　　青木　正（東京福祉大学専任講師）

第6節　地域福祉　　　　　　　　　　小柳達也（新潟青陵大学准教授）

監修者略歴

小田憲三

1940年　大阪生まれ

1965年　関西学院大学大学院社会学研究科社会福祉学専攻
　　　　修士課程修了（社会学修士）

現　在　大阪地域福祉サービス研究所所長，社会学博士

主　著　『現代イギリス社会福祉研究』（川島書店），『コミュ
　　　　ニティケアの社会福祉学』（勁草書房），『社会福祉
　　　　援助技術論［第2版］』（共編著，勁草書房）ほか

杉本敏夫

1949年　大阪生まれ

1976年　同志社大学大学院文学研究科社会福祉学専攻
　　　　修士課程修了（文学修士）

現　在　関西福祉科学大学名誉教授

主　著　『改訂コミュニティワーク入門』（共編著，中央法規
　　　　出版），『地域福祉論』（共著，ミネルヴァ書房），
　　　　『高齢者福祉論』（共著，ミネルヴァ書房）ほか

編著者略歴

鴻上圭太

1974年　兵庫県生まれ

2009年　立命館大学社会学研究科応用社会学専攻博士課程前
　　　　期課程修了（社会学修士）

現　在　大阪健康福祉短期大学介護福祉学科教授

主　著　『ICFを活用した介護過程と個別支援計画』（共著，
　　　　かもがわ出版），『介護福祉学概論　地域包括ケアの
　　　　構築に向けて』（共著，クリエイツかもがわ），『学
　　　　びを追究する高齢者福祉』（共著，保育出版社）他

社会福祉概論［第5版］
社会福祉の原理と政策

2006年10月6日	第1版第1刷発行
2010年3月30日	第2版第1刷発行
2014年9月20日	第3版第1刷発行
2016年12月10日	第4版第1刷発行
2021年2月10日	第5版第1刷発行
2023年8月20日	第5版第2刷発行

監修者 小田憲三

編著者 杉本敏夫

　　　 鴻上圭太

発行者 井村寿人

発行所　株式会社　勁草書房

112-0005　東京都文京区水道2-1-1　振替　00150-2-175253
（編集）電話 03-3815-5277／FAX 03-3814-6968
（営業）電話 03-3814-6861／FAX 03-3814-6854
港北出版印刷・松岳社